실전 ✛ 수능
고쟁이

핵심문항으로 부족함 없이!

체계적인 학습 솔루션, 빠르고 확실하게!

미적분

150제 ✛ 미니 모의고사 10회

- 우수 신출 문항 150문항 수록
- 실전 대비 **고난도 6문항 미니모의고사** 10회 제공
- N제 6일＋미니모의고사 1회씩 10회 총 **16일 완성**

이투스북

| STAFF |

발행인 정선욱
퍼블리싱 총괄 남형주
개발 김태원 김한길 김진솔 김민정 우주리
기획·디자인·마케팅 조비호 김정인 framewalk
유통·제작 서준성 신성철

| 집필 |

이투스북 수학연구실

실전+수능 고쟁이 미적분 | 202112 제1판 1쇄 202410 제1판 3쇄
펴낸곳 이투스에듀㈜ 서울시 서초구 남부순환로 2547
고객센터 1599-3225 **등록번호** 제2007-000035호 **ISBN** 979-11-389-0210-6 [53410]

이애희 부평 해법수학교실　이원재 이루다교육학원　이필규 엠베스트SE학원　임지우 자유자재학원　장영철 동산고등학교　장효근 유레카수학학원　전우진 인사이트수학학원　정대웅 전문과외　정윤교 온풀이수학1관학원　정은영 밀턴수학학원　정은혜 비상영수학원　정혜미 잇올스파르타 인천청라센터　조민관 서이학원　지영환 이능수학학원　채수현 밀턴수학학원　최경수 코다에듀　최문경 영웅아카데미　최 진 절대학원　최 훈 수학의시선　추승형 무결 수학학원　한영진 전문과외　허진선 수학나무　현미선 써니수학　홍창우 인성여자고등학교　황면식 늘품과학수학학원

대구

강민영 선재학원　강민주 T.O.P.EDU　강민지 용산김샘학원　구정모 함지고등학교　구현태 나인쌤수학전문학원　권기현 이렇게좋은수학　권보경 수%수학　김동영 통쾌한수학교습소　김득현 차수학 사월보성점　김미소 에스엠과수수학학원　김성민 업앤탑수학과학학원　김수영 봉덕 김샘수학　김연화 업앤탑수학과학학원　김영진 정앤진학원　김재호 경일여자중학교　김채영 학문당믿음수학　김한서 한수학학원　김혜빈 대원고등학교　문윤정 용인고등학교　박경득 파란수학　박나영 믿음수학학원　박산성 Venn수학　박원철 경원고등학교　박준혁 PNK수학교습소　박태호 프라임수학　박현주 Math플래너　백태민 송원학원　손혜진 인피니티수학학원　양강일 양쌤수학학원　오예운 오쌤수학　유화진 진수학　윤기호 샤인수학　윤선하 윤쌤수학　윤태권 브라운학원　이규철 조은수학　이상범 Math플래너

이우승 이우승수학전문학원　이은주 전문과외　이인호 본투비수학교습소　이진욱 시지이룸수학학원　이태형 가토수학과학학원　이한조 닥터엠에스수학과학　장두영 가토수학과학학원　장세완 장선생수학　장재홍 수학연구소　장현호 남산고등학교　전지영 전지영수학　정민호 J.STEADY수학　주기헌 경원고등학교　진국령 업앤탑수학과학학원　최대진 엠프로수학　최영성 페르마학원　최현정 MQ멘토수학　하태호 월성 이투스수학학원　황지현 위드제스트수학학원

광주

강승완 첨단시매쓰수학학원　김광현 한수위수학학원　김국진 김국진짜학원　김나형 원탑영수전문학원　김수홍 김수홍수학학원　김원진 메이블수학　김재현 김재현수학학원　김종민 하이퍼수학　김태호 루트원수학학원　나혜경 고수학　류창남 멘토영수학원　마채연 마채연수학전문학원　문정연 수학의정석　박상현 유베스트학원　배진순 광주양산학원　변석주 유클리드아카데미　설주홍 공신수학학원　손광일 송원고등학교　손영준 G1230 오치캠퍼스　신성호 신성호수학공화국　양귀제 양선생수학전문학원　양동식 1등급수리수학원　이강우 대치공감학원　이요한 제일수학학원　이주헌 리얼매쓰수학전문학원　이헌기 보문고등학교　임태관 매쓰멘토수학학원　장민경 장민경플러스수학학원　장영진 공감학원　정다원 광주인성고　정다희 다희쌤수학　정원섭 수리수학학원　정태규 가우스수학전문학원　정형진 BMA롱맨영수학원　정희련 현수학　조윤환 문성중고등학교　조은영 전문과외　천슬기 페르마수학학원　최수연 538수학학원　최지웅 매쓰피아

대전

강유식 연세제일학원

강은옥 셀파5단지공부방　강홍규 최강학원　고지훈 지적공감학원　김근아 닥터매쓰205　김기범 경일학원　김기평 둔산필즈학원　김복용 더브레인코어학원　김승환 청운학원　김윤화 나래수학　김윤환 양영학원　김지현 파스칼대덕학원　김 진 발상의전환수학전문학원　김홍철 토브수학교습소　나효명 열린아카데미입시학원　박연실 빅마수학　박진수 양영학원　배용제 L&K한울학원　배지후 다빈치영재입시센터　서민재 종로엡스쿨학원　선진규 로하스학원　손일형 둔산 손일형수학　송정 달곰수학공부방　송진협 전문과외　양상규 생각의힘수학학원　우현석 에이투지학원　윤석주 윤석주수학전문학원　이규영 쉐마수학원　이수진 대전관저중학교　이일녕 대전 양영학원　이지훈 이지훈수학과학　전하윤 배수근수학학원　조충현 로하스학원　차영진 연세언더우드수학　홍진국 와이즈만 대덕테크노센터

울산

권상수 호크마수학전문학원　권유혜 전문과외　김경문 크레벤크수학학원　김민정 김민정수학　김봉조 퍼스트클래스수학영어전문학원　김영배 화정 김쌤수학과학학원　김제득 퍼스트클래스학원　나순현 물푸레수학교습소　문준호 파워영수학원　문호영 pmp영어수학전문학원　박국진 강한수학　박원기 에듀프레소종합학원　성수경 위룰수학영어학원　신현승 토모수학　안재희 안쌤수학학원　이원택 파워영수전문학원　정세은 현대청운고등학교　정운용 멘토영어수학원　최규종 뉴토모수학전문학원　최영희 재미진최쌤공부방

세종

권민우 스파르타 서울대관　김영웅 새롬고등학교　김재현 세종국제고등학교　김혜림 전문과외　민관식 NCTM학원　박지연 리얼매쓰

안종훈 보람고등학교　오설향 해밀수학과학원　윤여미 전문과외　이요한 소담고등학교　이태호 상상이상　이현아 현수학-전문과외　정유진 세종다정고등학교　허 욱 전문과외

경기

강민종 수학쉼터 수학학원　강예슬 수학의품격　강태회 한민고등학교　고안나 기찬에듀기찬수학학원　권용진 수학당　권정현 전문과외　김경민 바른길수학학원　김경진 경진수학학원　김남진 산본 파스칼수학학원　김도훈 양서고등학교　김동현 JK영어수학전문학원　김미미 수학놀이터　김민경 더원수학공부방　김민정 어울림수학공부방　김민정 생각숲　김상오 리더포스학원　김상윤 막강한수학학원　김석현 G1 MATH　김선정 수공감학원　김선혜 기찬에듀기찬수학　김성은 블랙박스수학과학전문학원　김성진 수학의아침 수지캠퍼스　김세영 에스프라임학원　김소영 예스셈올림피아드　김수민 통수학학원　김양진 나무아카데미　김영빈 이든학원　김영식 수학대가　김영옥 서원고등학교　김영준 청솔수학　김용덕 매쓰토리수학제2관학원　김유경 국빈학원　김윤재 이투스신영통학원　김은지 탑브레인수학과학학원　김은지 파스칼수학학원　김재영 한국디지털미디어고등학교　김정호 큐매쓰학원　김정환 필립스아카데미　김정훈 죽전 파인만학원　김종남 제너스학원　김종찬 김종찬입시전문학원　김종화 퍼스널개별지도학원　김종환 바른수학학원　김준형 석필학원　김지완 광교오드수학　김진국 스터디MK　김진우 페르마수학학원　김창선 백영고등학교　김창영 에듀포스학원　김태학 평택드림에듀학원　김현경 스카이학원　김현자 생각하는수학공간학원　김현정 더클레버수학학원

김호숙 호수학원　김호원 원수학학원　김희성 멘토수학교습소　나혜원 청북고등학교　노예리 더봄수학학원　류혜영 용신중학교　문기수 하늘아이학원　문혜연 입실론　박민주 카라Math　박상준 몬스터교육_대입몬스터　박선영 알고수학　박성우 문산제일고등학교　박성준 수원칠보고등학교　박연지 상승에듀　박영주 쉬운수학 일산　박원용 동탄트리즈솔빛나루수학학원　박장우 기찬에듀기찬수학학원　박정수 특작수학 시흥퍼펙트　박정현 서울삼육고등학교　박종필 정석수학학원　박종현 하이탑수학　박주리 수학에반하다　박주희 명인학원　박찬용 템수학　박하늘 일산후곡 쉬운수학　박한솔 Snp수학학원　박홍영 전문과외　방미영 JMI수학학원　배재준 연세영어고려수학학원　배준용 솔로몬학원　배형진 에임하이수학학원　백경주 지트　변준호 김종우ATP학원　봉우리 하이클래스공부방　서용준 와이즈만영재교육학원　서지은 JMI수학학원　서한울 수학의품격　설성환 설성수학학원　성기주 토라모리아　성혜경 배움이자라는교실수학교습소　소상완 고잔고등학교　손석운 tn학원　손승태 와부고등학교　송승은 의정부고등학교　송지수 송지수공부방　송치호 대치명인학원　송태윤 맑은숲수학학원　신경성 한수학전문학원　신동휘 김덕환수리연구소　신승현 동화중고교　신정화 SnP수학학원　신지현 CEM학원　신혜선 인창유투엠　안맹근 맨투맨학원　안연수 포스텍수학학원　양동연 오산 위드학원　양은진 수플러스수학　양진철 유신고등학교　어재성 수학의아침　염철호 박선생수시전문학원　오승빈 뿌리깊은나무학원　오지혜 수톡수학학원

용다혜 에듀플렉스학원
우선혜 엠코드수학
유승진 E&T수학학원
유진성 마테마티카수학학원
유현진 에이치알수학
윤여태 103동수학
이경민 차수학앤국풍2000학원
이경애 원픽수학교습소
이경희 임수학교습소
이도일 OLA수학학원
이명환 다산 더원수학학원
이봉주 성지학원
이상준 E&T수학전문학원
이성희 피타고라스 셀파수학교실
이소연 김덕환수리연구소
이소정 위즈덤수학교습소
이소진 수학의아침
이수동 부천 E&T수학전문학원
이수진 청춘날다
이아라 cni수학원
이아현 전문과외
이원녕 이퓨스터디학원
이장훈 세일학원
이재호 플로우수학
이정찬 하길중학교
이지연 브레인리그
이지인 신한고등학교
이진주 원수학학원
이창수 와이즈만
이창훈 나인에듀학원
이철호 파스칼수학학원
이태희 펜타수학학원
이현욱 teambasis덕소
이형강 HK 수학
임맑은 이지매쓰수학학원
임보람 펜토수학
임새롬 JMI수학학원
임성진 천천고등학교
임영주 해법수학학원
임우빈 2웨이수리관
임율인 탑수학교습소
임은정 마테마티카수학학원
장재영 이자경수학학원 권선관
전애진 전문과외
전은혜 청유에듀타운
전 일 생각하는수학공간학원
전진아 대치명인학원
정승호 이프수학
정연순 탑클래스
정영진 공부의자신감학원
정은선 용인필탑학원
정은주 전문과외
정장선 생각하는황소수학
정진섭 큐매쓰학원
정진욱 수원 메가스터디
정해도 목동혜윰수학
정황우 운정정석수학학원
조기민 연천중고등학교
조병욱 신영동수학학원
조상숙 수학의아침
조성민 유클리드수학학원
조성화 SH수학

조 욱 청산유수수학
조의상 청유에듀타운
조재욱 지니학원
조현웅 추담교육컨설팅
조형숙 차수학 서재캠퍼스
지슬기 지수학
진인수 11월의로렐학원
차성규 셀프에듀학원
채희성 이투스수학학원
최귀종 판다교육
최근혁 업앤업보습학원
최다혜 싹수학학원
최성필 서진수학
최소영 조이매쓰
최수지 싹수학학원
최수진 재밌는수학공부방
최영성 에이블수학영어
최영식 수학의신학원
최유미 파인만학원
최현기 김포고등학교
표광수 풀무질수학전문학원
한관희 에듀플렉스
한규욱 김포 윤쌤학원
한미정 한쌤수학
한수민 SM수학학원
한유호 에듀셀파 독학기숙학원
한준희 매스탑수학학원
한지희 이음수학
함보연 포천여자중학교
함영호 함영호 이과전문 수학클럽
허형근 HK STUDY
현승평 화성중고등학교
홍규성 필탑학원 강의하는아이들
홍성민 수학의봄학원
홍윤기 강남에이디수학
홍의찬 원수학학원
황삼철 멘토수학공부방
황석진 낙생고등학교
황애리 애리수학교습소
황은지 맨토수학

경남
강경희 T.O.P영수학원
강병국 전문과외
강장헌 T.O.P에듀학원
강철영 티오피에듀학원
고병옥 옥쌤수학과학
김두성 두성수학
김미양 오렌지클래스학원
김민석 한수위수학학원
김병철 CL학숙
김양식 이투스247 진주점
김양준 이룸학원
김옥경 김해 반디수학과학학원
김해성 전문과외
김해은 전문과외
김혜송 윤선생영어숲진해용원학원
김혜영 엠페스공부방
남준기 거제고등학교
민동록 거제민쌤수학(전문과외)
박규태 에듀탑영수학원
박상은 영광의아침국어수학학원
박소현 오름 수학전문학원

박정길 아쿰수학학원
박주연 마산무학여자고등학교
배미나 이루다학원
유인영 마산중앙고등학교
유훈희 고등부수학과외방
이근영 매스마스터수학전문학원
이아름 애시앙수학맛집
이정훈 장정미수학학원
이채유 거창대성고등학교
전창근 엠베스트SE
조창래 한빛국제학교
하윤석 정금학원
한희광 성신학원
황진호 타임수학학원
황초롱 마산중앙고등학교

경북
공영대 늘품학원
권오준 필수학영어학원
권호준 인투학원
김득락 우석여자고등학교
김성용 이리풀수학
김재인 우석여자고등학교
민청식 종로엠스쿨
박유건 닥터박수학학원
박진성 포항제철고등학교
소효진 전문과외
손나래 이든샘영수학원
손주희 이루다수학과학
염성군 근화여자고등학교
이경하 풍산중고등학교
이민선 공감수학
이상현 인투학원
이성국 포스카이학원
정주용 문일학원
조현정 올댓수학교습소
홍영준 하이맵수학학원
홍현기 비상아이비츠학원

전남
김성문 창평고등학교
김은경 목포덕인고등학교
박미옥 폴리아학원
박진성 한가람학원
성준우 광양제철고등학교
이강화 강승학원
이유선 하이탑학원
이지현 목포제일여자고등학교
임정원 매산고등학교
진양수 목포덕인고등학교

전북
김성혁 S수학전문학원
나호진 전주한일고등학교
문승혜 이일여자고등학교
박미화 엄쌤수학전문학원
성영재 성영재수학전문학원
송시영 블루오션수학학원
안형진 청람수학
양재호 양재호카이스트학원
양형준 대들보수학학원
유현수 수학당
유혜정 수학당
윤병오 이투스247 학원
이혜상 에스수학전문학원

정용재 성영재수학전문학원
정혜승 샤인학원

충남
권오운 프라임스터디
김은배 올림피아드유투엠학원
남구현 강의하는아이들
남기현 부여여자고등학교
신경미 이지수학 수학의 힘
윤보희 충남삼성고등학교
이근영 천북중학교
이봉란 탑매쓰학원
이승엽 청운학원
이승훈 탑씨크리트교육
이은아 개념원리홍성학원
이재진 깊은수학학원
장정수 천안페르마학원
장진구 더다움학원
전성호 시너지S클래스학원
정세진 쌘뽈여중고등학교
채영미 미-매쓰공부방
최원석 명사특강
한호선 두드림영어수학학원
허영재 와이즈만 서산센터

충북
구태우 이천 비상에듀기숙학원
김대호 온수학전문학원
김동영 이룸수학학원
김미화 참수학공방
김재광 노블가온수학학원
김주희 매쓰프라임수학학원
김현주 루트수학학원
박준범 충주고등학교
설세령 페르마학원
염명호 유클리드수학학원
윤성길 엑스클래스수학학원
이종무 신의한수수학학원
정수연 정수학
전병호 시매쓰학원
조선경 혜윰수학
한상호 한매쓰수학전문학원㈜

강원
김선희 MDA교육
김성영 빨리강해지는수학과학학원
노명훈 노명훈쌤의알수학학원
박상윤 박상윤수학공부방
백경수 이코수학학원
오준환 초석대입전문학원
이지예 교동 에듀플렉스
전대윤 춘천 Kwon Class학원
천혜림 장은년수학전문학원
최수남 강릉 영·수 배움교실
최재현 원주 KUESB수학과학학원

제주
김지영 생각틔움수학교습소
김지현 뿌리와샘
박 찬 찬수학학원
오동조 에임하이학원
유지훈 신제주 뉴스터디
이수정 온새미로수학학원
이승환 예일분석수학
정혁진 샤iN학원

실전+수능
고쟁이

미적분

Structure

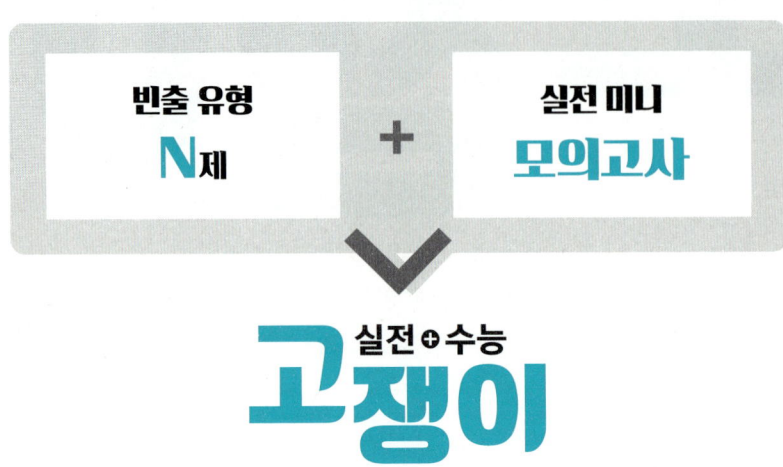

실전 ⊕ 수능 고쟁이

1. 유형별 핵심문제

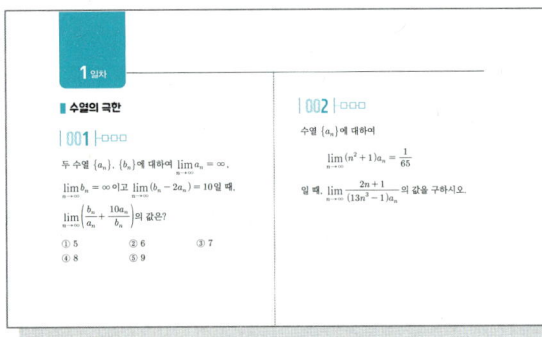

- 단원별 빈출 유형 5~11유형으로 1일 평균 3유형씩 학습 가능
  – 틀린 문항은 문항 번호 옆 Check Box를 활용하여 재도전 및 복습
- 100% 우수 신출 150문항 수록
- 고득점 쟁취의 핵심이 되는 어려운 3점, 쉬운 4점 난이도 문항 수록

2. 실전 대비 고난도 미니모의고사

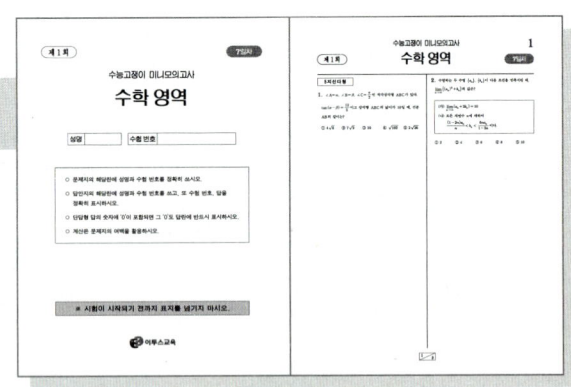

- 6문항씩 10회차 구성
- 모든 회차에 수능 원점수 100점을 위한 킬러 1문항 수록

3. 정답과 풀이

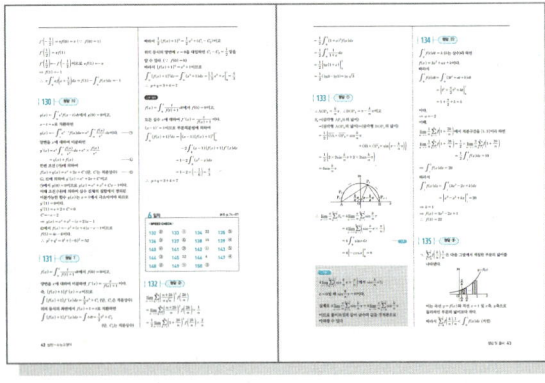

- 본풀이, 다른 풀이 등 다양한 아이디어 학습 가능
  - **기본 개념** 문제 풀이에 활용되는 핵심 개념 정리
  - **TIP** 문제 풀이의 핵심 아이디어 정리
  - **참고** 부가적이거나 심층적인 설명
- **문제 다시 보기** 실전 대비 고난도 미니모의고사 복습시 활용 가능하도록 해설지에서 문제 다시 보기 제공

Contents

I

수열의 극한

■ **수열의 극한**

| **001** |—■□□

두 수열 $\{a_n\}$, $\{b_n\}$에 대하여 $\lim\limits_{n \to \infty} a_n = \infty$,

$\lim\limits_{n \to \infty} b_n = \infty$이고 $\lim\limits_{n \to \infty} (b_n - 2a_n) = 10$일 때,

$\lim\limits_{n \to \infty} \left(\dfrac{b_n}{a_n} + \dfrac{10a_n}{b_n} \right)$의 값은?

① 5   ② 6   ③ 7
④ 8   ⑤ 9

| **002** |—■□□

수열 $\{a_n\}$에 대하여

$$\lim_{n \to \infty} (n^2 + 1)a_n = \frac{1}{65}$$

일 때, $\lim\limits_{n \to \infty} \dfrac{2n + 1}{(13n^3 - 1)a_n}$의 값을 구하시오.

003 ┤▣□□

첫째항이 1인 등차수열 $\{a_n\}$에 대하여

$$\lim_{n \to \infty} \frac{(a_{n+1})^2 - (a_n)^2}{a_n} = 4$$

일 때, a_7의 값을 구하시오.

004 ┤▣□□

자연수 n에 대하여 이차함수
$y = x^2 - 4nx + 5n^2 + 3n$의 그래프의 꼭짓점의
좌표를 $(x_n,\ y_n)$이라 할 때, $\lim\limits_{n \to \infty} \dfrac{(2n+1)x_n}{y_n}$의
값은?

① $\dfrac{1}{4}$ ② $\dfrac{1}{2}$ ③ 1

④ 2 ⑤ 4

005 ┠□□□

그림과 같이 자연수 n에 대하여 반지름의 길이가 n이고 x축과 y축에 동시에 접하면서 중심이 제1사분면 위에 있는 원을 C_n이라 하자. 원 C_n의 외부와 x축 및 y축으로 둘러싸인 부분의 넓이를 S_n이라 할 때, $\lim\limits_{n\to\infty}\dfrac{S_n}{n^2+1}=\dfrac{a+b\pi}{4}$이다. a^2+b^2의 값을 구하시오. (단, a, b는 정수이다.)

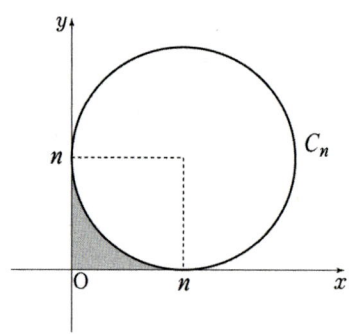

006 ┠□□□

수열 $\{a_n\}$의 첫째항부터 제n항까지의 합 S_n이 $S_n=n^2+2n$일 때, $\lim\limits_{n\to\infty}\dfrac{na_n}{S_n}$의 값은?

① $\dfrac{1}{2}$ 　② 1 　③ $\dfrac{3}{2}$

④ 2 　⑤ $\dfrac{5}{2}$

007 ├□□□

자연수 n에 대하여 직선 $y = n$이 두 곡선
$y = \dfrac{1}{x}$, $y = \dfrac{2}{x-3}$와 만나는 점을 각각 P_n,
Q_n이라 하자. 삼각형 $\mathrm{OP}_n\mathrm{Q}_n$의 넓이를 a_n이라
할 때, $\displaystyle\lim_{n\to\infty}\dfrac{a_n}{n}$의 값은? (단, O는 원점이다.)

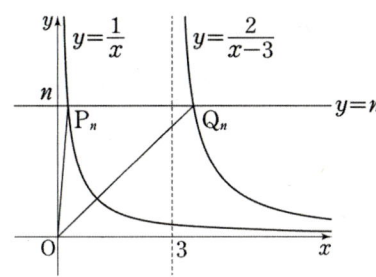

① 1 　　② $\dfrac{5}{4}$ 　　③ $\dfrac{3}{2}$

④ $\dfrac{7}{4}$ 　　⑤ 2

008 ├□□□

수렴하는 두 수열 $\{a_n\}$, $\{b_n\}$이 모든 자연수 n에
대하여

$$15 - \dfrac{1}{n} < 3a_n + b_n < 15 + \dfrac{1}{n},$$

$$5 - \dfrac{1}{n} < 2a_n - b_n < 5 + \dfrac{1}{n}$$

을 모두 만족시킬 때, $\displaystyle\lim_{n\to\infty} a_n$의 값은?

① 1 　　　② 2 　　　③ 3

④ 4 　　　⑤ 5

두 함수 $f(x) = \dfrac{4x+10}{x+2}$, $g(x) = \dfrac{8x+4}{x+1}$ 가

있다. 자연수 n에 대하여

$$f(n) \leq k \leq g(n)$$

을 만족시키는 자연수 k의 개수를 a_n이라 할 때,

$\lim\limits_{n \to \infty} a_n$의 값은?

① 1   ② 2   ③ 3

④ 4   ⑤ 5

수열 $\{a_n\}$은

$$a_{n+1} = \frac{1 - a_n}{1 + a_n} \ (n \geq 1)$$

을 만족시킨다. $\lim\limits_{n \to \infty} a_n$의 값이 존재하기 위한

모든 a_1의 값의 합은?

① -3 ② $-\dfrac{5}{2}$ ③ -2

④ $-\dfrac{3}{2}$ ⑤ -1

좌표평면 위에 세 점 O$(0, 0)$, A$(3, 0)$, B$(0, 3)$
이 있다. 선분 AB를 $2:1$로 내분하는 점을
P$_1$이라 하고, 선분 OP$_1$의 중점을 Q$_1$이라 하자.
모든 자연수 n에 대하여 선분 AQ$_n$을 $2:1$로
내분하는 점을 P$_{n+1}$이라 하고, 선분 OP$_{n+1}$의
중점을 Q$_{n+1}$이라 하자. 점 Q$_n$의 x좌표를
a_n이라 할 때, $\lim\limits_{n\to\infty} a_n$의 값은?

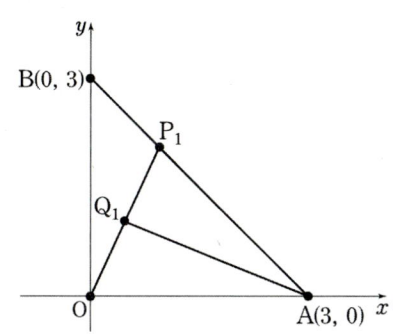

① $\dfrac{1}{2}$ ② $\dfrac{5}{8}$ ③ $\dfrac{3}{4}$

④ $\dfrac{7}{8}$ ⑤ 1

그림과 같이 좌표평면 위의 원 $x^2 + y^2 = 1$이
x축과 만나는 두 점을 각각 A, B라 하자. 자연수
n에 대하여 점 A를 지나고 기울기가 $\dfrac{1}{n}$인 직선이
원과 만나는 점을 P$_n$이라 하자. 삼각형 ABP$_n$의
내접원의 반지름의 길이를 a_n이라 할 때,
$\lim\limits_{n\to\infty} na_n$의 값은?

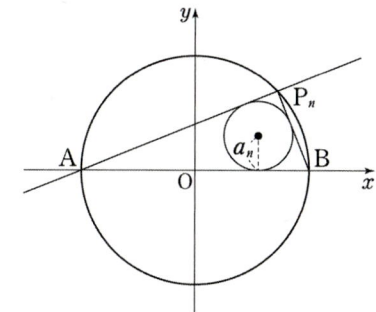

① $\dfrac{1}{4}$ ② $\dfrac{1}{2}$ ③ 1

④ 2 ⑤ 4

▌등비수열의 극한

▎**013** ┤□□□

첫째항이 0이 아니고 공비가 1보다 큰 등비수열 $\{a_n\}$의 첫째항부터 제n항까지의 합을 S_n이라 할 때,

$$\lim_{n \to \infty} \frac{a_n}{S_n} = \frac{1}{2}$$

을 만족시키는 수열 $\{a_n\}$의 공비를 구하시오.

▎**014** ┤□□□

함수

$$f(x) = \begin{cases} \displaystyle\lim_{n \to \infty} \frac{2x^{n+1} + x}{x^n + 2} & (x \neq -1) \\ -2 & (x = -1) \end{cases}$$

에 대하여 $\displaystyle\lim_{x \to c-} f(x) < f(c)$를 만족시키는 상수 c의 값은?

① -2 ② -1 ③ 0
④ 1 ⑤ 2

자연수 k에 대하여

$$a_k = \lim_{n \to \infty} \frac{\left(\dfrac{4}{k}\right)^{n+1} \times k}{\left(\dfrac{4}{k}\right)^{n} + 1}$$

라 할 때, $\displaystyle\sum_{k=1}^{10} a_k$의 값을 구하시오.

$x > 0$일 때, $\displaystyle\lim_{n \to \infty} \frac{x^{n+1} + 3x - 2}{2x^n + 1} = \frac{2}{3}$ 를

만족시키는 모든 실수 x의 값의 합은 $\dfrac{q}{p}$이다.

$p + q$의 값을 구하시오.

(단, p와 q는 서로소인 자연수이다.)

017 ▢▢▢

수열 $\{a_n\}$이 자연수 n에 대하여

$$\sum_{k=1}^{n} a_k = 2\{(-2)^n - 1\}$$

을 만족시킬 때, $\lim\limits_{n \to \infty} \dfrac{a_{2n} - a_{2n+1}}{(a_n)^2 + 1}$ 의 값은?

① $\dfrac{5}{6}$　　　② 1　　　③ $\dfrac{7}{6}$

④ $\dfrac{4}{3}$　　　⑤ $\dfrac{3}{2}$

018 ▢▢▢

첫째항이 2인 등비수열 $\{a_n\}$의 첫째항부터 제n항까지의 합을 S_n이라 하자.

$\lim\limits_{n \to \infty} \dfrac{S_n - a_n}{a_n} = \dfrac{1}{2}$ 일 때, a_2의 값은?

① 5　　　② 6　　　③ 7

④ 8　　　⑤ 9

| 019 | ☐☐☐

첫째항이 0이 아니고 공비가 r인 등비수열의
첫째항부터 제 n항까지의 합을 S_n이라 하자.

$P = \lim\limits_{n \to \infty} \dfrac{S_n}{S_{2n}}$이라 할 때, 〈보기〉에서 옳은 것만을

있는 대로 고른 것은?

〈보 기〉

ㄱ. $r = 1$이면 $P = \dfrac{1}{2}$이다.

ㄴ. $|r| < 1$이면 $P = 0$이다.

ㄷ. $|r| > 1$이면 $P = 1$이다.

---

① ㄱ   ② ㄱ, ㄴ   ③ ㄱ, ㄷ
④ ㄴ, ㄷ   ⑤ ㄱ, ㄴ, ㄷ

| 020 | ☐☐☐

두 함수

$$f(x) = \lim\limits_{n \to \infty} \dfrac{2x^{2n-1} + ax^2 + b}{x^{2n} + 1},$$
$$g(x) = 3x^2 + ax$$

에 대하여 함수 $f(x)g(x)$가 실수 전체의 집합에서
연속일 때, $a^2 + b^2$의 값은? (단, a, b는 상수이다.)

① 10   ② 12   ③ 14
④ 16   ⑤ 18

■ 급수의 성질과 계산

| 021 |⊢□□□

수열 $\{a_n\}$에 대하여 $\displaystyle\sum_{n=1}^{\infty}\left(\dfrac{a_n}{n}-2\right)=5$일 때,

$\displaystyle\lim_{n\to\infty}\dfrac{5a_n+2n}{n}$의 값은?

① 8   ② 10   ③ 12

④ 14   ⑤ 16

| 022 |⊢□□□

수열 $\{a_n\}$에 대하여

$$\lim_{n\to\infty}\left(\dfrac{a_1}{4}+\dfrac{a_2}{4^2}+\dfrac{a_3}{4^3}+\cdots+\dfrac{a_n}{4^n}-\dfrac{n}{3}\right)=5$$

일 때, $\displaystyle\lim_{n\to\infty}\dfrac{4a_n+3^n}{3\times4^n+1}$의 값은?

① $\dfrac{2}{9}$ ② $\dfrac{1}{3}$ ③ $\dfrac{4}{9}$

④ $\dfrac{5}{9}$ ⑤ $\dfrac{2}{3}$

2 이상의 자연수 n에 대하여 x에 대한
이차방정식 $x^2 - 2nx + n^2 - 1 = 0$의 두 근을
α_n, $\beta_n (\alpha_n < \beta_n)$이라 하자.

$\displaystyle\sum_{n=2}^{\infty}\left(\dfrac{1}{\alpha_n} - \dfrac{1}{\beta_n}\right) = \dfrac{q}{p}$ 일 때, $p+q$의 값을

구하시오. (단, p와 q는 서로소인 자연수이다.)

2 이상의 자연수 n에 대하여 두 곡선 $y = nx^2$,
$y = n^2x^2$과 직선 $x = 1$로 둘러싸인 부분의 넓이를

S_n이라 할 때, $\displaystyle\sum_{n=2}^{\infty}\dfrac{1}{S_n}$의 값은?

① 1   ② 2   ③ 3
④ 4   ⑤ 5

025

$\displaystyle\sum_{n=1}^{\infty} \frac{a}{4n^2-1} = 4$일 때, 상수 a의 값은?

① 2   ② 4   ③ 6

④ 8   ⑤ 10

026

자연수 n에 대하여 원 $(x+n)^2+(y+n)^2=25$ 위의 점 P와 점 $\mathrm{A}(2n,\ 3n)$ 사이의 거리의 최댓값을 a_n이라 하자. $\displaystyle\sum_{n=1}^{\infty} \frac{20}{na_n}$의 값은?

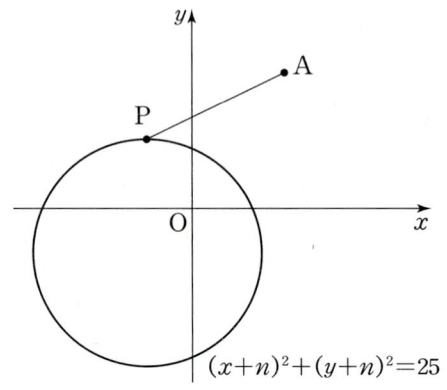

① 4   ② 5   ③ 6

④ 7   ⑤ 8

027

수열 $\{a_n\}$이 모든 자연수 n에 대하여

$$\sum_{k=1}^{n} a_k = \frac{n}{3-2n}$$

을 만족시킬 때, $\displaystyle\sum_{n=1}^{\infty} (a_n - 5a_{n+1})$의 값을 구하시오.

■ 등비급수의 성질과 계산

028

n이 자연수일 때, x에 대한 방정식 $\sin(5^n x) = -\dfrac{\sqrt{3}}{2}$의 양의 실근의 최솟값을 a_n이라 하자. $\displaystyle\sum_{n=1}^{\infty} a_n$의 값은?

① $\dfrac{5}{6}\pi$ ② $\dfrac{2}{3}\pi$ ③ $\dfrac{\pi}{2}$

④ $\dfrac{\pi}{3}$ ⑤ $\dfrac{\pi}{6}$

029

2보다 큰 자연수 n에 대하여 $(-3)^{n-1}$의 n제곱근 중 실수인 것의 개수를 a_n이라 할 때, $\displaystyle\sum_{n=3}^{\infty} \frac{a_n}{2^n}$의 값은?

① $\dfrac{1}{6}$ ② $\dfrac{1}{4}$ ③ $\dfrac{1}{3}$

④ $\dfrac{5}{12}$ ⑤ $\dfrac{1}{2}$

030

등비급수 $\displaystyle\sum_{n=1}^{\infty} r^n$이 수렴할 때, 다음 〈보기〉의 급수 중 항상 수렴하는 것만을 있는 대로 고른 것은?

───〈보 기〉───

ㄱ. $\displaystyle\sum_{n=1}^{\infty} (-r)^n$

ㄴ. $\displaystyle\sum_{n=1}^{\infty} \left(\frac{1}{r+1}\right)^n$

ㄷ. $\displaystyle\sum_{n=1}^{\infty} 2r^{2n}$

① ㄱ ② ㄴ ③ ㄱ, ㄴ
④ ㄱ, ㄷ ⑤ ㄴ, ㄷ

| 031 | ┝□□□

1보다 큰 실수 a에 대하여 그림과 같이 두 곡선
$y=x^2$, $y=\dfrac{1}{4}x^2$과 직선 $x=a^n\,(n$은 자연수$)$의
교점을 각각 A_n, B_n이라 하고, 점 A_n을 지나고
x축에 평행한 직선이 곡선 $y=\dfrac{1}{4}x^2$과
제1사분면에서 만나는 점을 C_n이라 하자.
삼각형 $A_nB_nC_n$의 넓이를 S_n이라 할 때,
$\displaystyle\sum_{n=1}^{\infty}\dfrac{1}{S_n}=\dfrac{2}{15}$이다. a^3의 값을 구하시오.

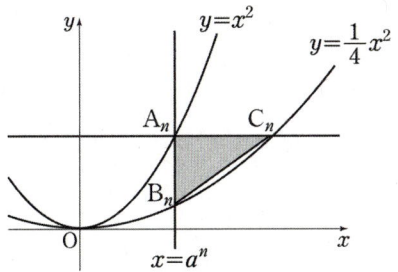

| 032 | ┝□□□

수열 $\{a_n\}$에 대하여

$$\sum_{n=1}^{\infty}\left\{a_n+3^{-n}-\frac{1}{n(n+1)}\right\}$$
$$=\lim_{n\to\infty}\left(a_n+\frac{2n}{n+1}\right)=\alpha$$

일 때, $\alpha\times\displaystyle\sum_{n=1}^{\infty}a_n$의 값을 구하시오.

(단, α는 실수이다.)

| **033** |⊢□□□

첫째항이 2인 등비수열 $\{a_n\}$과 수열 $\{b_n\}$이 모든 자연수 n에 대하여 다음 조건을 만족시킬 때, $a_m < \dfrac{1}{100}$을 만족시키는 자연수 m의 최솟값은?

> (가) $\displaystyle\lim_{n \to \infty}\left(\dfrac{b_1}{2} + \dfrac{b_2}{2^2} + \dfrac{b_3}{2^3} + \cdots + \dfrac{b_n}{2^n} - 3n \right)$
> $= -1$
>
> (나) $\left| \displaystyle\sum_{k=1}^{n} a_k - \dfrac{b_n}{2^n} \right| < \left(\dfrac{1}{2} \right)^n$

① 3   ② 4   ③ 5

④ 6   ⑤ 7

■ 등비급수의 도형에의 활용

| **034** |⊢□□□

그림과 같이 한 변의 길이가 2인 정삼각형 OA_0B_0이 있다. 점 A_0에서 변 OB_0에 내린 수선의 발을 B_1, 점 B_1을 지나고 직선 A_0B_0에 평행한 직선과 변 OA_0의 교점을 A_1이라 하고, 삼각형 $A_0B_1A_1$의 넓이를 S_1이라 하자.
점 A_1에서 변 OB_0에 내린 수선의 발을 B_2, 점 B_2를 지나고 직선 A_1B_1에 평행한 직선과 변 OA_0의 교점을 A_2라 하고, 삼각형 $A_1B_2A_2$의 넓이를 S_2라 하자.
이와 같은 과정을 계속하여 n번째 얻은 삼각형 $A_{n-1}B_nA_n$의 넓이를 S_n이라 할 때, $\displaystyle\sum_{n=1}^{\infty} S_n$의 값은?

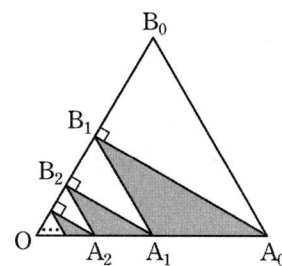

① $\dfrac{1}{3}$ ② $\dfrac{1}{2}$ ③ $\dfrac{\sqrt{2}}{3}$

④ $\dfrac{\sqrt{2}}{4}$ ⑤ $\dfrac{\sqrt{3}}{3}$

035

직사각형 ABCD에서 $\overline{AB}=1$, $\overline{AD}=2$이다. 그림과 같이 직사각형 ABCD의 한 대각선 BD에 의하여 만들어지는 두 직각삼각형에 각각 내접하면서 지름이 선분 BD 위에 놓이도록 반원을 그리고, 그려진 두 반원 중 하나에 색칠하여 얻은 그림을 R_1이라 하자.

그림 R_1에서 그려진 두 반원 중 색칠되어 있지 않은 반원의 내부에 두 변의 길이의 비가 $1:2$인 직사각형을 긴 변이 선분 BD 위에 놓이면서 반원에 내접하도록 그리고, 이 사각형에 그림 R_1을 얻는 것과 같은 방법으로 만들어지는 두 반원 중 하나에 색칠하여 얻은 그림을 R_2라 하자.

이와 같은 과정을 계속하여 n번째 얻은 그림 R_n에 색칠되어 있는 부분의 넓이를 S_n이라 할 때, $\lim\limits_{n\to\infty} S_n$의 값은?

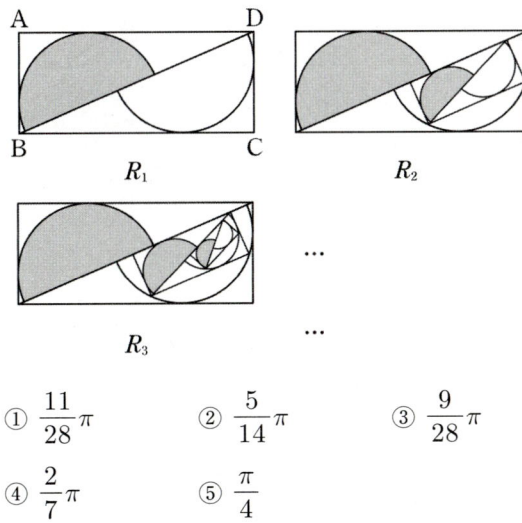

R_1 R_2

R_3

...

...

① $\dfrac{11}{28}\pi$ ② $\dfrac{5}{14}\pi$ ③ $\dfrac{9}{28}\pi$

④ $\dfrac{2}{7}\pi$ ⑤ $\dfrac{\pi}{4}$

036

그림과 같이 $\overline{A_1B_1}=3$, $\overline{A_1D_1}=6$인 직사각형 $A_1B_1C_1D_1$이 있다. 선분 B_1C_1을 $1:2$로 내분하는 점 E_1과 $2:1$로 내분하는 점 F_1에 대하여 세 선분 A_1F_1, D_1E_1, E_1F_1로 둘러싸인 삼각형에 색칠하여 얻은 그림을 R_1이라 하자.

그림 R_1에 선분 A_1F_1 위의 점 B_2, 선분 D_1E_1 위의 점 C_2, 선분 A_1D_1 위의 점 A_2와 D_2를 네 꼭짓점으로 하고 $\overline{A_2B_2}:\overline{A_2D_2}=1:2$인 직사각형 $A_2B_2C_2D_2$를 그리고, 직사각형 $A_2B_2C_2D_2$에 그림 R_1을 얻는 것과 같은 방법으로 만들어지는 삼각형을 색칠하여 얻은 그림을 R_2라 하자.

이와 같은 과정을 계속하여 n번째 얻은 그림 R_n에 색칠되어 있는 부분의 넓이를 S_n이라 할 때, $\lim\limits_{n\to\infty} S_n$의 값은?

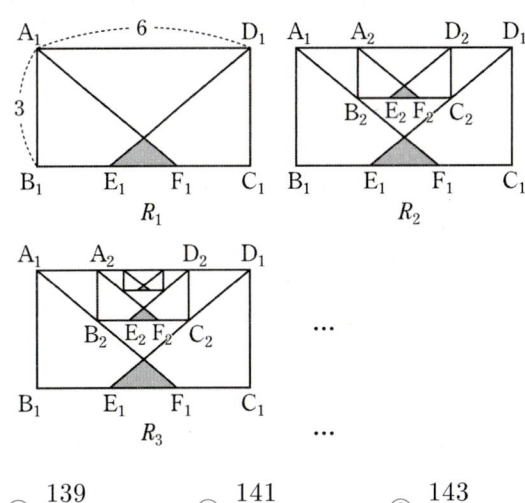

R_1 R_2

R_3

...

...

① $\dfrac{139}{160}$ ② $\dfrac{141}{160}$ ③ $\dfrac{143}{160}$

④ $\dfrac{29}{32}$ ⑤ $\dfrac{147}{160}$

037 ⊢□□□

그림과 같이 한 변의 길이가 4인 정사각형 $A_1B_1CD_1$에 대하여 선분 A_1D_1을 $3:1$로 내분하는 점을 E_1이라 하고, 삼각형 $A_1B_1E_1$에 내접하는 원에 색칠하여 얻은 그림을 R_1이라 하자. 그림 R_1에 선분 B_1E_1 위의 한 점 A_2에 대하여 선분 A_2C를 대각선으로 하는 정사각형 $A_2B_2CD_2$를 그리고, 선분 A_2D_2를 $3:1$로 내분하는 점을 E_2라 할 때 삼각형 $A_2B_2E_2$에 내접하는 원에 색칠하여 얻은 그림을 R_2라 하자. 이와 같은 과정을 계속하여 n번째 얻은 그림 R_n에 색칠되어 있는 부분의 넓이를 S_n이라 할 때, $\lim\limits_{n\to\infty} S_n$의 값은?

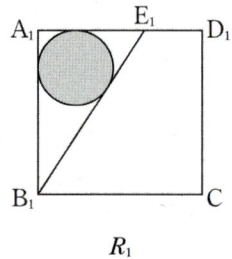
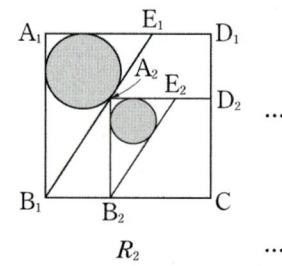

R_1 R_2 ...

① $\dfrac{49}{30}\pi$ ② $\dfrac{49}{31}\pi$ ③ $\dfrac{49}{32}\pi$

④ $\dfrac{49}{33}\pi$ ⑤ $\dfrac{49}{34}\pi$

038 ⊢□□□

그림과 같이 길이가 2인 선분 AB를 지름으로 하는 원이 있다. 원의 둘레를 6등분하는 점 중 두 점 A, B를 제외한 4개의 점과 점 A에 선을 그어 만들어지는 ⌒ 모양의 도형에 색칠하여 얻은 그림을 R_1이라 하자.

그림 R_1에서 점 B를 지나면서 현 AB를 제외한 점 B로부터 가까운 두 현에 동시에 접하는 원을 그리고, 새로 그려진 내접원이 선분 AB와 만나는 점 중에 B가 아닌 점을 A_1이라 할 때, 내접원의 둘레를 6등분하는 점 중 두 점 A_1, B를 제외한 4개의 점과 점 A_1에 선을 그어 만들어지는 ⌒ 모양의 도형에 색칠하여 얻은 그림을 R_2라 하자. 이와 같은 과정을 계속하여 n번째 얻은 그림 R_n에 색칠되어 있는 ⌒ 모양의 넓이를 S_n이라 할 때, $\lim\limits_{n\to\infty} S_n$의 값은?

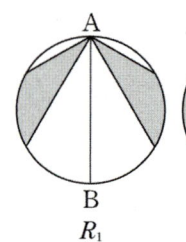
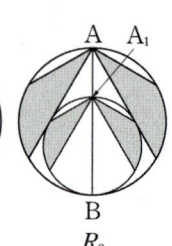
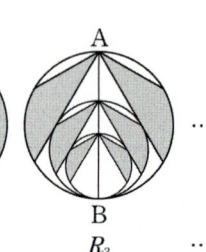

R_1 R_2 R_3 ...

① $\dfrac{\pi}{5}$ ② $\dfrac{3}{10}\pi$ ③ $\dfrac{2}{5}\pi$

④ $\dfrac{\pi}{2}$ ⑤ $\dfrac{3}{5}\pi$

039 |■□□□

그림과 같이 $\overline{AB_1} = 3$, $\overline{AD_1} = 2$, $\angle D_1AB_1 = 60°$인 평행사변형 $AB_1C_1D_1$이 있다. 선분 B_1D_1을 $1:2$로 내분하는 점을 E_1이라 하고, 사각형 $B_1C_1F_1E_1$이 평행사변형이 되도록 점 F_1을 정한 후, 두 선분 C_1D_1, E_1F_1의 교점을 G_1이라 하자. 두 삼각형 $C_1F_1G_1$, $D_1E_1G_1$에 색칠하여 얻은 그림을 R_1이라 하자.

그림 R_1에 선분 AB_1 위의 점 B_2, 선분 B_1D_1 위의 점 C_2, 선분 AD_1 위의 점 D_2에 대하여 $\overline{AB_2} : \overline{AD_2} = 3:2$인 평행사변형 $AB_2C_2D_2$를 그린다. 선분 B_2D_2를 $1:2$로 내분하는 점을 E_2라 하고, 사각형 $B_2C_2F_2E_2$가 평행사변형이 되도록 점 F_2를 정한 후, 두 선분 C_2D_2, E_2F_2의 교점을 G_2라 하자. 두 삼각형 $C_2F_2G_2$, $D_2E_2G_2$에 색칠하여 얻은 그림을 R_2라 하자.

이와 같은 과정을 계속하여 n번째 얻은 그림 R_n에 색칠되어 있는 부분의 넓이를 S_n이라 할 때, $\lim_{n \to \infty} S_n$의 값은?

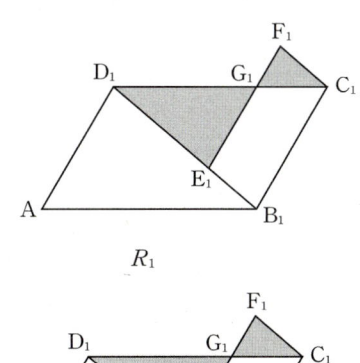

R_1

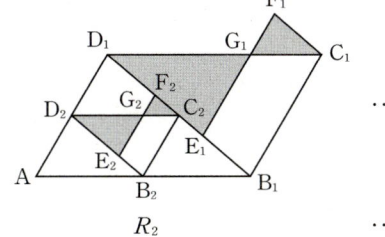

R_2

① $\dfrac{8\sqrt{3}}{9}$ ② $\dfrac{10\sqrt{3}}{9}$ ③ $\dfrac{4\sqrt{3}}{3}$

④ $\dfrac{14\sqrt{3}}{9}$ ⑤ $\dfrac{16\sqrt{3}}{9}$

040 |■□□□

그림과 같이 $\overline{AB_1} = 4$, $\overline{B_1B_2} = 2$, $\overline{AB_2} = 2\sqrt{3}$인 삼각형 AB_1B_2가 있다. 선분 AB_2의 중점을 M_1이라 하고, 점 M_1이 중심이고 반지름의 길이가 $\overline{AM_1}$인 원 C_1이 선분 AB_1과 만나는 점 중 A가 아닌 점을 B_3이라 하자. 원 C_1 위의 점 B_3에서의 접선이 선분 B_1B_2와 만나는 점을 D_1이라 하고 원 C_1의 외부와 삼각형 $D_1B_2B_3$의 내부의 공통부분에 색칠하여 얻은 그림을 R_1이라 하자.

그림 R_1에서 선분 AB_3의 중점을 M_2라 하고, 점 M_2가 중심이고 반지름의 길이가 $\overline{AM_2}$인 원 C_2가 선분 AB_2와 만나는 점 중 A가 아닌 점을 B_4라 하자. 원 C_2 위의 점 B_4에서의 접선이 선분 B_2B_3과 만나는 점을 D_2라 하고 원 C_2의 외부와 삼각형 $D_2B_3B_4$의 내부의 공통부분에 색칠하여 얻은 그림을 R_2라 하자.

이와 같은 과정을 계속하여 n번째 얻은 그림 R_n에 색칠되어 있는 부분의 넓이를 S_n이라 할 때, $\lim_{n \to \infty} S_n$의 값은?

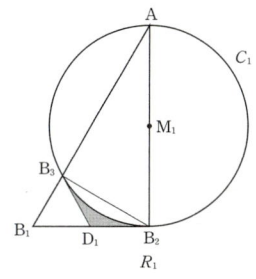

R_1

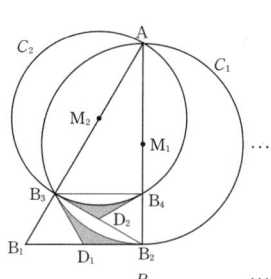

R_2

① $4\sqrt{3} - \pi$ ② $4\sqrt{3} - \dfrac{5}{4}\pi$

③ $4\sqrt{3} - \dfrac{3}{2}\pi$ ④ $4\sqrt{3} - \dfrac{7}{4}\pi$

⑤ $4\sqrt{3} - 2\pi$

그림과 같이 한 변의 길이가 6인 정삼각형
AB_1C_1의 무게중심을 G_1이라 할 때, 중심이
정삼각형 AB_1C_1의 내부에 있고 두 변 AB_1,
B_1C_1에 접하며 점 G_1을 지나는 원과 두 변 AC_1,
B_1C_1에 접하며 점 G_1을 지나는 원을 그린다. 이
두 원과 변 B_1C_1으로 둘러싸인 부분인 ⌢모양의
도형에 색칠하여 얻은 그림을 R_1이라 하자.
그림 R_1에서 점 G_1을 지나는 두 원에 동시에
접하는 직선 중 직선 B_1C_1이 아닌 직선이 두 변
AB_1, AC_1과 만나는 점을 각각 B_2, C_2라 하자.
정삼각형 AB_2C_2의 무게중심을 G_2라 할 때,
중심이 정삼각형 AB_2C_2의 내부에 있고 두 변
AB_2, B_2C_2에 접하며 점 G_2를 지나는 원과 두 변
AC_2, B_2C_2에 접하며 점 G_2를 지나는 원을
그린다. 이 두 원과 변 B_2C_2로 둘러싸인 부분인
⌢모양의 도형에 색칠하여 얻은 그림을 R_2라
하자.
이와 같은 과정을 계속하여 n번째 얻은 그림 R_n에
색칠되어 있는 부분의 넓이를 S_n이라 할 때,
$\lim\limits_{n \to \infty} S_n$의 값은?

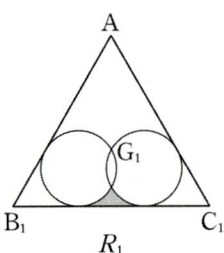

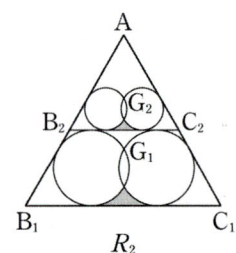

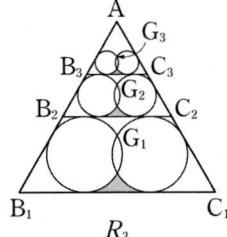

① $\dfrac{9\sqrt{3}-4\pi}{8}$　　② $\dfrac{9\sqrt{3}-4\pi}{7}$

③ $\dfrac{81\sqrt{3}-36\pi}{56}$　　④ $\dfrac{45\sqrt{3}-20\pi}{28}$

⑤ $\dfrac{99\sqrt{3}-44\pi}{56}$

그림과 같이 한 변의 길이가 2인 정사각형
$A_1B_1C_1D_1$에서 점 B_1을 선분 A_1E_1에 대하여
대칭이동한 점 F_1이 선분 A_1C_1 위에 놓이도록
선분 B_1C_1 위에 점 E_1을 잡고, 삼각형 $A_1B_1E_1$과
삼각형 $F_1E_1C_1$에 색칠하여 얻은 그림을 R_1이라
하자.
그림 R_1에서 선분 A_1C_1 위의 두 점 A_2, B_2,
선분 C_1D_1 위의 점 C_2, 선분 A_1D_1 위의 점
D_2를 꼭짓점으로 하는 정사각형 $A_2B_2C_2D_2$를
그린 후, 점 B_2를 선분 A_2E_2에 대하여 대칭이동한
점 F_2가 선분 A_2C_2 위에 놓이도록 선분 B_2C_2
위에 점 E_2를 잡고, 삼각형 $A_2B_2E_2$와 삼각형
$F_2E_2C_2$에 색칠하여 얻은 그림을 R_2라 하자.
이와 같은 과정을 계속하여 n번째 얻은 그림 R_n에
색칠되어 있는 부분의 넓이를 S_n이라 할 때,
$\lim\limits_{n \to \infty} S_n$의 값은?

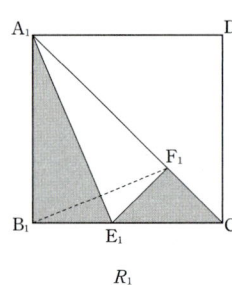
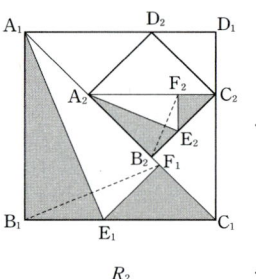

① $\dfrac{12(2-\sqrt{2})}{7}$　　② $2(2-\sqrt{2})$

③ $\dfrac{16(2-\sqrt{2})}{7}$　　④ $\dfrac{18(2-\sqrt{2})}{7}$

⑤ $\dfrac{20(2-\sqrt{2})}{7}$

II

미분법

■ **지수함수와 로그함수의 극한과 미분**

| **043** ├─■□□

함수

$$f(x) = \begin{cases} \dfrac{2^{x-1}-1}{\log_2 x} & (x \neq 1) \\ a & (x = 1) \end{cases}$$

가 $x = 1$에서 연속일 때, 상수 a의 값은?

① $(\ln 2)^2$　　② $\ln 2$　　③ 1

④ $\dfrac{1}{\ln 2}$　　⑤ $\dfrac{1}{(\ln 2)^2}$

| **044** ├─■□□

두 함수 $f(x)$, $g(x)$가

$$\lim_{x \to 0} \frac{f(x)}{x} = 2, \quad \lim_{x \to 1} \frac{g(x-1)}{3^x - 3} = 1$$

을 만족시킬 때, $\displaystyle\lim_{x \to 0} \frac{f(x)}{g(x)}$의 값은?

(단, $g(x) \neq 0$이다.)

① $\dfrac{2}{3\ln 3}$　　② $\dfrac{2}{\ln 3}$　　③ $\dfrac{6}{\ln 3}$

④ $2\ln 3$　　⑤ $6\ln 3$

045 ▸□□□

그림과 같이 곡선 $y = e^x$과 직선
$y = -x + k\,(k > 1)$이 만나는 점을 A, 점 A의
x좌표를 α라 하자. 직선 $x = t\,(t > \alpha)$가 곡선
$y = e^x$, 직선 $y = -x + k$와 만나는 점을 각각 B,
C라 하자. 점 A에서 직선 BC에 내린 수선의
발을 H라 하고, 두 삼각형 ABH, ACH의
넓이를 각각 $S(t)$, $T(t)$라 하자.
$\lim\limits_{t \to \alpha+} \dfrac{S(t)}{T(t)} = e$일 때, $\alpha + k = p + qe$이다.
$p + q$의 값은? (단, p, q는 유리수이다.)

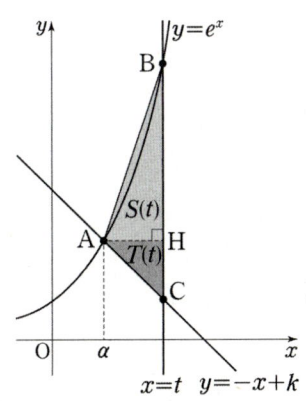

① 1   ② 2   ③ 3

④ 4   ⑤ 5

046 ▸□□□

그림과 같이 $1 < t < 4$인 실수 t에 대하여 점
$\mathrm{P}(t, 0)$을 지나고 x축에 수직인 직선이 두 곡선
$y = \log_8 x$, $y = \dfrac{2}{x - 1}$와 만나는 점을 각각 Q,
R라 하자. 점 Q를 지나고 y축에 수직인 직선이
곡선 $y = \dfrac{2}{x - 1}$와 만나는 점을 S라 하자. 직선
RS의 기울기를 $m(t)$라 할 때, $\lim\limits_{t \to 1+} m(t)$의
값은?

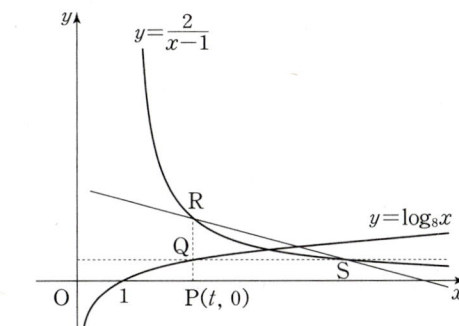

① $-3\ln 2$ ② $-2\ln 2$ ③ $-\ln 2$

④ $-\dfrac{1}{2\ln 2}$ ⑤ $-\dfrac{1}{3\ln 2}$

그림과 같이 곡선 $y = e^x - 1$ 위의 제1사분면의 점 $P(t, e^t - 1)$에 대하여 점 P에서 곡선에 접하는 접선이 x축과 만나는 점을 Q라 하자. 두 점 P, Q를 지름의 양 끝으로 하는 원의 중심을 C, 원이 x축과 만나는 점 중 Q가 아닌 점을 R라 할 때, 삼각형 CQR의 넓이를 $S(t)$라 하자.

$\lim\limits_{t \to 0+} \dfrac{S(t)}{t^2}$의 값은?

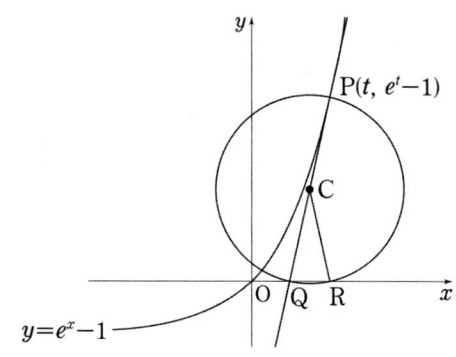

① $\dfrac{5}{8}$ ② $\dfrac{1}{2}$ ③ $\dfrac{3}{8}$

④ $\dfrac{1}{4}$ ⑤ $\dfrac{1}{8}$

미분가능한 함수 $f(x)$가

$$\lim_{x \to 1} \frac{f(x) - \log_3 2}{x - 1} = \frac{3}{2\ln 3}$$

을 만족시킨다. $\lim\limits_{x \to 1} \dfrac{3^{f(x)} - a}{x - 1} = b$를 만족시키는

두 상수 a, b에 대하여 $10a + b$의 값을 구하시오.

049 □□□

실수 전체의 집합에서 연속인 함수 $f(x)$가

$$\lim_{x \to 0} \frac{\ln\{1 + f(3x)\}}{x} = 12$$

를 만족시킬 때, $\lim_{x \to 0} \frac{f(x)}{x}$의 값은?

① 2   ② 4   ③ 6
④ 8   ⑤ 10

050 □□□

자연수 n과 이차함수 $f(x)$에 대하여

$$\lim_{x \to 0} \frac{e^{f(x)} - 1}{x^n} = -4$$

이다. $f(n) = 0$일 때, $f(5)$의 값을 구하시오.

▊ 삼각함수의 덧셈정리

| 051 |─□□□

그림과 같이 두 점 $O(0, 0)$, $A(4, 3)$을 지름의 양 끝점으로 하는 원이 있다.

$$\angle AOB = \theta \ \left(0 < \theta < \frac{\pi}{2}\right)$$

라 할 때, $\cos\theta = \dfrac{12}{13}$를 만족시키는 원 위의 점 B에 대하여 직선 AB와 x축이 만나는 점을 C라 하자. 선분 OC의 길이는?

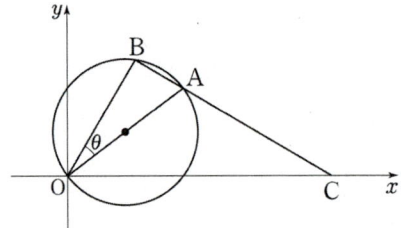

① $\dfrac{100}{11}$ ② $\dfrac{102}{11}$ ③ $\dfrac{104}{11}$

④ $\dfrac{106}{11}$ ⑤ $\dfrac{108}{11}$

| 052 |─□□□

그림과 같이 $\overline{AB} = 5$, $\overline{AC} = 2\sqrt{5}$인 삼각형 ABC의 꼭짓점 A에서 선분 BC에 내린 수선의 발을 D라 하자. 선분 AD를 $3 : 1$로 내분하는 점 E에 대하여 $\overline{EC} = \sqrt{5}$이다. $\angle ABD = \alpha$, $\angle DCE = \beta$라 할 때, $\cos(\alpha - \beta)$의 값은?

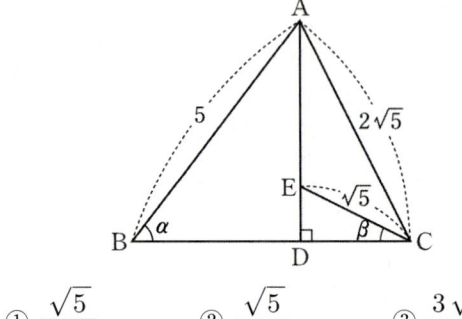

① $\dfrac{\sqrt{5}}{5}$ ② $\dfrac{\sqrt{5}}{4}$ ③ $\dfrac{3\sqrt{5}}{10}$

④ $\dfrac{7\sqrt{5}}{20}$ ⑤ $\dfrac{2\sqrt{5}}{5}$

| 053 | ⊢☐☐☐

그림과 같이 $\overline{AB}=13$, $\overline{AC}=12$, $\overline{BC}=5$인
삼각형 ABC에 내접하는 원의 중심을 O라 하자.
$\angle BAO=\alpha$, $\angle ABO=\beta$라 할 때,
$\cos(\alpha-\beta)$의 값은?

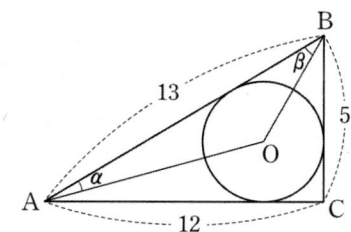

① $\dfrac{\sqrt{2}}{2}$ ② $\dfrac{7\sqrt{2}}{13}$ ③ $\dfrac{15\sqrt{2}}{26}$

④ $\dfrac{8\sqrt{2}}{13}$ ⑤ $\dfrac{17\sqrt{2}}{26}$

| 054 | ⊢☐☐☐

그림과 같이 $\overline{AB}=2$, $\overline{AC}=3$인 삼각형 ABC의
변 BC 위에 한 점 D가 있다.
$\angle BAD=\alpha$, $\angle CAD=\beta$일 때,

$$\cos\alpha=\frac{7}{8},\ \cos\beta=\frac{1}{4}$$

을 만족시킨다. 삼각형 ABC의 넓이는?

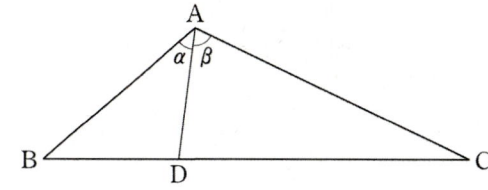

① $\dfrac{7\sqrt{15}}{12}$ ② $\dfrac{5\sqrt{15}}{8}$ ③ $\dfrac{2\sqrt{15}}{3}$

④ $\dfrac{17\sqrt{15}}{24}$ ⑤ $\dfrac{3\sqrt{15}}{4}$

그림과 같이 $\overline{AB} : \overline{BC} = 5 : 6$인 직각삼각형 ABC가 있다. 선분 AB의 중점을 O, 선분 AB를 지름으로 하는 원과 선분 OC의 교점을 D라 하자. $\angle CAD = \theta \left(0 < \theta < \dfrac{\pi}{2}\right)$라 할 때, $\tan\theta$의 값은?

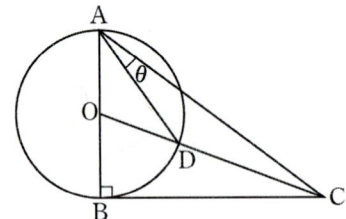

① $\dfrac{2}{9}$ ② $\dfrac{8}{27}$ ③ $\dfrac{10}{27}$

④ $\dfrac{4}{9}$ ⑤ $\dfrac{14}{27}$

그림과 같이 $\overline{AB} = 1$, $\overline{BC} = 2$인 직사각형 ABCD가 있다. 선분 CD 위를 움직이는 점 P에 대하여 $\angle APB = \theta$라 하자. $\tan\theta = \dfrac{9}{17}$일 때, $\left| \overline{CP} - \overline{DP} \right|$의 값은?

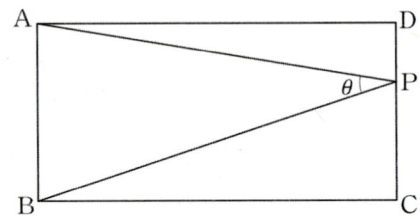

① $\dfrac{1}{6}$ ② $\dfrac{1}{5}$ ③ $\dfrac{1}{4}$

④ $\dfrac{1}{3}$ ⑤ $\dfrac{1}{2}$

057

좌표평면에서 기울기가 각각
m_1, m_2 $(0 < m_1 < m_2)$인 두 직선 l_1, l_2가
x축과 이루는 예각의 크기를 각각 α, β라 하자.

$$\cos(\alpha + \beta) = -\frac{4\sqrt{65}}{65},\ m_1 m_2 = 3$$

일 때, $6(m_1 + m_2)$의 값을 구하시오.

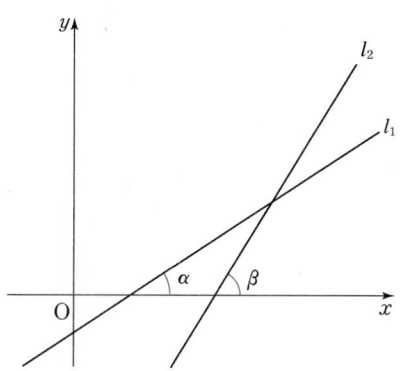

058

자연수 n에 대하여 원점 O를 중심으로 하고
반지름의 길이가 $\frac{1}{2^n}$인 원과 함수

$$y = \begin{cases} x & (x \geq 0) \\ -\sqrt{3}\,x & (x < 0) \end{cases}$$ 의 그래프가 만나는

두 점을 각각 A_n, B_n이라 하고, 점 C_n을
$C_n\left(0,\ -\dfrac{1}{2^n}\right)$이라 하자. 〈보기〉에서 옳은 것만을

있는 대로 고른 것은?
(단, 점 A_n의 x좌표가 점 B_n의 x좌표보다 크다.)

> ㄱ. 삼각형 OA_1C_2의 넓이는 $\dfrac{\sqrt{2}}{32}$이다.
>
> ㄴ. $\sin(\angle A_1OB_2) = \dfrac{\sqrt{6} + \sqrt{2}}{4}$
>
> ㄷ. 삼각형 $A_nB_{n+1}C_{n+2}$의 넓이를 S_n이라
>
>   할 때, $\displaystyle\sum_{n=1}^{\infty} S_n = \dfrac{4\sqrt{2} + 1 + 2\sqrt{6}}{96}$이다.

① ㄱ   ② ㄷ   ③ ㄱ, ㄴ
④ ㄴ, ㄷ   ⑤ ㄱ, ㄴ, ㄷ

| 059 | ┝□□□

함수 $f(x) = \begin{cases} e^{x-1} & (x \le 1) \\ a\sin\pi x + b & (x > 1) \end{cases}$ 가

$x = 1$에서 미분가능하도록 하는 두 상수 a, b에 대하여 $a+b$의 값은?

① $1 - \dfrac{3}{\pi}$ ② $1 - \dfrac{1}{\pi}$ ③ $1 + \dfrac{1}{\pi}$

④ $1 + \dfrac{3}{\pi}$ ⑤ $1 + \dfrac{5}{\pi}$

| 060 | ┝□□□

그림과 같이 $\overline{AB} = \overline{AC} = 1$이고 $\angle BAC = \theta$인 이등변삼각형 ABC에 내접하는 원이 있다. 삼각형에 내접하는 원의 반지름의 길이를 $r(\theta)$라고 했을 때, $\displaystyle\lim_{\theta \to 0+} \dfrac{r(\theta)}{\theta}$의 값은?

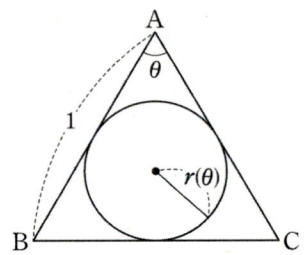

① $\dfrac{1}{2}$ ② $\dfrac{1}{3}$ ③ $\dfrac{1}{4}$

④ $\dfrac{1}{5}$ ⑤ $\dfrac{1}{6}$

그림과 같이 길이가 2인 선분 AB를 지름으로 하는 반원 위의 두 점 C, D를 호 AC의 길이가 호 BD의 길이의 2배가 되도록 정한다. 두 선분 AD와 BC가 만나는 점을 E,

$\angle BAD = \theta \left(0 < \theta < \dfrac{\pi}{6}\right)$라 하자.

삼각형 ABC의 넓이를 $f(\theta)$, 삼각형 BDE의 넓이를 $g(\theta)$라 할 때, $\displaystyle\lim_{\theta \to 0+} \dfrac{g(\theta)}{f(\theta)} = \dfrac{b}{a}$이다. $10(a+b)$의 값을 구하시오.

(단, a와 b는 서로소인 자연수이다.)

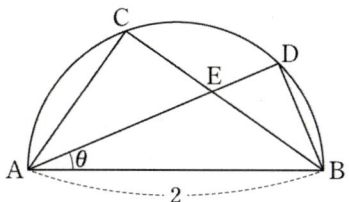

그림과 같이 한 변의 길이가 1인 마름모 ABCD가 있다. 점 A를 지나고 변 BC에 수직인 직선이 대각선 BD와 만나는 점을 P, 점 C를 지나고 변 AD에 수직인 직선이 대각선 BD와 만나는 점을 Q라 하자. $\angle ABC = \theta \left(0 < \theta < \dfrac{\pi}{2}\right)$일 때,

$\displaystyle\lim_{\theta \to 0+} \dfrac{\overline{PQ}}{\theta^2} = a$이다. $100a$의 값을 구하시오.

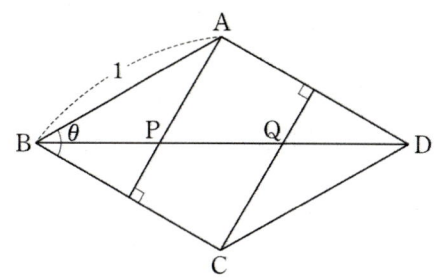

063 □□□

그림과 같이 반지름의 길이가 1인 사분원 OAB가 있다. 호 AB 위의 점 P에 대하여 $\angle AOP = \theta \left(0 < \theta < \dfrac{\pi}{2}\right)$라 하고, 두 점 A, B에서 선분 OP에 내린 수선의 발을 각각 Q, R라 하자. 삼각형 AOQ의 넓이를 $S_1(\theta)$, 호 BP와 두 선분 BR, PR로 둘러싸인 부분의 넓이를 $S_2(\theta)$라 할 때, $\displaystyle\lim_{\theta \to \frac{\pi}{2}-} \dfrac{S_2(\theta)}{S_1(\theta)}$의 값은?

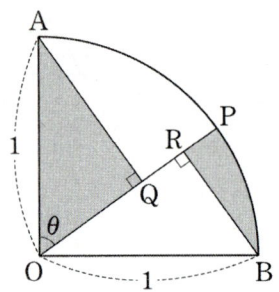

① 0 ② $\dfrac{1}{6}$ ③ $\dfrac{1}{4}$

④ $\dfrac{1}{3}$ ⑤ $\dfrac{1}{2}$

064 □□□

그림과 같이 길이가 1인 선분 AB를 지름으로 하는 반원 위에 점 P가 있다. 점 B가 아닌 반원 위의 서로 다른 두 점 Q, R를 $\overset{\frown}{BP} = \overset{\frown}{PQ} = \overset{\frown}{QR}$가 되도록 잡는다. 두 직선 AR, BQ가 만나는 점을 C라 하고, $\angle BAP = \theta \left(0 < \theta < \dfrac{\pi}{6}\right)$라 하자. 삼각형 ABC의 넓이를 $f(\theta)$, 삼각형 ABP의 넓이를 $g(\theta)$라 할 때, $\displaystyle\lim_{\theta \to 0+} \dfrac{f(\theta)}{g(\theta)}$의 값을 구하시오. (단, 두 점 P, R는 서로 다른 점이다.)

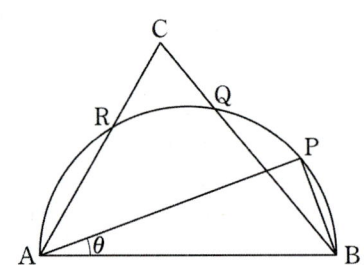

065 ┤□□□

그림과 같이 한 변의 길이가 2인 정사각형 ABCD의 변 BC 위의 점 P에 대하여 ∠DAP를 이등분하는 직선이 두 직선 BC, CD와 만나는 점을 각각 Q, R이라 하자. ∠PAB = θ일 때, 삼각형 CQR의 넓이를 $S(\theta)$라 하자. $\lim\limits_{\theta \to 0+} \dfrac{S(\theta)}{\theta^2}$의 값은?

(단, $0 < \theta < \dfrac{\pi}{4}$)

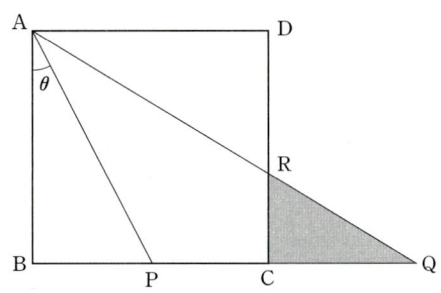

① $\dfrac{1}{4}$ ② $\dfrac{1}{2}$ ③ 1

④ 2   ⑤ 4

066 ┤□□□

곡선 $y = \tan 2x$ 위의 점 P$(t, \tan 2t)$ $\left(0 < t < \dfrac{\pi}{4}\right)$에 대하여 점 P에서 y축에 내린 수선의 발을 A, 점 P를 지나고 x축에 수직인 직선이 곡선 $y = \sin x$와 만나는 점을 B라 하자. 두 점 A, B를 지나는 직선이 x축과 만나는 점의 x좌표를 $f(t)$라 할 때, $\lim\limits_{t \to 0+} \dfrac{f(t)}{t}$의 값은?

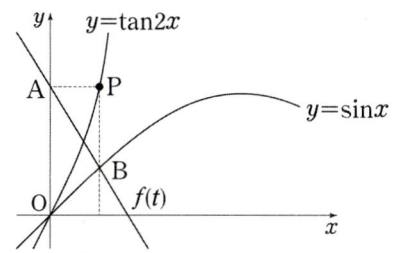

① $\dfrac{1}{2}$ ② 1   ③ $\dfrac{3}{2}$

④ 2   ⑤ $\dfrac{5}{2}$

그림과 같이 반지름의 길이가 1이고
$\angle \mathrm{AOB} = \theta \left(0 < \theta < \dfrac{\pi}{2} \right)$인 부채꼴 OAB가
있다. 호 AB 위에 두 호 AC, BC의 길이가
같도록 점 C를 잡고, $\angle \mathrm{OCD} = \angle \mathrm{OCE} = \dfrac{\pi}{4}$가
되도록 두 선분 OA, OB 위에 각각 점 D와 E를
잡는다. 두 선분 CD와 CE를 모두 변으로 갖는
정사각형의 넓이를 $S(\theta)$라 할 때, $\displaystyle\lim_{\theta \to 0+} \dfrac{S(\theta)}{\theta^2}$의
값은?

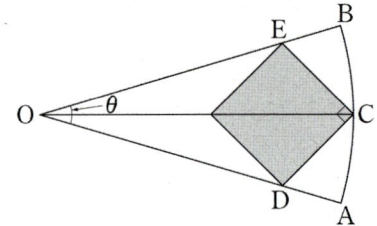

① $\dfrac{1}{2}$ ② $\dfrac{1}{4}$ ③ $\dfrac{1}{8}$

④ $\dfrac{1}{16}$ ⑤ $\dfrac{1}{32}$

원 $C : x^2 + y^2 = 4$와 직선
$y = \left(\tan \dfrac{\theta}{2} \right) x + 2 \tan \dfrac{\theta}{2} \left(0 < \theta < \dfrac{\pi}{2} \right)$가 만나는
점 중 y좌표가 양수인 점을 P라 하고, 점 P를
지나고 x축에 수직인 직선이 원 C와 만나는 점
중 P가 아닌 점을 Q라 하자. 두 점 P, Q가 아닌
원 C 위를 움직이는 점 R에 대하여 삼각형
PQR의 넓이의 최댓값을 $S(\theta)$라 할 때,
$S'\left(\dfrac{\pi}{6} \right)$의 값은?

① $2\sqrt{3} + 3$ ② $2\sqrt{3} + 2$ ③ $2\sqrt{3} + 1$
④ $\sqrt{3} + 3$ ⑤ $\sqrt{3} + 2$

069

양의 실수 t와 곡선 $y = x^2$ 위의 점 $P(t, t^2)$에 대하여 중심이 원점 O이고 반지름의 길이가 $\overline{OP}$인 원이 x축의 양의 방향과 만나는 점을 Q라 하자. 호 PQ와 곡선 $y = x^2$ 및 x축으로 둘러싸인 부분의 넓이를 $S(t)$라 할 때, $S'(1)$의 값은?

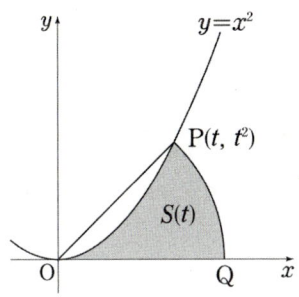

① $\dfrac{\pi}{2}$ ② $\dfrac{5}{8}\pi$ ③ $\dfrac{3}{4}\pi$

④ $\dfrac{7}{8}\pi$ ⑤ π

070

그림과 같이 $\overline{AB} = \overline{BC} = 2$인 직각삼각형 ABC에 대하여 선분 BC의 중점을 D라 하자. 선분 AC 위의 $\angle CBE = \theta \ (0 < \theta < \dfrac{\pi}{2})$를 만족시키는 점 E를 지나고 직선 BC와 평행한 직선이 직선 AD와 만나는 점을 F라 하자. 두 직선 BE와 CF가 만나는 점을 G라 하고, 삼각형 BCG의 넓이를 $S(\theta)$라 할 때, $\lim\limits_{\theta \to 0+} \dfrac{S(\theta)}{\theta}$의 값은?

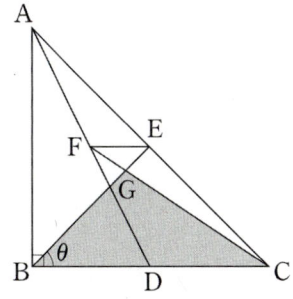

① $\dfrac{7}{6}$ ② $\dfrac{4}{3}$ ③ $\dfrac{3}{2}$

④ $\dfrac{5}{3}$ ⑤ $\dfrac{11}{6}$

함수의 몫의 미분법과 합성함수의 미분법

| 071 | ├□□□

실수 전체의 집합에서 미분가능한 함수 $f(x)$에 대하여 함수 $g(x)$를

$$g(x) = \frac{f(x)}{e^{x-2}}$$

라 하자. $\lim_{x \to 2} \dfrac{f(x)-3}{x-2} = 5$일 때, $g'(2)$의 값은?

① 1   ② 2   ③ 3

④ 4   ⑤ 5

| 072 | ├□□□

실수 전체의 집합에서 미분가능한 함수 $f(x)$가 모든 실수 x에 대하여 다음 조건을 만족시킨다.

> (가) $f(x) > 0$
> (나) $f(x) - f(-x) = x$
> (다) $\{f(x)\}^2 + \{f(-x)\}^2 = x^4 + 4$

함수 $\sin(\pi f(x))$의 $x = 2$에서의 미분계수는?

① π ② 2π ③ 3π

④ 4π ⑤ 5π

최고차항의 계수가 양수이고 $f(1) = 0$인
이차함수 $f(x)$에 대하여 함수 $g(x)$를

$$g(x) = f(x)e^{1-x}$$

라 할 때, $\displaystyle\lim_{x \to 1} \dfrac{g(f(x)) - e}{x - 1} = 0$이다. $f(4)$의

값은?

① 1   ② 3   ③ 5
④ 7   ⑤ 9

매개변수 $\theta(0 < \theta < \pi)$로 나타내어진 곡선

$$x = (1 + \cos\theta)\cos\theta,$$
$$y = (1 + \cos\theta)\sin\theta$$

에서 $\dfrac{dy}{dx}$의 값이 0이 되도록 하는 θ의 값은?

① $\dfrac{\pi}{4}$ ② $\dfrac{\pi}{3}$ ③ $\dfrac{\pi}{2}$

④ $\dfrac{3}{4}\pi$ ⑤ $\dfrac{5}{6}\pi$

| 075 |─□□□

좌표평면에서 곡선 $2x^2 + 2xy - y^2 = k$와 직선 $x = 1$이 만나는 두 점을 각각 P, Q라 하자. 곡선 위의 두 점 P, Q에서의 접선이 서로 수직일 때, 상수 k의 값은? (단, $k < 3$)

① $-\dfrac{3}{2}$ ② $-\dfrac{4}{3}$ ③ $-\dfrac{5}{4}$

④ $-\dfrac{6}{5}$ ⑤ $-\dfrac{7}{6}$

| 076 |─□□□

실수 전체의 집합에서 미분가능한 두 함수 $f(x)$, $g(x)$가 있다. $f(x)$가 $g(x)$의 역함수이고 $f(1) = 2$, $f'(1) = 3$이다. 함수 $h(x) = xg(x)$라 할 때, $h'(2)$의 값은?

① 1   ② $\dfrac{4}{3}$ ③ $\dfrac{5}{3}$

④ 2   ⑤ $\dfrac{7}{3}$

077

함수 $f(x) = x^3 + ax + b \, (a > 0)$의 역함수 $g(x)$에 대하여 $\displaystyle\lim_{x \to -1} \frac{g(x)+1}{x+1} = \frac{1}{4}$일 때, $f(3)$의 값은? (단, a, b는 상수이다.)

① 27   ② 28   ③ 29
④ 30   ⑤ 31

078

실수 전체의 집합에서 이계도함수를 갖는 함수 $f(x)$가 다음 조건을 만족시킨다.

(가) $\displaystyle\lim_{x \to 0} \frac{f(x)-1}{x} = 2$

(나) 모든 실수 x에 대하여
$$f(x) + f''(x) = 0$$

함수 $g(x) = \{f(x)\}^2 + \{f'(x)\}^2$에 대하여 $g(10)$의 값을 구하시오.

양의 실수 t에 대하여 직선 $y = t$와 곡선
$y = x^3 + x$가 만나는 점 P에서 x축, y축에 내린
수선의 발을 각각 H, I라 할 때, 사각형 OHPI의
넓이를 $f(t)$라 할 때, $f'(10)$의 값은?

(단, O는 원점이다.)

① $\dfrac{10}{13}$ ② $\dfrac{16}{13}$ ③ $\dfrac{23}{13}$

④ $\dfrac{29}{13}$ ⑤ $\dfrac{36}{13}$

▌접선의 방정식

함수 $f(x) = \ln(2 + \tan x)\left(-\dfrac{\pi}{3} < x < \dfrac{\pi}{3}\right)$의
역함수를 $g(x)$라 하자. 곡선 $y = g(x)$ 위의 점
$(0, g(0))$에서의 접선의 x절편은?

① $\dfrac{\pi}{4}$ ② $\dfrac{\pi}{2}$ ③ $\dfrac{3}{4}\pi$

④ π ⑤ $\dfrac{5}{4}\pi$

081

곡선 $y = \cos 5x$ 위의 점 $(t, \cos 5t)$를 지나고 이 점에서의 접선과 수직인 직선의 y절편을 $g(t)$라 할 때, $g'\left(\dfrac{\pi}{2}\right)$의 값은? (단, $\sin 5t \neq 0$)

① $-\dfrac{21}{5}$ ② $-\dfrac{26}{5}$ ③ $-\dfrac{31}{5}$

④ $-\dfrac{36}{5}$ ⑤ $-\dfrac{41}{5}$

082

좌표평면 위의 점 (x, y)를 다음과 같이 매개변수 $t \, (0 < t \leq 3)$로 나타낸 곡선을 C라 하자.

$$x = 2\sin\left(\frac{\pi}{2}t\right), \; y = 4\sin\left(\frac{\pi}{3}t\right)$$

곡선 C 위의 점 $(0, a)$에서의 접선의 방정식을 $y = mx + n$이라 할 때, $a \times m \times n$의 값은?

(단, m, n은 상수이다.)

① 6   ② 7   ③ 8

④ 9   ⑤ 10

미분가능한 함수 $f(x)$가

$$\lim_{x \to 0} \frac{f(x) + 2}{x} = 3$$

을 만족시킬 때, 곡선 $y = f(2x)\cos x^2$ 위의 x좌표가 0인 점에서의 접선의 방정식은 $y = ax + b$이다. 이때, 두 상수 a, b에 대하여 $a + b$의 값은?

① 1   ② 2   ③ 3

④ 4   ⑤ 5

좌표평면에서 곡선 $y = \ln x$ 위의 점 $(e, 1)$에서의 접선 l과 곡선 $y = -\dfrac{1}{x} - k$는 제3사분면의 한 점에서만 만날 때, 실수 k의 값은?

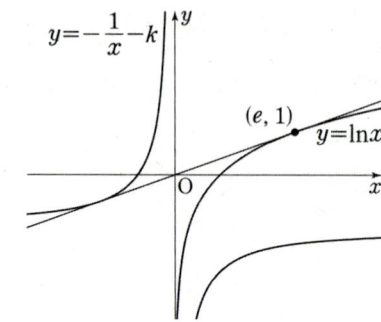

① $\dfrac{1}{e^2}$ ② $\dfrac{2}{e}$ ③ $\dfrac{1}{e}$

④ $\dfrac{2}{\sqrt{e}}$ ⑤ $\dfrac{1}{\sqrt{e}}$

| 085 |─□□□

자연수 n에 대하여 좌표평면에서 점 $A_n(a_n,\, e^{a_n})$을 다음 규칙에 따라 정한다.

(가) A_1은 원점에서 곡선 $y = e^x$에 그은 접선과 곡선 $y = e^x$이 만나는 점이다.

(나) 모든 자연수 n에 대하여 A_{n+1}은 점 $(a_n,\, 0)$에서 곡선 $y = e^x$에 그은 접선과 곡선 $y = e^x$이 만나는 점이다.

곡선 $y = e^x$ 위의 점 A_n에서의 접선의 기울기를 b_n이라 할 때, $\displaystyle\lim_{n \to \infty} e^{a_n}\{\ln(b_n + 1) - \ln b_n\}$의 값을 구하시오.

■ 함수의 극대, 극소와 최대, 최소

| 086 |─□□□

다음 그림과 같이 두 곡선 $y = \log_2 x \, (y < 0)$와 $y = \log_{\frac{1}{2}} x \, (y > 0)$ 위에 두 꼭짓점이 각각 놓여 있고, y축 위에 나머지 두 꼭짓점이 놓여 있는 직사각형의 넓이의 최댓값은?

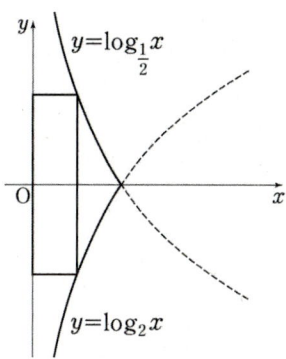

① 6 ② $2e\log_2 e$ ③ 4

④ $\dfrac{2}{e}\log_2 e$ ⑤ 2

매개변수 t $(t > 1)$로 나타내어진 함수

$$x = \sqrt{t} + \frac{1}{\sqrt{t}}, \ y = t\sqrt{t}$$

가 있다. 이 함수의 그래프 위를 움직이는 점 P에서의 접선의 기울기가 최소일 때의 점 P의 좌표를 (a, b)라 하자. ab의 값을 구하시오.

그림과 같이 곡선 $y = \sin x$ 위를 움직이는 점 $P(\theta, \sin\theta)$에서의 접선 l과 x축 및 두 직선 $x = 0$, $x = \dfrac{\pi}{2}$로 둘러싸인 사다리꼴의 넓이는 $\theta = k$일 때 최소이다. $\dfrac{\pi}{k}$의 값을 구하시오.

$$\left(단, \ 0 < \theta < \frac{\pi}{2}\right)$$

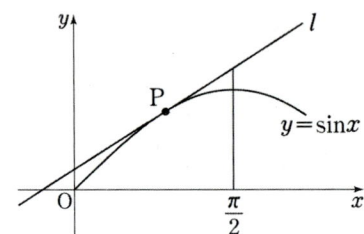

| 089 | ⊢□□□

그림과 같이 길이가 $2\sqrt{5}$ 인 선분 AB를 지름으로 하는 반원 위에 $\overline{AC}=2$ 가 되도록 점 C를 잡고, 선분 BC 위를 움직이는 점 P에서 선분 AB에 내린 수선의 발을 Q라 하자. $\overline{AP}+\overline{PQ}$ 가 최소가 되도록 하는 각 PAC의 크기를 $\theta\left(0<\theta<\dfrac{\pi}{2}\right)$ 라 할 때, $\sin2\theta$ 의 값은?

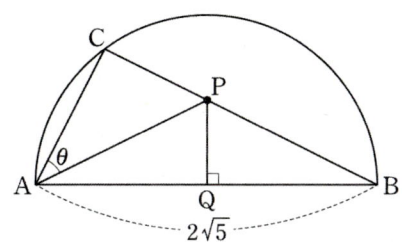

① $\dfrac{1}{5}$

② $\dfrac{2}{5}$

③ $\dfrac{\sqrt{5}}{5}$

④ $\dfrac{4}{5}$

⑤ $\dfrac{2\sqrt{5}}{5}$

| 090 | ⊢□□□

그림과 같이 곡선 $y=\cos x+1\,(0\le x\le\pi)$ 위를 움직이는 점 P와 두 점 A$(2,0)$, B$(0,1)$이 있다. 삼각형 APB의 넓이의 최댓값을 M, 최솟값을 m이라 할 때, $5M-m$의 값은?

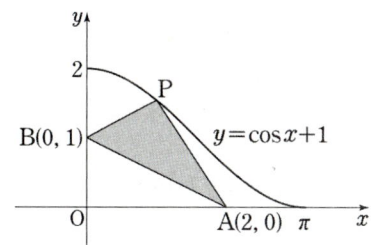

① $\sqrt{3}$

② $2\sqrt{3}$

③ $3\sqrt{3}$

④ $4\sqrt{3}$

⑤ $5\sqrt{3}$

$0 < x < 2\pi$에서 정의된 함수
$f(x) = \sin 2x + 2$에 대하여 중심각의 크기가
x이고 호의 길이가 $f(x)$인 부채꼴의 반지름의
길이를 $g(x)$라 하자. 함수 $g(x)$가 극값을 가지는
점의 x좌표를 α, β, γ $(\alpha < \beta < \gamma)$라 할 때,
〈보기〉에서 옳은 것만을 있는 대로 고른 것은?

〈보 기〉
ㄱ. $f'(\alpha) = g(\alpha)$
ㄴ. $\cos 2\beta > \cos 2\alpha > \cos 2\gamma$
ㄷ. $\gamma - \alpha < \pi$

① ㄱ   ② ㄱ, ㄴ   ③ ㄱ, ㄷ
④ ㄴ, ㄷ   ⑤ ㄱ, ㄴ, ㄷ

$0 < t < \dfrac{\pi}{2}$인 실수 t에 대하여 곡선 $y = \cos x$

위의 점 $A(t, \cos t)$에서 x축, y축에 내린 수선의
발을 각각 B, C라 하고 곡선 $y = \cos x$ 위의 점
$A(t, \cos t)$에서의 접선이 x축과 만나는 점을
D라 하자. 사각형 $OBAC$의 넓이가 최대일 때,
$\dfrac{\overline{OD}}{\overline{OB}}$의 값을 구하시오. (단, O는 원점이다.)

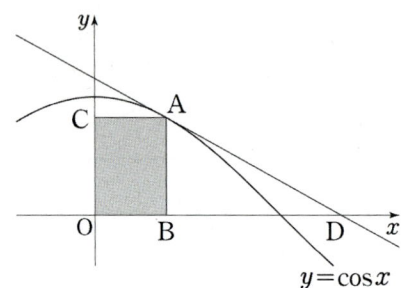

093

함수 $f(x) = (x^2 + ax + b)e^x + c$와 양의 실수 t에 대하여 양의 실수 전체의 집합에서 정의되는 두 함수 $g(t)$, $h(t)$를

$$g(t) = \frac{f(t) - f(0)}{t}, \quad h(t) = \frac{f(t)}{t}$$

라 하자. 두 함수 $g(t)$와 $h(t)$가 다음 조건을 만족시킨다.

> (가) 함수 $g(t)$는 $t = 1$에서 최솟값 $-e$를
>   갖는다.
> (나) 함수 $h(t)$는 $t = 2$에서 최솟값을 갖는다.

$f(2)$의 값은? (단, a, b, c는 상수이고,
$\lim\limits_{x \to -\infty} g(x) = c$이다.)

① e^2 ② $2e^2$ ③ $3e^2$

④ $4e^2$ ⑤ $5e^2$

094

두 양수 a, b에 대하여 함수

$$f(x) = \begin{cases} 2 + \cos 3x & (x < 0) \\ ax^2 e^{-x} - b & (x \geq 0) \end{cases}$$

이 있다. 함수 $|f(x)|$가 실수 전체의 집합에서 미분가능할 때, ab의 최댓값은 $\dfrac{q}{p}e^2$이다. $p + q$의 값을 구하시오. (단, p와 q는 서로소인 자연수이다.)

095 ├─□□□

함수 $f(x) = \dfrac{e^x}{x-1}$에 대하여 〈보기〉에서 옳은 것만을 있는 대로 고른 것은?

─────〈보 기〉─────

ㄱ. 함수 $f(x)$는 $x=2$에서 극솟값을 갖는다.

ㄴ. 곡선 $y=f(x)$의 변곡점의 개수는 1이다.

ㄷ. 방정식 $|f(x)| = f(e)$의 실근의 개수는 3이다.

① ㄱ   ② ㄴ   ③ ㄱ, ㄴ

④ ㄱ, ㄷ   ⑤ ㄱ, ㄴ, ㄷ

096 ├─□□□

양의 실수 전체의 집합에서 정의된 함수 $f(x)$가

$$f(x) = \left(\dfrac{e}{x^n} - 1\right)\ln x \text{ (단, } n\text{은 자연수)}$$

일 때, 〈보기〉에서 옳은 것만을 있는 대로 고른 것은?

─────〈보 기〉─────

ㄱ. $\displaystyle\lim_{n\to\infty} f'(e^{\frac{1}{n}}) = -1$

ㄴ. 방정식 $f'(x) = 0$의 해는 열린구간 $(1, e^{\frac{1}{n}})$에 존재한다.

ㄷ. 함수 $f(x)$는 극솟값을 갖는다.

① ㄴ   ② ㄱ, ㄴ   ③ ㄱ, ㄷ

④ ㄴ, ㄷ   ⑤ ㄱ, ㄴ, ㄷ

| 097 |

그림과 같은 함수 $y = f(x)\,(0 \leq x \leq 4)$의 그래프 위의 점 $(t, f(t))$와 원점 사이의 거리를 $g(t)$라 할 때, 옳은 것만을 〈보기〉에서 있는 대로 고른 것은?

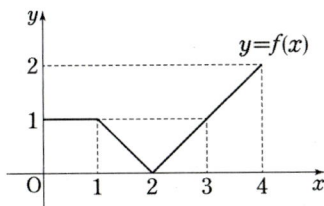

〈보 기〉

ㄱ. $g'(2) = 1$

ㄴ. $g(t)$는 $t = 1$에서 미분가능하다.

ㄷ. t에 대한 방정식 $g(t) = k$가 서로 다른 두 실근을 갖는 실수 k가 존재한다.

① ㄱ   ② ㄴ   ③ ㄱ, ㄴ

④ ㄱ, ㄷ   ⑤ ㄱ, ㄴ, ㄷ

| 098 |

함수 $f(x) = \dfrac{x^2}{\ln x}$이 있다. a가 1이 아닌 양수일 때, x에 대한 방정식

$$f(x) = f'(a)(x - a) + f(a)$$

의 실근의 개수가 1이 되도록 하는 a의 최댓값은?

① $\sqrt{e}$ ② $2\sqrt{e}$ ③ e

④ $2e$ ⑤ e^2

이차함수 $f(x)$에 대하여 함수 $g(x) = f(x)e^x$이 다음 조건을 만족시킨다.

> (가) 함수 $g(x)$는 $x = -1$, $x = 2$에서 극값을 갖는다.
> (나) 양수 k에 대하여 방정식 $g(x) = k$의 실근의 개수가 2인 k의 값의 범위는 $0 < k < e^3$이다.

$g(-5) \times g(3)$의 값을 구하시오.

양의 실수 전체의 집합에서 정의된 미분가능한 함수 $f(x)$가 $f(1) = 0$이고, 모든 양의 실수 x에 대하여 다음 조건을 만족시킨다.

> (가) $f(x) \neq 1$
> (나) $f'(x) = \{f(x) - 1\}^2$

⟨보기⟩에서 옳은 것만을 있는 대로 고른 것은?

> ─────⟨보 기⟩─────
> ㄱ. $0 < f(2) < 1$
> ㄴ. 곡선 $y = f(x)$의 변곡점이 존재한다.
> ㄷ. $f(a) = -1$을 만족시키는 양의 실수 a가 존재한다.

① ㄱ   ② ㄴ   ③ ㄱ, ㄴ
④ ㄱ, ㄷ   ⑤ ㄴ, ㄷ

| 101 | ▢▢▢

양의 실수 x에 대하여 부등식

$2x^3 - x^2 + a \geq \ln x^4$이 항상 성립하도록 하는

실수 a의 최솟값은?

① -1 ② -2 ③ -3

④ -4 ⑤ -5

■ 속도와 가속도

| 102 | ▢▢▢

점 $(0, 1)$을 출발하여 좌표평면 위를 움직이는 점 P의 시각 t에서의 위치 (x, y)가

$$x = t^2, \ y = t^3 - 3t^2 - 24t + 1$$

이다. 평면 위를 움직이는 점 P의 속도가 x축과 평행한 순간의 점 P의 좌표는 (a, b)이다.
$a - b$의 값을 구하시오.

그림과 같이 좌표평면 위의 점 P 는 원점을
출발하여 매초 2의 일정한 속력으로 곡선
$y = x^2 \, (x \geq 0)$ 위를 따라 움직인다. 점 P 에서
x축에 내린 수선의 발을 Q 라 하자. $x = \sqrt{2}$ 일
때, 점 Q 의 속력은?

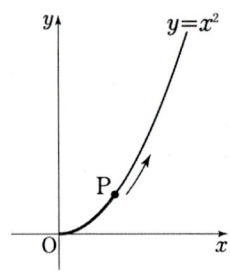

① $\dfrac{1}{3}$ ② $\dfrac{2}{3}$ ③ 1

④ $\dfrac{4}{3}$ ⑤ $\dfrac{5}{3}$

Ⅲ

적분법

■ 여러 가지 함수의 적분

| 104 | ┠□□□

미분가능한 함수 $f(x)$가 $x > 0$인 모든 실수 x에 대하여 다음 두 조건을 모두 만족시킨다.

(가) $f(x) > 0$
(나) $(1 + \sqrt{x})f(x) = \sqrt{x}\,f'(x)$

$\dfrac{f(25)}{f(4)}$ 의 값은?

① e^{18} ② e^{21} ③ e^{24}

④ e^{27} ⑤ e^{30}

| 105 | ┠□□□

함수 $f(x) = \dfrac{1}{1 + e^x}$ 에 대하여 〈보기〉에서 옳은 것만을 있는 대로 고른 것은?

〈보 기〉

ㄱ. 모든 실수 x에 대하여
     $f(x) + f(-x) = 1$

ㄴ. $\displaystyle\int_0^1 f(-x)\,dx = \ln\dfrac{e+1}{2}$

ㄷ. $\displaystyle\int_0^1 f(x)\,dx = \ln\dfrac{2e}{e+1}$
---

① ㄱ   ② ㄷ   ③ ㄱ, ㄴ

④ ㄱ, ㄷ   ⑤ ㄱ, ㄴ, ㄷ

함수 $f(x) = e^x + e^{-x}$에 대하여

$\displaystyle \int_{-1}^{1} f(x)dx + \int_{-2}^{2} xf(x)dx$ 의 값은?

① $e - \dfrac{1}{e}$ ② e ③ $2e - 2$

④ $2e - \dfrac{2}{e}$ ⑤ $2e$

실수 전체의 집합에서 미분가능한 함수 $f(x)$가

다음 조건을 만족시킬 때, $\displaystyle \int_{0}^{2} f(x)dx$의 최댓값은?

(가) $0 < x < 1$에서 $f''(x) \leq 0$이다.
(나) $1 < x < 2$에서
$f(x) = (x-1)(x-2)$이다.

① $\dfrac{7}{12}$ ② $\dfrac{1}{2}$ ③ $\dfrac{5}{12}$

④ $\dfrac{1}{3}$ ⑤ $\dfrac{1}{4}$

| 108 | □□□

실수 전체의 집합에서 연속인 함수 $f(x)$가 다음
두 조건을 만족시킨다.

> (가) 모든 실수 x에 대하여
> $f(x) = f(-x)$이다.
> (나) $\displaystyle\int_0^{\alpha} f(x)\,dx = 10$인 실수 α가 존재한다.

$\displaystyle\int_{-\alpha}^{\alpha} \frac{f(x)}{1+e^x}\,dx$의 값을 구하시오.

| 109 | □□□

함수 $f(x)$가 다음 조건을 만족시킨다.

> (가) $0 \le x < 1$일 때, $f(x) = e^x - 1$이다.
> (나) 모든 실수 x에 대하여
> $f(x+1) = -f(x) + e - 1$이다.

$\displaystyle\int_0^3 f(x)\,dx$의 값은?

① $2e - 3$ ② $2e - 1$ ③ $2e + 1$

④ $2e + 3$ ⑤ $2e + 5$

110 ┠─□□□

구간 $[0, \infty)$에서 정의된 연속함수 $f(x)$가
$f(0) = 0$이고 음이 아닌 모든 실수 x에 대하여
다음 조건을 만족시킨다.

> (가) $f(x) \geq 0$
>
> (나) $\displaystyle\int_0^{f(x)} \frac{t}{6t^2+1}dt = \ln \sqrt[6]{x^2+k}$
>
> $\qquad\qquad\qquad\qquad\qquad$ (k는 상수)

함수 $f(x)$의 역함수 $g(x)$에 대하여 양수 α가
$g(\alpha) = \alpha$를 만족시킬 때, $100 \times g'(\alpha)$의 값을
구하시오.

▌치환적분법

111 ┠─□□□

함수 $f(x)$가

$$f(x) = \int \sin^2 x \cos x\, dx, \quad f\left(\frac{\pi}{2}\right) = 1$$

을 만족시킬 때, $f(0)$의 값은?

① $\dfrac{1}{6}$　　② $\dfrac{1}{3}$　　③ $\dfrac{1}{2}$

④ $\dfrac{2}{3}$　　⑤ $\dfrac{5}{6}$

| 112 |⊢□□□

함수 $f(x)$의 그래프가 그림과 같을 때,

$\displaystyle\int_1^2 f(3x-3)dx$의 값은?

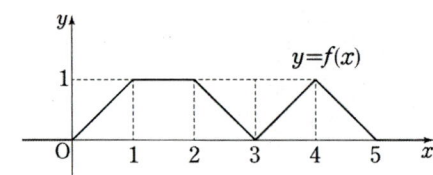

① $\dfrac{2}{3}$　　② 1　　③ $\dfrac{4}{3}$

④ $\dfrac{5}{3}$　　⑤ 2

| 113 |⊢□□□

모든 실수 x에 대하여 $f(-x)=f(x)$를 만족시키는 연속함수 $f(x)$의 그래프가 그림과 같다. 그림에 나타난 곡선 $y=f(x)$와 x축으로 둘러싸인 두 부분의 넓이가 각각 S_1, S_2일 때,

정적분 $\displaystyle\int_0^2 xf(x^2)dx$를 S_1, S_2를 이용하여 나타낸 것은?

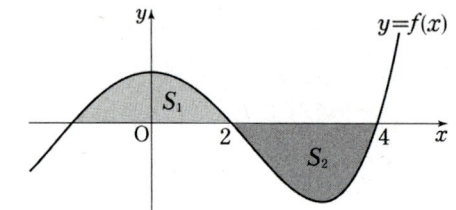

① $\dfrac{S_1-S_2}{4}$　　② $\dfrac{S_1-2S_2}{4}$　　③ $\dfrac{S_1-2S_2}{2}$

④ $\dfrac{S_1+2S_2}{4}$　　⑤ $\dfrac{S_1+2S_2}{2}$

■ 부분적분법

| 114 | ─□□□

$\displaystyle\int_e^{e^e} \frac{\ln(\ln x)}{x(\ln x)^2}\,dx$의 값은?

① $1 - \dfrac{2}{e}$　　② $1 - \dfrac{1}{e}$　　③ $2 - \dfrac{3}{e}$

④ $2 - \dfrac{2}{e}$　　⑤ $2 - \dfrac{1}{e}$

| 115 | ─□□□

함수 $f(x)$에 대하여 $f(x)$의 이계도함수 $f''(x)$는
연속이고 $f(1) = 4$, $f(0) = 1$을 만족시킨다.

정적분 $\displaystyle\int_0^1 xf''(x)\,dx = 0$일 때, $f'(1)$의 값을
구하시오.

116

정적분 $\displaystyle\int_0^1 (e^x - ax)^2 dx$의 값이 최소가 되도록

하는 실수 a의 값은?

① -3 ② -1 ③ 1

④ 3 ⑤ 5

117

양의 실수 전체의 집합에서 정의된 미분가능한
함수 $f(x)$가 다음 조건을 만족시킨다.

(가) $f(2) = 2$
(나) 모든 양의 실수 x에 대하여
    $\dfrac{f(x)}{x^2} = -f'(x)$이다.

$\displaystyle\int_1^2 \dfrac{f'(x)}{x} dx$의 값은?

① $-2\ln 2$ ② $-\ln 2$ ③ -1

④ $-e$ ⑤ $-e^2$

| 118 | ⊢▫▫▫

도함수가 연속인 함수 $f(x)$가 다음 조건을 만족시킨다.

(가) $\displaystyle\int_0^{e^2} f'(\sqrt{x})dx = e^2$

(나) $f(e) = e$

$\displaystyle\int_0^e f(x)dx$의 값은?

① e

② $\dfrac{e^2}{2}$

③ $2e$

④ e^2

⑤ $3e$

| 119 | ⊢▫▫▫

$x > 0$에서 미분가능한 함수 $f(x)$와 $f(x)$의 한 부정적분 $F(x)$에 대하여 두 함수 $f(x)$, $F(x)$가 다음 조건을 만족시킨다.

(가) $F(1) = -e$

(나) 모든 양수 x에 대하여
$$F(x) = xf(x) + (x^2 - 2x + 2)e^x$$

$f(2)$의 값은?

① $-e^2 - 2e$

② $-e^2$

③ $2e$

④ e^2

⑤ $e^2 + 2e$

실수 전체의 집합에서 미분가능한 함수 $f(x)$가 다음 조건을 만족시킨다.

(가) $\displaystyle\lim_{n\to\infty}n\left\{f\left(x+\dfrac{1}{n}\right)-f\left(x-\dfrac{1}{n}\right)\right\}$
$\quad=2e^x\cos x$

(나) $\displaystyle\lim_{x\to 0}f(x)=1$

$f(\pi)$의 값은?

① $-\dfrac{e^\pi}{2}$ ② $\dfrac{1-e^\pi}{2}$ ③ $\dfrac{e^\pi-1}{2}$

④ $\dfrac{e^\pi}{2}$ ⑤ $e^\pi-1$

양의 실수 전체의 집합에서 미분가능한 함수 $f(x)$가 $f(1)=10$이고 모든 양의 실수 x에 대하여

$$\lim_{h\to 0}\frac{f\left(\dfrac{1}{x}-h\right)-f\left(\dfrac{1}{x}\right)}{h}=\ln x$$

를 만족시킬 때, $f(e^{10})=p\times e^{10}+q$이다. $p+q$의 값을 구하시오. (단, p, q는 자연수이다.)

▌정적분으로 정의된 함수

▌122 ├□□□

함수 $f(x)$가 모든 실수 x에 대하여

$$f(x) = e^{-x} - \int_{-1}^{0} f(t)dt$$

를 만족시킬 때, $f(-1)$의 값은?

① $\dfrac{e-1}{2}$ ② $\dfrac{e}{2}$ ③ $\dfrac{e+1}{2}$

④ $\dfrac{e+2}{2}$ ⑤ $\dfrac{e+3}{2}$

▌123 ├□□□

함수 $f(x)$가

$$f(x) = e^x - 2\int_{0}^{\ln 2} f(t)e^t dt$$

를 만족시킬 때, $f(0)$의 값은?

① -1 ② $-\dfrac{1}{2}$ ③ 0

④ $\dfrac{1}{2}$ ⑤ 1

함수

$$f(x) = \int_0^x \frac{t}{1+t^2} dt$$

에 대하여 $\displaystyle\lim_{x \to 2} \frac{1}{x-2} \int_2^x f(t)dt$의 값은?

① $\dfrac{1}{2}\ln 2$ ② $\ln 2$ ③ $\dfrac{1}{2}\ln 5$

④ $\ln 5$ ⑤ $\dfrac{3}{2}\ln 5$

$x > 1$에서 정의된 함수 $f(x) = \int_{\sqrt{e}}^x \dfrac{1}{\ln t} dt$ 에

대하여 $\dfrac{f(e)}{e} + \int_{\sqrt{e}}^e \dfrac{f(x)}{x^2} dx$ 의 값은?

① $\dfrac{1}{8}\ln 2$ ② $\dfrac{1}{6}\ln 2$ ③ $\dfrac{1}{4}\ln 2$

④ $\dfrac{1}{2}\ln 2$ ⑤ $\ln 2$

연속함수 $f(x)$가 모든 실수 x에 대하여

$$f(x) = 2xe^{-x^2} + k\int_0^1 f(t)dt$$

를 만족시킨다. $\displaystyle\int_0^1 xf(x^2)dx = \frac{1-e}{2e}$ 일 때,

상수 k의 값을 구하시오.

닫힌구간 $[0, 2\pi]$에서 정의된 함수

$$f(x) = 2\sin\left(x + \frac{\pi}{2}\right) - 1$$

에 대하여 함수

$g(t) = \displaystyle\int_0^t f(x)dx\,(0 \le t \le 2\pi)$는 $t = a$에서

최솟값을 갖는다. a의 값은?

① $\dfrac{\pi}{3}$ ② $\dfrac{\pi}{2}$ ③ π

④ $\dfrac{5}{3}\pi$ ⑤ 2π

상수 a에 대하여 함수 $f(x)$가

$$f(x) = x^2 + ax + \int_0^1 f(e^t)dt$$

를 만족시킬 때, $f'(1) = p + qe$를 만족시키는
두 유리수 p, q에 대하여 $p - q$의 값은?

① 1   ② 2   ③ 3

④ 4   ⑤ 5

실수 전체의 집합에서 연속인 함수 $y = f(x)$의
그래프가 y축에 대하여 대칭이고, 모든 실수 x에
대하여

$$f(x) = \pi \int_1^{x+\frac{1}{2}} f(t)dt$$

이다. $f(0) = 1$일 때, $\pi \int_0^1 xf\left(x + \frac{1}{2}\right)dx$의

값은?

① -2 ② -1 ③ $\frac{1}{2}$

④ 1   ⑤ 2

| 130 | ⊢□□□

실수 전체의 집합에서 미분가능한 함수 $f(x)$와 함수

$$g(x) = \int_0^x e^t f(x-t) dt$$

가 다음 조건을 만족시킨다.

> (가) 모든 실수 x에 대하여
> $f'(x) + g'(x) = e^x + 2$이다.
> (나) 함수 $g(x)$는 $x = 1$에서 최솟값을 갖는다.

$f(5) = pe + q$일 때, $p^2 + q^2$의 값을 구하시오.
(단, p, q는 유리수이다.)

| 131 | ⊢□□□

실수 전체의 집합에서 정의된 미분가능한 함수 $f(x)$가 모든 실수 x에 대하여

$$f(x) = \int_0^x \frac{t}{f(t)+1} dt$$ 를 만족시킨다.

$\int_0^1 \{f(x)+1\}^2 dx = \dfrac{q}{p}$ 일 때, $p+q$의 값을 구하시오. (단, p와 q는 서로소인 자연수이다.)

정적분과 급수

| 132 | ┠□□□

함수 $f(x) = \dfrac{1}{(x+1)^3}$ 에 대하여

$\displaystyle\lim_{n \to \infty} \sum_{k=1}^{n} \left(\dfrac{n+2k}{n\sqrt{n}}\right)^2 f\left(\dfrac{2k}{n}\right)$ 의 값은?

① $\ln\sqrt{2}$ ② $\ln\sqrt{3}$ ③ $\ln 2$
④ $\ln 3$ ⑤ $\ln 4$

| 133 | ┠□□□

그림과 같이 선분 AB를 지름으로 하는 반지름의
길이가 2인 반원에서 호 AB를 n등분한 점들을
차례대로 $P_k\,(k=1,\ 2,\ \cdots,\ n-1)$라 하자.
삼각형 AP_kB의 넓이를 S_k라 할 때,

$\displaystyle\lim_{n \to \infty} \dfrac{\pi}{n} \sum_{k=1}^{n-1} S_k$ 의 값은?

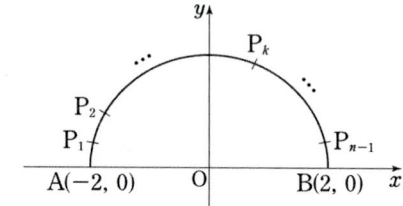

① 8   ② 9   ③ 10
④ 11   ⑤ 12

134 ├─□□□

다항함수 $f(x) = 3x^2 + ax + \int_0^1 f(t)dt$ 에

대하여

$$\lim_{n \to \infty} \frac{1}{n} \sum_{k=1}^{n} f\left(1 + \frac{2k}{n}\right) = 10$$

이다. $f(3)$의 값을 구하시오. (단, a는 상수이다.)

135 ├─□□□

함수 $y = f(x)$의 그래프가 그림과 같을 때,
〈보기〉에서 옳은 것만을 있는 대로 고른 것은?

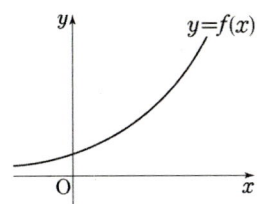

〈보 기〉

ㄱ. $\displaystyle\sum_{k=0}^{n-1} f\left(\frac{k}{n}\right)\frac{1}{n} = \int_0^1 f(x)dx$

ㄴ. $\displaystyle\sum_{k=0}^{n-1} f\left(\frac{2k}{n}\right)\frac{1}{n} < \sum_{k=1}^{n} f\left(\frac{2k}{n}\right)\frac{1}{n}$

ㄷ. $\displaystyle 2\int_0^1 f(x)dx < f(0) + f(1)$

① ㄴ   ② ㄷ   ③ ㄱ, ㄴ
④ ㄱ, ㄷ   ⑤ ㄴ, ㄷ

정적분과 넓이

| **136** |□□□

그림과 같이 두 곡선 $y=-\ln x$, $y=\ln x$ 및 직선 $y=1$로 둘러싸인 도형의 넓이는?

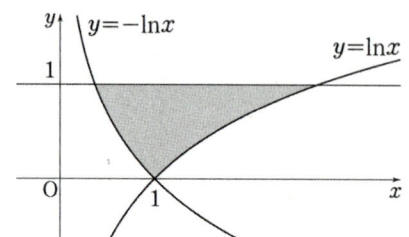

① $e-\dfrac{1}{e}-2$ ② $e-\dfrac{1}{e}+2$ ③ $e+\dfrac{1}{e}-2$

④ $e+\dfrac{1}{e}$ ⑤ $e+\dfrac{1}{e}+2$

| **137** |□□□

그림과 같이 곡선 $y=\log_2 x$와 x축 및 두 직선 $x=e$, $x=k\,(k>e)$로 둘러싸인 도형의 넓이가 $\dfrac{k}{\ln\sqrt{2}}$일 때, 곡선 $y=\ln x$와 x축 및 두 직선 $x=e$, $x=k$로 둘러싸인 도형의 넓이는?

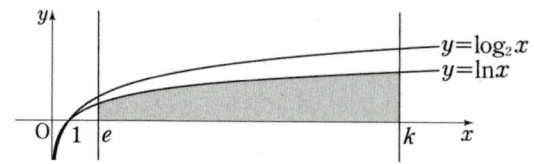

① e ② e^2 ③ $2e^2$

④ e^3 ⑤ $2e^3$

| 138 | □□□

그림에서 두 곡선 $y = x + \sin x$, $y = a\cos\dfrac{x}{2}$ 와
y축으로 둘러싸인 부분 A의 넓이가 두 곡선
$y = x + \sin x$, $y = a\cos\dfrac{x}{2}$ 와 직선 $x = \pi$로
둘러싸인 부분 B의 넓이와 같을 때, 양수 a의 값은
$p + q\pi^2$이다. $60pq$의 값을 구하시오.

(단, p와 q는 유리수이다.)

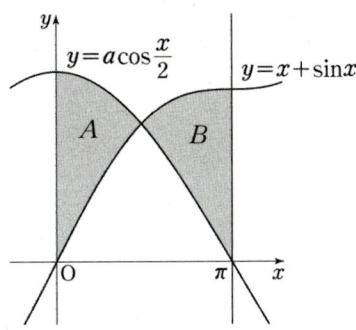

| 139 | □□□

양의 실수 t에 대하여 좌표평면에서 곡선
$y = \sqrt{x}$ 와 직선 $y = \dfrac{x}{t}$로 둘러싸인 부분의
넓이를 $S(t)$라 할 때, $S'(4)$의 값은?

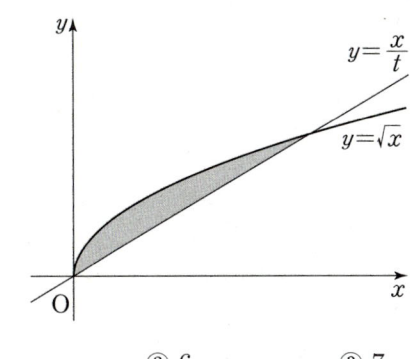

① 5   ② 6   ③ 7
④ 8   ⑤ 9

140

그림과 같이 곡선 $y = \sqrt{x} + 1$과 x축, y축 및 직선 $x = 1$로 둘러싸인 도형을 밑면으로 하는 입체도형이 있다. 이 입체도형을 x축에 수직인 평면으로 자른 단면이 모두 정사각형일 때, 이 입체도형의 부피는?

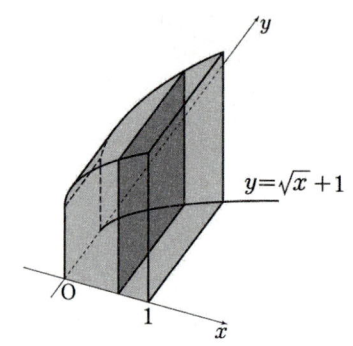

① $\dfrac{7}{3}$ ② $\dfrac{5}{2}$ ③ $\dfrac{8}{3}$

④ $\dfrac{17}{6}$ ⑤ 3

141

곡선 $y = \tan x \left(0 \le x \le \dfrac{\pi}{3} \right)$와 직선 $x = \dfrac{\pi}{3}$ 및 x축으로 둘러싸인 도형을 밑면으로 하는 입체도형이 있다. 이 입체도형을 x축에 수직인 평면으로 자른 단면이 정삼각형일 때, 이 입체도형의 부피는?

① $\dfrac{3}{16} - \dfrac{\sqrt{3}}{48}\pi$ ② $\dfrac{3}{8} - \dfrac{\sqrt{3}}{24}\pi$

③ $\dfrac{3}{4} - \dfrac{\sqrt{3}}{12}\pi$ ④ $\dfrac{3}{2} - \dfrac{\sqrt{3}}{6}\pi$

⑤ $3 - \dfrac{\sqrt{3}}{3}\pi$

함수 $f(x) = 1 - |x|$에 대하여 $y = f(x)$의
그래프와 x축으로 둘러싸인 도형을 밑면으로 하는
입체도형 A가 있다. $y = f(x)$의 그래프 위의 점
P에서 x축에 내린 수선의 발을 H라 할 때,
입체도형 A를 x축에 수직인 평면으로 자른 단면은
선분 PH를 빗변으로 하는 직각이등변삼각형이다.
입체도형 A의 부피는?

① $\dfrac{1}{6}$ ② $\dfrac{1}{3}$ ③ $\dfrac{1}{2}$

④ $\dfrac{2}{3}$ ⑤ 1

곡선 $y = \sin x \left(0 < x < \dfrac{\pi}{2}\right)$ 위의 점 $P(t, \sin t)$

에서 x축에 내린 수선의 발을 H라 할 때,
선분 PH를 빗변이 아닌 한 변으로 하고 빗변의
길이가 1인 직각삼각형을 x축에 수직인 평면 위에

그린다. 점 P가 $\dfrac{\pi}{6} \le t \le \dfrac{\pi}{3}$에서 움직일 때,

이 직각삼각형이 그리는 입체도형의 부피는?

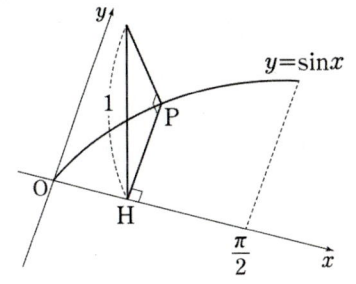

① $\dfrac{1}{4}$ ② $\dfrac{1}{5}$ ③ $\dfrac{1}{6}$

④ $\dfrac{1}{7}$ ⑤ $\dfrac{1}{8}$

그림과 같이 곡선 $y = \dfrac{1}{\sqrt{x}} + 1$과 x축 및 두 직선

$x = 1$, $x = e^2$으로 둘러싸인 도형을 밑면으로
하는 입체도형이 있다. 이 입체도형을 x축에
수직인 평면으로 자른 단면이 모두 정사각형일 때,
이 입체도형의 부피는?

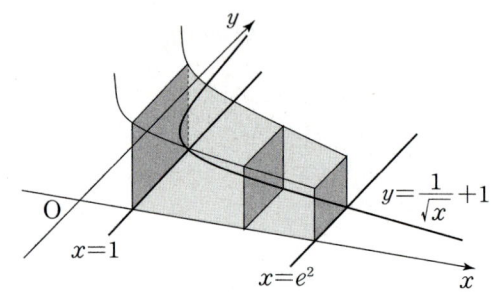

① $e^2 + 4e - 5$
② $e^2 + 4e - 4$
③ $e^2 + 4e - 3$
④ $e^2 + 4e - 2$
⑤ $e^2 + 4e - 1$

곡선 $y = \sqrt{2x + (x+1)e^{-x}}$ 과 x축, y축 및
직선 $x = 2$로 둘러싸인 부분을 밑면으로 하고
x축에 수직인 평면으로 자른 단면이 모두
정사각형인 입체도형의 부피가 $ae^{-2} + b$일 때,
$a^2 + b^2$의 값을 구하시오.

(단, a, b는 정수이고, e^{-2}은 무리수이다.)

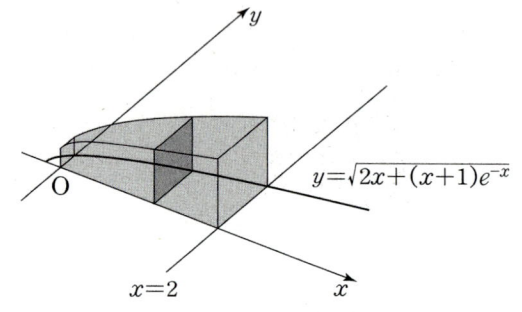

| 146 |—□□□

그림과 같이 곡선 $y = \sqrt{\ln \sqrt{x}}\,(e \leq x \leq e^2)$과 x축 및 두 직선 $x = e$, $x = e^2$으로 둘러싸인 도형을 밑면으로 하는 입체도형이 있다.
이 입체도형을 x축에 수직인 평면으로 자른 단면이 모두 정사각형일 때, 이 입체도형의 부피는 $\dfrac{e^q}{p}$이다. $p + q$의 값을 구하시오.

(단, p, q는 자연수이고 e는 무리수이다.)

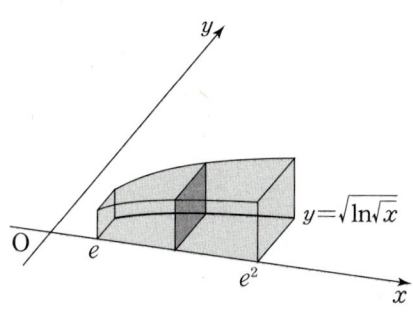

■ **속도와 거리**

| 147 |—□□□

좌표평면 위를 움직이는 점 $\mathrm{P}(x, y)$의 시각 t에서의 위치가

$$x = t^2 + 1, \; y = f(t)$$

이고 다음 조건을 만족시킨다. $t = 2$일 때, 점 P의 y좌표는?

> (가) $\dfrac{dy}{dx} = e^t$
>
> (나) $f(0) = 1$

① $3e^2 + 2$ ② $3e^2 + 3$ ③ $2e^2 + 2$

④ $2e^2 + 3$ ⑤ $2e^2 + 4$

미분가능한 함수 $f(x)$가 모든 실수 x에 대하여

$f(x)f'(x) = \dfrac{e^{2x} - e^{-2x}}{4}$을 만족시킨다.

$x = -\dfrac{1}{2}$에서 $x = \dfrac{1}{2}$까지 곡선 $y = \{f(x)\}^2$의

길이는?

① $\dfrac{1}{4}\left(e - \dfrac{1}{e}\right)$ ② $\dfrac{1}{2}\left(e - \dfrac{1}{e}\right)$ ③ $e - \dfrac{1}{e}$

④ $\dfrac{1}{4}\left(e + \dfrac{1}{e}\right)$ ⑤ $\dfrac{1}{2}\left(e + \dfrac{1}{e}\right)$

좌표평면 위를 움직이는 점 P의 시각 t에서의
위치 (x, y)가

$$\begin{cases} x = e^{-t}(\cos t - \sin t) \\ y = e^{-t}(\cos t + \sin t) \end{cases}$$

일 때, 〈보기〉에서 옳은 것만을 있는 대로 고른
것은? (단, $t \geq 0$)

─────〈보 기〉─────

ㄱ. 점 P는 점 $(1, 1)$에서 출발한다.

ㄴ. 점 P의 속력은 증가한다.

ㄷ. $t = 0$에서 $t = \dfrac{\pi}{2}$까지 점 P가 움직인

　거리는 $2e^{-\frac{\pi}{2}} + 2$이다.

① ㄱ ② ㄱ, ㄴ ③ ㄱ, ㄷ
④ ㄴ, ㄷ ⑤ ㄱ, ㄴ, ㄷ

150 ├─□─□─□

좌표평면 위를 움직이는 점 P 의 시각
$t\,(t \geq 1)$에서의 위치 $(x,\,y)$가

$$x = \frac{1}{2}t^2 - 4\ln t,\; y = 4t$$

이다. $t > 1$에서 점 P 의 속력이 최소가 되는
시각을 $t = a$라 할 때, $t = 1$에서 $t = a$까지 점
P 가 움직인 거리는?

① $\dfrac{3}{2} + 2\ln 2$ ② $\dfrac{3}{2} + 3\ln 2$ ③ $\dfrac{3}{2} + 4\ln 2$

④ $2 + 3\ln 2$ ⑤ $2 + 4\ln 2$

수능고쟁이 미니모의고사

수학 영역

성명		수험 번호	

○ 문제지의 해당란에 성명과 수험 번호를 정확히 쓰시오.

○ 답안지의 해당란에 성명과 수험 번호를 쓰고, 또 수험 번호, 답을
  정확히 표시하시오.

○ 단답형 답의 숫자에 '0'이 포함되면 그 '0'도 답란에 반드시 표시하시오.

○ 계산은 문제지의 여백을 활용하시오.

※ 시험이 시작되기 전까지 표지를 넘기지 마시오.

이투스교육

수학 영역

제 1 회

5지선다형

1. $\angle A = \alpha$, $\angle B = \beta$, $\angle C = \dfrac{\pi}{2}$ 인 직각삼각형 ABC가 있다.

$\tan(\alpha - \beta) = \dfrac{12}{5}$ 이고 삼각형 ABC의 넓이가 10일 때, 선분 AB의 길이는?

① $4\sqrt{6}$ ② $7\sqrt{2}$ ③ 10   ④ $\sqrt{102}$ ⑤ $2\sqrt{26}$

2. 수렴하는 두 수열 $\{a_n\}$, $\{b_n\}$이 다음 조건을 만족시킬 때, $\lim\limits_{n \to \infty} \{(a_n)^2 + b_n\}$의 값은?

(가) $\lim\limits_{n \to \infty} (a_n + 3b_n) = 10$

(나) 모든 자연수 n에 대하여

$\dfrac{(1-2n)a_n}{n} < b_n < \dfrac{6na_n}{1-3n}$이다.

① 2   ② 4   ③ 6   ④ 8   ⑤ 10

3. 실수 전체의 집합에서 미분가능한 함수 $f(x)$가 다음 조건을 만족시킨다.

(가) $x > 0$일 때 $f'(f(x)) = x$이다.

(나) $f(0) = 0$

(다) 실수 전체의 집합에서 함수 $f'(x)$는 연속이고 $f'(x) \geq 0$이다.

함수 $f(x)$의 역함수 $g(x)$에 대하여 $f(k) = g(k)$를 만족시키는 양수 k가 존재할 때, <보기>에서 옳은 것만을 있는 대로 고른 것은?

<보 기>

ㄱ. $\displaystyle\int_0^k g(x)\,dx = k$

ㄴ. $\displaystyle\int_0^k f(x)\,dx = k^2 - k$

ㄷ. $\displaystyle\int_0^k xf(x)g(x)\,dx = \dfrac{\sqrt{5}-1}{2}$이면 $k^2 = 3 - \sqrt{5}$이다.
---

① ㄱ   ② ㄴ   ③ ㄱ, ㄴ

④ ㄴ, ㄷ   ⑤ ㄱ, ㄴ, ㄷ

4. 그림과 같이 $\overline{BC_1} = \overline{A_1C_1} = 1$인 직각삼각형 A_1BC_1이 있다. 선분 A_1C_1 위의 점 O_1을 중심으로 하고 반지름의 길이가 $\overline{O_1C_1}$인 반원이 선분 A_1B와 $\overline{A_1D_1} = \overline{A_2D_1}$인 두 점 D_1, A_2에서 만날 때, 삼각형 $O_1D_1A_2$에 색칠하여 얻은 그림을 R_1이라 하자. 그림 R_1의 점 A_2에서 선분 BC_1에 내린 수선의 발을 C_2라 하자. 선분 A_2C_2 위의 점 O_2를 중심으로 하고 반지름의 길이가 $\overline{O_2C_2}$인 반원이 선분 A_2B와 $\overline{A_2D_2} = \overline{A_3D_2}$인 두 점 D_2, A_3에서 만날 때, 삼각형 $O_2D_2A_3$에 색칠하여 얻은 그림을 R_2라 하자. 이와 같은 과정을 계속하여 n번째 얻은 그림 R_n에 색칠되어 있는 부분의 넓이를 S_n이라 할 때, $\displaystyle\lim_{n\to\infty} S_n$의 값은?

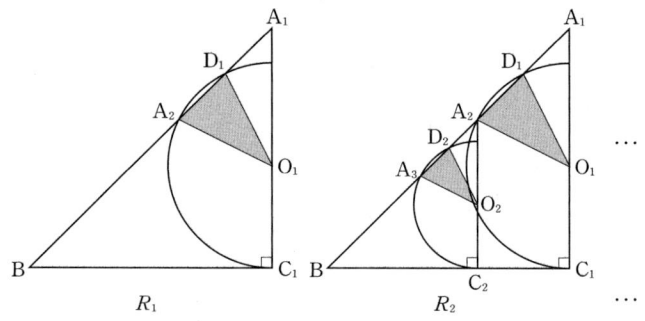

R_1 R_2

① $\dfrac{\sqrt{5}-1}{8}$ ② $\dfrac{3(\sqrt{5}-1)}{8}$ ③ $\dfrac{\sqrt{5}-2}{8}$

④ $\dfrac{3(\sqrt{5}-2)}{8}$ ⑤ $\dfrac{5(\sqrt{5}-2)}{8}$

단답형

5. 함수 $f(x) = \sin x + 2$가 있다. 그림과 같이 2 이상인 자연수 n에 대하여 닫힌구간 $[0, 2\pi]$를 n등분한 각 분점(양 끝점도 포함)을 차례로

$$0 = x_0, \ x_1, \ x_2, \ \cdots, \ x_{n-1}, \ x_n = 2\pi$$

라 하자. 세 점 $(0, 0)$, $(x_k, 0)$, $(x_k, f(x_k))$를 꼭짓점으로 하는 삼각형의 넓이를 $S_k \, (k = 1, \ 2, \ \cdots, \ n)$이라 할 때,

$\displaystyle\lim_{n \to \infty} \frac{1}{n} \sum_{k=1}^{n} S_k = p\pi + q$이다. $30(p+q)$의 값을 구하시오.

(단, p와 q는 유리수이다.)

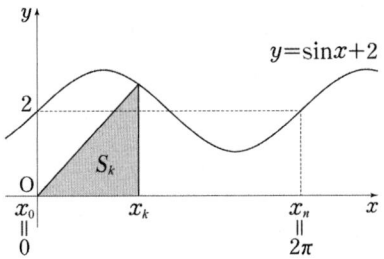

6. 최고차항의 계수가 3인 삼차함수 $f(x)$와 양수 k에 대하여 함수 $y = |f(x) - k|$가 실수 전체의 집합에서 미분가능하다. 0이 아닌 상수 a에 대하여

$$\lim_{h \to 0-} \frac{|f(h)| - |f(0)|}{h} = \lim_{x \to 0} \frac{ax^2}{e^{8x} - 2e^{4x} + 1}$$

$$\lim_{h \to 0+} \frac{|f(h)| - |f(0)|}{h} = \lim_{x \to 0} \frac{\ln(x^2 - x + 1)}{x^2 + ax}$$

일 때, $4f(1)$의 값을 구하시오.

수능고쟁이 미니모의고사

수학 영역

성명		수험 번호	

○ 문제지의 해당란에 성명과 수험 번호를 정확히 쓰시오.

○ 답안지의 해당란에 성명과 수험 번호를 쓰고, 또 수험 번호, 답을
  정확히 표시하시오.

○ 단답형 답의 숫자에 '0'이 포함되면 그 '0'도 답란에 반드시 표시하시오.

○ 계산은 문제지의 여백을 활용하시오.

※ 시험이 시작되기 전까지 표지를 넘기지 마시오.

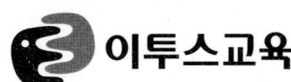
이투스교육

제 2 회

수학 영역

5지선다형

1. 그림과 같이 한 변의 길이가 3인 정삼각형 AB_1C_1이 있다. 두 선분 AB_1, AC_1을 $2:1$로 내분하는 점을 각각 B_2, C_2라 하고, 선분 B_1C_1 위의 $\overline{C_1D_1}=\overline{C_1C_2}$인 점 D_1에 대하여 중심이 C_1인 부채꼴 $C_1C_2D_1$을 그린다. 두 선분 B_2C_2, B_2D_1과 호 C_2D_1로 둘러싸인 영역에 색칠하여 얻은 그림을 R_1이라 하자.

그림 R_1에서 두 선분 AB_2, AC_2를 $2:1$로 내분하는 점을 각각 B_3, C_3이라 하고, 선분 B_2C_2 위의 $\overline{C_2D_2}=\overline{C_2C_3}$인 점 D_2에 대하여 중심이 C_2인 부채꼴 $C_2C_3D_2$를 그린다. 두 선분 B_3C_3, B_3D_2와 호 C_3D_2로 둘러싸인 영역에 색칠하여 얻은 그림을 R_2라 하자.

이와 같은 과정을 계속하여 n번째 얻은 그림 R_n에 색칠되어 있는 부분의 넓이를 S_n이라 할 때, $\lim\limits_{n\to\infty}S_n$의 값은?

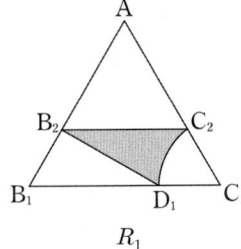

R_1

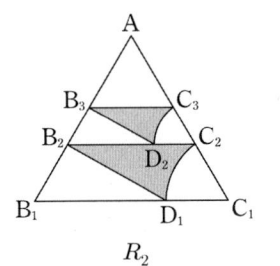

R_2

$\cdots$

① $\dfrac{3}{40}(9\sqrt{3}-2\pi)$ ② $\dfrac{1}{10}(9\sqrt{3}-2\pi)$

③ $\dfrac{1}{8}(9\sqrt{3}-2\pi)$ ④ $\dfrac{3}{20}(9\sqrt{3}-2\pi)$

⑤ $\dfrac{7}{40}(9\sqrt{3}-2\pi)$

2. 좌표평면에서 점 $P(n, 1)$을 중심으로 하고 y축에 접하는 원을 C라 하자. 원 C 위의 점 Q에 대하여 선분 OQ의 길이의 최솟값을 a_n, 최댓값을 b_n이라 하자. $\lim\limits_{n\to\infty}\left(na_n+\dfrac{b_n}{n}\right)$의 값은?

(단, O는 원점이다.)

① $\dfrac{9}{4}$ ② $\dfrac{5}{2}$ ③ $\dfrac{11}{4}$ ④ 3   ⑤ $\dfrac{13}{4}$

3. 함수

$$f(x) = (x^2 + ax + b)e^x \ (\text{단, } a, \ b \text{는 상수})$$

에 대하여 좌표평면에서 곡선 $y = f(x)$와 직선 $y = t \ (t > 0)$가 만나는 서로 다른 점의 x좌표의 합을 $g(t)$라 할 때, 두 함수 $f(x)$, $g(t)$는 다음 조건을 만족시킨다.

> (가) 방정식 $f'(x) = 0$은 서로 다른 두 개의 실근을 갖는다.
> (나) 양의 실수 전체의 집합에서 함수 $g(t)$는 연속이다.

실수 k에 대하여 점 $(k, 0)$에서 곡선 $y = f(x)$에 그은 접선의 개수를 $h(k)$라 하자. 실수 전체의 집합에서 함수 $h(k)$가 불연속인 점의 개수가 2일 때, $f(2)$의 값은?

(단, p, q는 유리수이고, $\lim\limits_{x \to -\infty} f(x) = 0$이다.)

① $(1 - \sqrt{5})e^2$ ② $\left(\dfrac{1}{2} - \sqrt{5}\right)e^2$ ③ $(2 - \sqrt{5})e^2$

④ $\left(\dfrac{1}{2} - \sqrt{6}\right)e^2$ ⑤ $(2 - \sqrt{6})e^2$

4. 실수 전체의 집합에서 도함수가 연속인 함수 $f(x)$가 $x > 0$인 모든 실수 x에 대하여 $f(-x) = f(x) > 0$, $f'(x) < 0$을 만족시킨다. $f(1) = 1$, $\lim\limits_{x \to \infty} f(x) = 0$이고, 실수 전체의 집합에서 함수 $g(x)$가 $g(x) = \displaystyle\int_0^x \ln f(t)\,dt$이다.

$g(1) = 3$일 때, <보기>에서 옳은 것만을 있는 대로 고른 것은?

> ────────〈보 기〉────────
>
> ㄱ. 함수 $g(x)$는 $x = -1$에서 극솟값을 갖는다.
> ㄴ. 실수 k에 대하여 방정식 $g(x) = k$의 서로 다른 실근의 개수를 $h(k)$라 할 때, $\lim\limits_{k \to 3-} h(k) > \lim\limits_{k \to 3+} h(k)$이다.
> ㄷ. $\displaystyle\int_{-1}^{1} \dfrac{x^5 f'(x^3)}{f(x^3)}\,dx = -2$

① ㄱ ② ㄷ ③ ㄱ, ㄴ

④ ㄴ, ㄷ ⑤ ㄱ, ㄴ, ㄷ

5. 그림과 같이 반지름의 길이가 1이고 중심각의 크기가 $\dfrac{\pi}{2}$인 부채꼴 OAB가 있다. 선분 OA 위의 점 C가 $\overline{OC}=t$를 만족시킬 때, 호 AB 위를 움직이는 점 P에 대하여 $\angle OPC$의 최댓값을 $f(t)$라 하자. $\displaystyle\lim_{t\to 0+}\dfrac{\tan f(t)}{\tan t}$의 값을 구하시오.

(단, t는 $0<t<1$인 실수이다.)

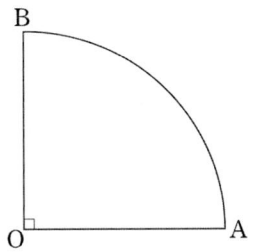

6. 0이 아닌 실수 전체의 집합에서 미분가능한 함수 $f(x)$는 다음 조건을 만족시킨다.

> (가) 열린구간 $(0,\infty)$에서 $f(x)=\sqrt{x}$이다.
> (나) 모든 양수 t에 대하여
> $$f'(t)=\dfrac{f(t)-f(-t^2-t)}{t^2+2t}\text{이다.}$$

$\displaystyle\int_{-20}^{-2}\{f'(x)\}^2\,dx=p+q\ln 3$일 때, $128(p-q)$의 값을 구하시오. (단, p와 q는 유리수이다.)

수능고쟁이 미니모의고사

수학 영역

성명		수험 번호	

○ 문제지의 해당란에 성명과 수험 번호를 정확히 쓰시오.

○ 답안지의 해당란에 성명과 수험 번호를 쓰고, 또 수험 번호, 답을
  정확히 표시하시오.

○ 단답형 답의 숫자에 '0'이 포함되면 그 '0'도 답란에 반드시 표시하시오.

○ 계산은 문제지의 여백을 활용하시오.

※ 시험이 시작되기 전까지 표지를 넘기지 마시오.

이투스교육

5지선다형

1. 실수 전체의 집합에서 미분가능한 두 함수 $f(x)$, $g(x)$가 다음 조건을 만족시킨다.

(가) $\lim\limits_{x \to 0} \dfrac{\cos f(x)}{x} = 2$

(나) 모든 실수 x에 대하여 $(g \circ f)(x) = \sin x \cos x$이다.

$0 \le f(0) \le \pi$일 때, $g'\left(\dfrac{\pi}{2}\right)$의 값은?

① -1　　② $-\dfrac{1}{2}$　　③ 0　　④ $\dfrac{1}{2}$　　⑤ 1

2. 그림과 같이 $\overline{A_1B_1} = 2$, $\overline{B_1C} = 1$인 직각삼각형 A_1B_1C가 있다. 선분 A_1B_1 위의 한 점 P_1에 대하여 선분 B_1P_1을 지름으로 하는 반원을 선분 A_1C에 접하도록 그리고, 반원에 색칠하여 얻은 그림을 R_1이라 하자.

그림 R_1에서 호 B_1P_1에 접하면서 직선 A_1C와 수직인 직선이 선분 B_1C와 만나는 점을 A_2, 선분 A_1C와 만나는 점을 B_2라 하자. 선분 A_2B_2 위의 한 점 P_2에 대하여 선분 B_2P_2를 지름으로 하는 반원을 선분 A_2C에 접하도록 그리고, 반원에 색칠하여 얻은 그림을 R_2라 하자.

이와 같은 과정을 계속하여 n번째 얻은 그림 R_n에 색칠되어 있는 부분의 넓이를 S_n이라 할 때, $\lim\limits_{n \to \infty} S_n$의 값은?

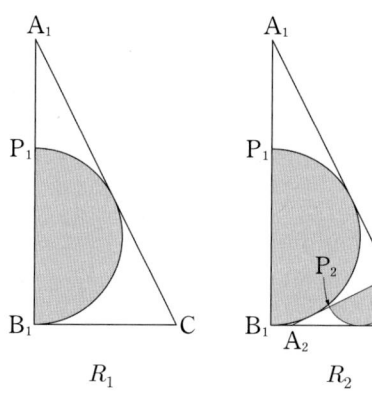

R_1　　R_2　　$\cdots$

① $\dfrac{\sqrt{5}}{11}\pi$　② $\dfrac{\sqrt{5}}{10}\pi$　③ $\dfrac{\sqrt{5}}{9}\pi$　④ $\dfrac{\sqrt{5}}{8}\pi$　⑤ $\dfrac{\sqrt{5}}{7}\pi$

3. 2 이상의 자연수 n에 대하여 두 곡선 $f(x) = \log_n(n-x)$, $g(x) = \log_n\left(x + n - \dfrac{2}{n}\right)$의 교점을 지나고 y축과 평행한 직선 l_n이 x축과 만나는 점을 A_n이라 하자. 곡선 $y = f(x)$가 y축과 만나는 점을 P라 할 때, $\overline{OB_n} = \overline{OP}$를 만족시키는 직선 l_n 위의 점 B_n에 대하여 $\displaystyle\sum_{n=2}^{\infty} \dfrac{1}{n^2 \times \overline{A_n B_n}^2}$의 값은? (단, O는 원점이다.)

① $\dfrac{3}{8}$　　② $\dfrac{3}{4}$　　③ $\dfrac{3}{2}$　　④ 3　　⑤ 6

4. 양수 k에 대하여 두 함수 $f(x)$, $g(x)$를 각각

$$f(x) = \int_0^x (2kt+1)\,dt,$$

$$g(x) = \int_0^x (3kt^2 + 2kt + 1)\,dt$$

라 하자. 함수 $h(x) = e^x - 1$과 두 함수 $f(x)$, $g(x)$에 대하여 <보기>에서 옳은 것만을 있는 대로 고른 것은?

<보 기>
ㄱ. $f(0) = g(0) = h(0)$
ㄴ. $0 < x < 1$에서 $f'(x) < h'(x) < g'(x)$를 만족시키는 k의 값은 오직 하나만 존재한다.
ㄷ. $\displaystyle\lim_{x \to 0+} \dfrac{h(x) - x}{x^2} = \dfrac{1}{2}$

① ㄱ　　　② ㄴ　　　③ ㄱ, ㄴ
④ ㄱ, ㄷ　　⑤ ㄱ, ㄴ, ㄷ

단답형

5. 좌표평면 위를 움직이는 점 P의 시각 t에서의 위치 (x, y)가

$$\begin{cases} x = t\sin t + \cos t \\ y = t\cos t - \sin t \end{cases}$$

이다. 점 P가 $t = 1$에서 $t = 5$까지 움직인 거리를 구하시오.

6. 그림과 같이 반지름의 길이가 1이고 중심각의 크기가 $\frac{\pi}{2}$인 부채꼴 OAB가 있다. 호 AB 위의 점 P에 대하여 직선 BP와 직선 OA의 교점을 Q라 하고, 선분 AQ를 지름으로 하는 원을 T라 하자. 원 T와 직선 PQ의 교점 중 Q가 아닌 점을 R라 하고, 원 T와 직선 PA의 교점 중 A가 아닌 점을 S라 하자. $\angle POA = \theta$라 할 때, $\lim_{\theta \to 0+} \left(\frac{\overline{RS}}{\theta} \right)^2 = k$이다. $32k$의 값을 구하시오. (단, $0 < \theta < \frac{\pi}{2}$)

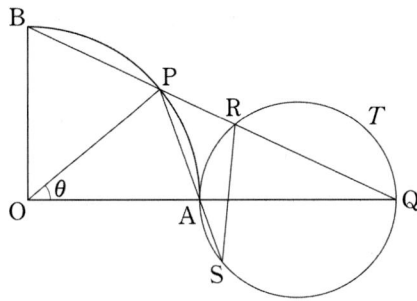

수능고쟁이 미니모의고사

수학 영역

성명		수험 번호	

○ 문제지의 해당란에 성명과 수험 번호를 정확히 쓰시오.

○ 답안지의 해당란에 성명과 수험 번호를 쓰고, 또 수험 번호, 답을 정확히 표시하시오.

○ 단답형 답의 숫자에 '0'이 포함되면 그 '0'도 답란에 반드시 표시하시오.

○ 계산은 문제지의 여백을 활용하시오.

※ 시험이 시작되기 전까지 표지를 넘기지 마시오.

이투스교육

5지선다형

1. 실수 전체의 집합에서 연속인 함수 $f(x)$가 다음 조건을 만족시킬 때, $\int_0^2 f(x)\,dx$의 값은?

(가) $f(0)=1$, $f(2)=2$

(나) 함수 $f(x)$의 역함수가 존재하고, 이 역함수를 $g(x)$라 할 때,

$$\lim_{n\to\infty}\frac{1}{n}\sum_{k=1}^{n}g\left(1+\frac{k}{n}\right)=\frac{1}{2}$$

이다.

① 4   ② $\dfrac{15}{4}$ ③ $\dfrac{7}{2}$ ④ $\dfrac{13}{4}$ ⑤ 3

2. 그림과 같이 한 변의 길이가 2인 정사각형 $A_1B_1C_1D_1$의 두 변 A_1B_1, C_1D_1의 중점을 각각 E_1, F_1이라 하자. 점 B_1을 중심으로 하고 반지름의 길이가 $\overline{A_1B_1}$인 원이 두 선분 B_1D_1, E_1F_1과 만나는 점을 각각 G_1, H_1이라 할 때, 부채꼴 $B_1G_1H_1$에 색칠하여 얻은 그림을 R_1이라 하자.

그림 R_1에서 점 H_1을 지나고 선분 E_1F_1과 수직인 직선이 두 선분 B_1D_1, B_1C_1과 만나는 점을 각각 A_2, B_2라 할 때, 선분 A_2B_2를 한 변으로 하며 선분 C_1D_1과 만나는 정사각형 $A_2B_2C_2D_2$를 그리고 두 변 A_2B_2, C_2D_2의 중점을 각각 E_2, F_2라 하자. 점 B_2를 중심으로 하고 반지름의 길이가 $\overline{A_2B_2}$인 원이 두 선분 B_2D_2, E_2F_2와 만나는 점을 각각 G_2, H_2라 할 때, 부채꼴 $B_2G_2H_2$에 색칠하여 얻은 그림을 R_2라 하자.

이와 같은 과정을 계속하여 n번째 얻은 그림 R_n에 색칠되어 있는 부분의 넓이를 S_n이라 할 때, $\lim_{n\to\infty}S_n$의 값은?

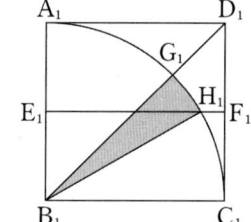

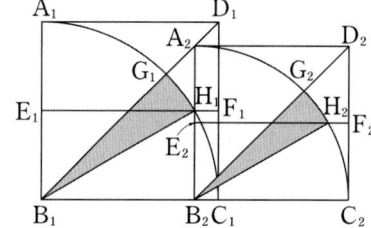

① $\dfrac{\pi}{2}$ ② $\dfrac{7}{12}\pi$ ③ $\dfrac{2}{3}\pi$ ④ $\dfrac{3}{4}\pi$ ⑤ $\dfrac{5}{6}\pi$

3. 그림과 같이 길이가 4인 선분 AB를 1:3으로 내분하는 점 C에 대하여 선분 BC를 지름으로 하는 반원의 호 위에 점 P가 있다. 직선 BP 위의 점 D를 선분 CD의 중점이 호 CP 위에 놓이도록 잡는다. 선분 CD가 선분 AP와 만나는 점을 E라 하자. $\angle \text{CBP} = \theta$라 할 때, 삼각형 ADE의 넓이를 $f(\theta)$, 삼각형 CPE의 넓이를 $g(\theta)$라 하자. $\displaystyle\lim_{\theta \to 0+} \frac{f(\theta) - g(\theta)}{\theta^3}$의 값은? (단, $0 < \theta < \dfrac{\pi}{2}$)

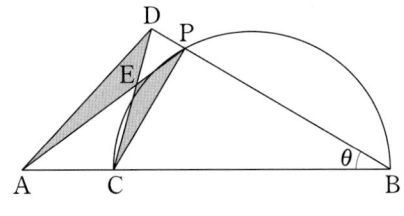

① $\dfrac{1}{4}$　　② $\dfrac{1}{2}$　　③ $\dfrac{3}{4}$　　④ 1　　⑤ $\dfrac{5}{4}$

4. 모든 실수 x에 대하여 $f(x+4) = f(x)$를 만족시키는 함수 $f(x)$가 구간 $[0, 4]$에서

$$f(x) = \begin{cases} x^2 e^{-x+2} + 1 & (0 \le x < 2) \\ (x-4)^2 e^{x-2} + 1 & (2 \le x \le 4) \end{cases}$$

이다. 미분가능한 함수 $g(x)$가 모든 실수 x에 대하여

$$\int_0^{g(x)} f(t)\, dt = \frac{1}{2} \int_0^x f(t)\, dt$$

를 만족시킬 때, <보기>에서 옳은 것만을 있는 대로 고른 것은?

─────〈보 기〉─────

ㄱ. 모든 실수 x에 대하여 $f(4-x) = f(x)$이다.

ㄴ. 모든 자연수 n에 대하여 $g(4n) = 2n$이다.

ㄷ. $\displaystyle\sum_{n=1}^{20} g'(4n) = 6$

─────────────────

① ㄱ　　　　　② ㄱ, ㄴ　　　　　③ ㄱ, ㄷ

④ ㄴ, ㄷ　　　　⑤ ㄱ, ㄴ, ㄷ

단답형

5. 좌표평면 위를 움직이는 점 P의 시각 $t\,(t \geq 0)$에서의 위치 (x, y)가

$$x = \frac{20}{t+1}, \ y = 24\ln(t+1)$$

이다. 시각 $t = 1$에서 점 P의 속력을 구하시오.

6. 실수 전체의 집합에서 미분가능한 함수 $f(x)$가 있다. 함수 $f(2x)$의 역함수를 $g(x)$라 할 때 함수 $g(x)$는 연속인 이계도함수가 존재하고, 모든 실수 x에 대하여

$$f'(2g(x)) = \{g(x)\}^2 + 1$$

을 만족시킨다. $f(0) = a$, $f(1) = b$일 때,

$\displaystyle\int_a^b g''(x)\{g(x)\}^2 dx = p + \frac{1}{2}\ln(1-q)$이다. $50(p+q)$의 값을 구하시오. (단, a, b, p, q는 상수이다.)

수능고쟁이 미니모의고사

수학 영역

성명		수험 번호	

○ 문제지의 해당란에 성명과 수험 번호를 정확히 쓰시오.

○ 답안지의 해당란에 성명과 수험 번호를 쓰고, 또 수험 번호, 답을
   정확히 표시하시오.

○ 단답형 답의 숫자에 '0'이 포함되면 그 '0'도 답란에 반드시 표시하시오.

○ 계산은 문제지의 여백을 활용하시오.

※ 시험이 시작되기 전까지 표지를 넘기지 마시오.

이투스교육

5지선다형

1. 그림과 같이 반지름의 길이가 1인 원 O_1 위에 $\overline{A_1C_1} = \overline{A_1D_1} = 2\overline{B_1C_1} = 2\overline{B_1D_1}$을 만족시키도록 서로 다른 네 점 A_1, B_1, C_1, D_1을 잡고, 원 O_1의 내부와 사각형 $A_1C_1B_1D_1$의 외부의 공통인 영역에 색칠하여 얻은 그림을 R_1이라 하자.

그림 R_1에서 사각형 $A_1C_1B_1D_1$의 내접원 O_2를 그린 다음 $\overline{A_2C_2} = \overline{A_2D_2} = 2\overline{B_2C_2} = 2\overline{B_2D_2}$를 만족시키도록 서로 다른 네 점 A_2, B_2, C_2, D_2를 잡고, 원 O_2의 내부와 사각형 $A_2C_2B_2D_2$의 외부의 공통인 영역에 색칠하여 얻은 그림을 R_2라 하자.

그림 R_2에서 사각형 $A_2C_2B_2D_2$의 내접원 O_3을 그린 다음 $\overline{A_3C_3} = \overline{A_3D_3} = 2\overline{B_3C_3} = 2\overline{B_3D_3}$을 만족시키도록 서로 다른 네 점 A_3, B_3, C_3, D_3을 잡고, 원 O_3의 내부와 사각형 $A_3C_3B_3D_3$의 외부의 공통인 영역에 색칠하여 얻은 그림을 R_3이라 하자.

이와 같은 과정을 계속하여 n번째 얻은 그림 R_n에 색칠되어 있는 부분의 넓이를 S_n이라 할 때, $\lim\limits_{n \to \infty} S_n$의 값은?

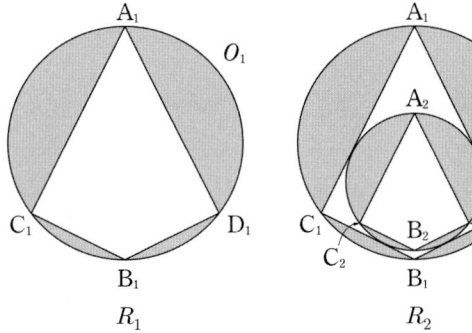

R_1 R_2 $\cdots$

① $\dfrac{12}{29}(5\pi - 8)$ ② $\dfrac{11}{29}(5\pi - 8)$ ③ $\dfrac{10}{29}(5\pi - 8)$

④ $\dfrac{9}{29}(5\pi - 8)$ ⑤ $\dfrac{8}{29}(5\pi - 8)$

2. 모든 항이 양수인 수열 $\{a_n\}$에 대하여 $\sum\limits_{n=1}^{\infty}(2^n a_n) = 1$일 때,

$\lim\limits_{n \to \infty} \dfrac{2^{n+1} + 4^n a_n}{2^n + 4^{n+1} a_n}$의 값은?

① $\dfrac{1}{4}$ ② $\dfrac{1}{2}$ ③ 1   ④ 2   ⑤ 4

3. 그림과 같이 $0 \le x \le 2\pi$에서 정의된 함수

$f(x) = 2\cos\left(x - \dfrac{\pi}{4}\right) + 3$의 극솟값을 a라 할 때, 곡선

$y = f(x)$와 직선 $y = a$ 및 y축으로 둘러싸인 부분의 넓이는?

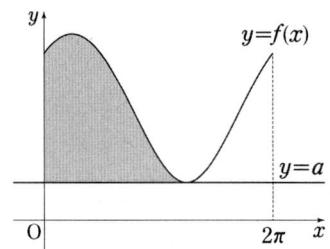

① $2\pi + \sqrt{2}$　　② $2\pi + 2$　　③ $\dfrac{5}{2}\pi + \sqrt{2}$

④ $\dfrac{5}{2}\pi + 2$　　⑤ $3\pi + \sqrt{2}$

4. 그림과 같이 한 변의 길이가 1인 정사각형 ABCD에 대하여 삼각형 PQR가 정삼각형이 되도록 세 선분 AB, CD, DA 위에 각각 세 점 P, Q, R를 잡는다. ∠PRA $= \theta$라 하고 삼각형 PQR의 넓이를 $S(\theta)$라 할 때, <보기>에서 옳은 것만을 있는 대로 고른 것은? (단, $\dfrac{\pi}{4} < \theta < \dfrac{5}{12}\pi$)

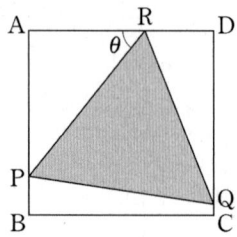

<보기>

ㄱ. $S\left(\dfrac{\pi}{3}\right) = \dfrac{\sqrt{3}}{4}$

ㄴ. $\overline{\text{AR}} = \dfrac{\sqrt{3}\sin\theta - \cos\theta}{\sqrt{3}\sin\theta + \cos\theta}$

ㄷ. $\dfrac{\pi}{4} < \theta < \dfrac{5}{12}\pi$에서 방정식 $S'(\theta) = 0$의 해는 $\theta = \dfrac{\pi}{3}$로 유일하다.

① ㄱ　　　　② ㄴ　　　　③ ㄱ, ㄴ

④ ㄱ, ㄷ　　　⑤ ㄱ, ㄴ, ㄷ

단답형

5. 곡선 $y = \dfrac{\ln x}{x}$ 와 이 곡선 위의 점 $\left(\sqrt{e}, \dfrac{1}{2\sqrt{e}} \right)$ 에서의 접선

및 직선 $x = 1$로 둘러싸인 영역의 넓이를 $p + \dfrac{q}{e}$ 라 할 때,

$32(p - q)$의 값을 구하시오. (단, p와 q는 유리수이다.)

6. 그림과 같이 자연수 n에 대하여 곡선 $y = \log_3 x$가 직선

$y = n$과 만나는 점을 P_n이라 할 때, 선분 $P_n P_{n+1}$의 길이를

l_n이라 하자. 곡선 $y = \log_3 x$와 x축, y축 및 직선 $y = n$으로

둘러싸인 부분의 둘레 및 내부에 있는 넓이가 1인 정사각형 중

꼭짓점의 x좌표, y좌표가 모두 정수인 정사각형의 개수를

S_n이라 하자. $\displaystyle\lim_{n \to \infty} \dfrac{100 \times S_n}{l_n}$ 의 값을 구하시오.

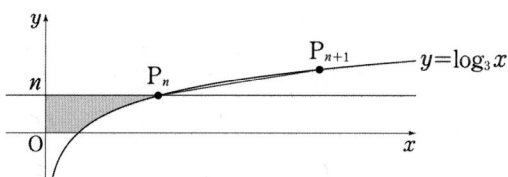

수능고쟁이 미니모의고사

수학 영역

성명		수험 번호	

○ 문제지의 해당란에 성명과 수험 번호를 정확히 쓰시오.

○ 답안지의 해당란에 성명과 수험 번호를 쓰고, 또 수험 번호, 답을 정확히 표시하시오.

○ 단답형 답의 숫자에 '0'이 포함되면 그 '0'도 답란에 반드시 표시하시오.

○ 계산은 문제지의 여백을 활용하시오.

※ 시험이 시작되기 전까지 표지를 넘기지 마시오.

이투스교육

5지선다형

1. 함수

$$f(x) = \lim_{n \to \infty} \frac{\left(\dfrac{3}{x}\right)^{2n+1} + 2}{\left(\dfrac{3}{x}\right)^{2n} + 1}$$

와 자연수 m에 대하여 직선 $y = \dfrac{x}{m}$와 함수 $y = f(x)$의

그래프가 만나는 점의 개수를 a_m이라 할 때, $\displaystyle\sum_{m=1}^{10} a_m$의 값은?

① 12 　　② 14 　　③ 16 　　④ 18 　　⑤ 20

2. 좌표평면 위를 움직이는 점 P의 시각 $t(t > 0)$에서의 위치 (x, y)가

$$x = 8\sqrt{t+1}, \; y = 3t - 4\ln(t+1)$$

이다. 점 P의 속력이 최소일 때, 점 P의 가속도는 (a_x, a_y)이다. $a_x + a_y$의 값은?

① $-\dfrac{1}{2}$ 　　② $-\dfrac{1}{4}$ 　　③ 0 　　④ $\dfrac{1}{4}$ 　　⑤ $\dfrac{1}{2}$

3. 함수 $f(x)$의 도함수가 $f'(x)=xe^{-x^2}$이고, 모든 실수 x에 대하여 두 함수 $f(x)$, $g(x)$가 다음 조건을 만족시킨다.

(가) $g(x)=\int_1^x f'(t)(x+1-t)dt$

(나) $g'(x)=f'(x)+f(x)$

<보기>에서 옳은 것만을 있는 대로 고른 것은?

─〈보 기〉─

ㄱ. $f(1)=0$

ㄴ. $0<x_1<1<x_2$인 임의의 실수 x_1, x_2에 대하여 $g''(x_1)g''(x_2)>0$이다.

ㄷ. $g(a)=f(a)$인 양수 a에 대하여 $g(-a)-f(-a)=2g(a-1)-2f(a-1)$이다.

① ㄱ   ② ㄱ, ㄴ   ③ ㄱ, ㄷ

④ ㄴ, ㄷ   ⑤ ㄱ, ㄴ, ㄷ

4. 2 이상의 자연수 n에 대하여 일차함수 $y=f(x)$와 최고차항의 계수가 1인 이차함수 $y=g(x)$의 그래프는 다음 그림과 같다.

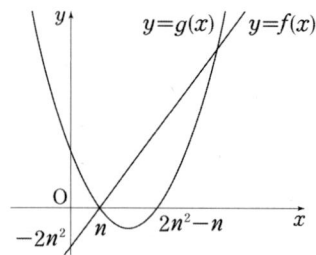

부등식 $\log_2 f(x) \geq \log_2 g(x)$를 만족시키는 정수 x의 최솟값을 α_n, 최댓값을 β_n이라 할 때, $\lim_{n \to \infty}(\sqrt{\beta_n}-\sqrt{\alpha_n})$의 값은?

① $\dfrac{\sqrt{2}}{4}$ ② $\dfrac{1}{2}$ ③ $\dfrac{\sqrt{2}}{2}$ ④ 1 ⑤ $\sqrt{2}$

단답형

5. $\displaystyle\lim_{n\to\infty}\sum_{k=1}^{n}\frac{k}{n^3}\sqrt{n^2+k^2}=p\sqrt{2}+q$일 때, $45(p^2+q^2)$의 값을 구하시오. (단, p와 q는 유리수이다.)

6. 그림과 같이 중심이 O이고 길이가 2인 선분 AB를 지름으로 하는 반원의 호 AB 위에 점 P가 있다. 호 AP 위에 점 Q를

$$\overset{\frown}{AQ}:\overset{\frown}{QP}=\overset{\frown}{AP}:\overset{\frown}{PB}$$

가 성립하도록 잡고, 선분 OQ와 선분 AP의 교점을 R라 하자. $\angle PAB=\theta$라 할 때, 삼각형 OPR의 넓이를 $f(\theta)$라 하면 $\displaystyle\lim_{\theta\to 0+}\frac{f(\theta)}{\theta}=k$이다. $60k$의 값을 구하시오. (단, $0<\theta<\dfrac{\pi}{2}$)

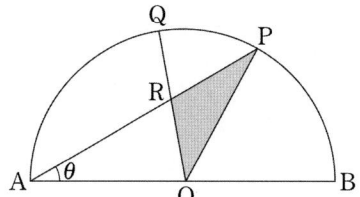

※ 시험이 시작되기 전까지 표지를 넘기지 마시오.

수능고쟁이 미니모의고사

수학 영역

성명		수험 번호	

○ 문제지의 해당란에 성명과 수험 번호를 정확히 쓰시오.

○ 답안지의 해당란에 성명과 수험 번호를 쓰고, 또 수험 번호, 답을 정확히 표시하시오.

○ 단답형 답의 숫자에 '0'이 포함되면 그 '0'도 답란에 반드시 표시하시오.

○ 계산은 문제지의 여백을 활용하시오.

※ 시험이 시작되기 전까지 표지를 넘기지 마시오.

이투스교육

5지선다형

1. 수열 $\{a_n\}$에 대하여 $a_1 = 1$이고, 모든 자연수 n에 대하여

$$a_n + a_{n+1} = 2n + 5$$

일 때, $\displaystyle\sum_{n=1}^{\infty} \frac{1}{na_{2n}}$ 의 값은?

① $\dfrac{1}{4}$ ② $\dfrac{3}{8}$ ③ $\dfrac{1}{2}$ ④ $\dfrac{5}{8}$ ⑤ $\dfrac{3}{4}$

2. 그림과 같이 한 변의 길이가 1인 정사각형 $A_1B_1C_1D_1$의 네 변 A_1B_1, B_1C_1, C_1D_1, D_1A_1의 중점을 각각 E_1, F_1, G_1, H_1이라 하자. 두 선분 B_1H_1, D_1E_1의 교점을 A_2, 두 선분 B_1G_1, D_1F_1의 교점을 C_2라 하고 정사각형 $A_1B_1C_1D_1$의 내부와 사각형 $A_2B_1C_2D_1$의 외부의 공통부분에 색칠하여 얻은 그림을 R_1이라 하자.

그림 R_1에서 선분 B_1D_1 위의 두 점 B_2, D_2를 사각형 $A_2B_2C_2D_2$가 정사각형이 되도록 잡고, 정사각형 $A_2B_2C_2D_2$에 그림 R_1을 얻은 것과 같은 방법으로 색칠하여 얻은 그림을 R_2라 하자.

이와 같은 과정을 계속하여 n번째 얻은 그림 R_n에 색칠되어 있는 부분의 넓이를 S_n이라 할 때, $\displaystyle\lim_{n\to\infty} S_n$의 값은?

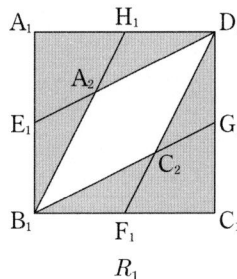 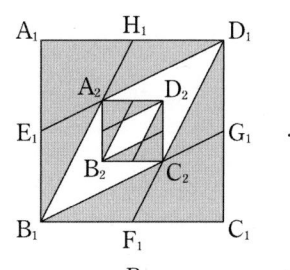

R_1 R_2 $\cdots$

① $\dfrac{21}{32}$ ② $\dfrac{11}{16}$ ③ $\dfrac{23}{32}$ ④ $\dfrac{3}{4}$ ⑤ $\dfrac{25}{32}$

3. 두 함수 $y=e^{2x-k}$, $y=e^{-3x}$의 그래프가 점 P에서 만난다고 할 때, 두 함수 $y=e^{2x-k}$, $y=e^{-3x}$의 그래프 위의 점 P에서의 각 접선이 x축과 만나는 점을 각각 A, B라 하자.

$\angle APB = \dfrac{3}{4}\pi$가 되도록 하는 실수 k의 값은?

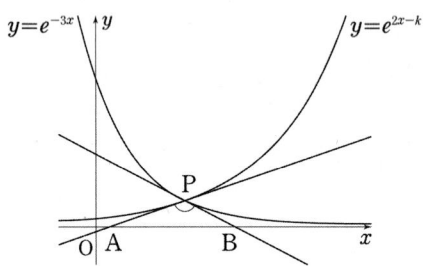

① $\ln 6$ ② $\dfrac{4}{3}\ln 6$ ③ $\dfrac{5}{3}\ln 6$ ④ $2\ln 6$ ⑤ $\dfrac{7}{3}\ln 6$

4. 실수 전체의 집합에서 정의된 함수

$$f(x) = \int_{x}^{x+1} \left| \sin\left(\frac{\pi}{2} t \right) \right| dt$$

에 대하여 <보기>에서 옳은 것만을 있는 대로 고른 것은?

─── <보 기> ───

ㄱ. $f(0) = \dfrac{2}{\pi}$

ㄴ. 모든 실수 x에 대하여 $f(x+2) = f(x)$이다.

ㄷ. 함수 $f(x)$의 최댓값과 최솟값의 합은 $\dfrac{4}{\pi}$이다.

① ㄱ   ② ㄴ   ③ ㄱ, ㄴ

④ ㄱ, ㄷ   ⑤ ㄱ, ㄴ, ㄷ

5. $\overline{AB}=1$, $\overline{BC}=2$인 직사각형 $ABCD$가 있다. 선분 AD 위를 움직이는 점 P에 대하여 $\angle APB = \theta\ (\dfrac{\pi}{6} < \theta < \dfrac{\pi}{2})$라 할 때, $\displaystyle\lim_{\theta \to \frac{\pi}{4}-} \dfrac{\overline{AP} - \overline{DP}}{\dfrac{\pi}{4} - \theta}$의 값을 구하시오.

6. 정의역이 $\{x \,|\, x > 0\}$인 미분가능한 함수 $f(x)$는 모든 양수 x에 대하여 $f'(x) > 0$을 만족시킨다. 실수 t에 대하여 두 직선 $y = t$, $y = t+1$과 곡선 $y = f(x)$ 및 y축으로 둘러싸인 도형의 넓이를 $g(t)$라 하자. 모든 실수 t에 대하여

$$g(t) = \frac{1}{\ln 2}(2^t + 4^t)$$

가 성립할 때, $f(a) = 0$을 만족시키는 양수 $a\,(a > 1)$에 대하여 $\displaystyle\int_{a-1}^{a} f(x)\,dx = p + \dfrac{q}{\ln 2}$이다. $36(p-q)$의 값을 구하시오.

(단, $\displaystyle\lim_{x \to 0+} f(x) = -\infty$이고, p와 q는 유리수이다.)

수능고쟁이 미니모의고사

수학 영역

성명		수험 번호	

○ 문제지의 해당란에 성명과 수험 번호를 정확히 쓰시오.

○ 답안지의 해당란에 성명과 수험 번호를 쓰고, 또 수험 번호, 답을
   정확히 표시하시오.

○ 단답형 답의 숫자에 '0'이 포함되면 그 '0'도 답란에 반드시 표시하시오.

○ 계산은 문제지의 여백을 활용하시오.

※ 시험이 시작되기 전까지 표지를 넘기지 마시오.

이투스교육

5지선다형

1. 곡선 $y = e^x + x$와 x축, y축 및 직선 $x = 1$로 둘러싸인 도형을 밑면으로 하는 입체도형이 있다. 이 입체도형을 x축에 수직인 평면으로 자른 단면이 모두 정사각형일 때, 이 입체도형의 부피는?

① $\dfrac{e^2}{2} + \dfrac{1}{6}$ ② $\dfrac{e^2}{3} + \dfrac{11}{6}$ ③ $\dfrac{e^2}{2} + \dfrac{11}{6}$

④ $\dfrac{e^2}{3} + \dfrac{19}{6}$ ⑤ $\dfrac{e^2}{2} + \dfrac{19}{6}$

2. 그림과 같이 한 변의 길이가 1인 정삼각형 $A_1B_1C_1$이 있다. 선분 A_1B_1을 $1:2$, $2:1$로 내분하는 점을 각각 D_1, E_1, 선분 B_1C_1을 $1:2$, $2:1$로 내분하는 점을 각각 F_1, G_1, 선분 C_1A_1을 $1:2$, $2:1$로 내분하는 점을 각각 H_1, I_1이라 하자. 삼각형 $A_1B_1C_1$의 내부에 중심이 A_1인 부채꼴 $A_1D_1I_1$, 중심이 B_1인 부채꼴 $B_1E_1F_1$, 중심이 C_1인 부채꼴 $C_1G_1H_1$을 각각 그리고 색칠하여 얻은 그림을 R_1이라 하자.

그림 R_1에서 호 D_1I_1의 중점을 A_2, 호 E_1F_1의 중점을 B_2, 호 G_1H_1의 중점을 C_2라 하고 정삼각형 $A_2B_2C_2$의 내부에 그림 R_1을 얻는 것과 같은 방법으로 세 개의 부채꼴을 그리고 색칠하여 얻은 그림을 R_2라 하자.

이와 같은 과정을 계속하여 n번째 얻은 그림 R_n에 색칠되어 있는 부분의 넓이를 S_n이라 할 때, $\lim\limits_{n \to \infty} S_n$의 값은?

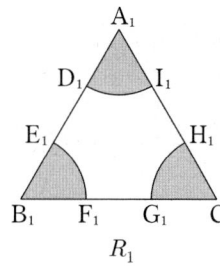 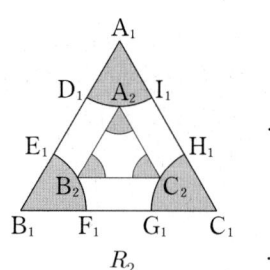

R_1 R_2 ...

① $\dfrac{(\sqrt{3}-1)\pi}{66}$ ② $\dfrac{(\sqrt{3}+1)\pi}{88}$ ③ $\dfrac{(\sqrt{3}+1)\pi}{66}$

④ $\dfrac{(2\sqrt{3}+1)\pi}{88}$ ⑤ $\dfrac{(2\sqrt{3}+1)\pi}{66}$

3. 함수 $f(x)=\ln(2+\sin 7x)$에 대하여, <보기>에서 옳은 것만을 있는 대로 고른 것은?

<보 기>

ㄱ. $\displaystyle\lim_{x\to\pi}\frac{f(x)-\ln 2}{x-\pi}=-\frac{7}{2}$

ㄴ. 구간 (a, b)에서 곡선 $y=f(x)$가 위로 볼록할 때, $b-a$의 최댓값은 $\dfrac{4}{21}\pi$이다.

ㄷ. $\displaystyle\int_6^7 f\left(\frac{\pi}{42}x\right)dx>\ln\sqrt{3}$

① ㄱ   ② ㄴ   ③ ㄱ, ㄴ

④ ㄱ, ㄷ   ⑤ ㄱ, ㄴ, ㄷ

4. 그림과 같이 길이가 1인 선분 AB를 지름으로 하는 원이 있다. 선분 AB의 중점을 O라 할 때, 원 위의 두 점 P, Q를 두 선분 OA, PQ의 교점 R가 $\overline{OR}\times\overline{PR}=\overline{QR}\times\overline{AR}$를 만족시키도록 잡는다. $\angle APQ=\theta$라 할 때, $60\displaystyle\lim_{\theta\to 0+}(\overline{PR}-\overline{QR})$의 값은? (단, $0<\theta<\dfrac{\pi}{4}$)

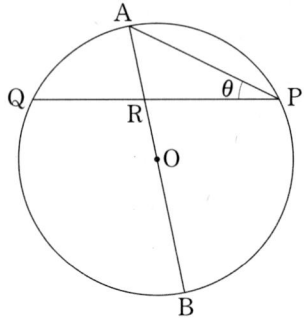

① 18   ② 20   ③ 22   ④ 24   ⑤ 26

단답형

5. $x > 0$에서 정의된 함수 $f(x)$가 다음 조건을 만족시킨다.

> (가) $f(1) = f(2) = 2$
>
> (나) 모든 양수 x에 대하여 $f'(x) = x^2 - f(x^2)$이다.

$\displaystyle\int_2^4 f(x)dx - \int_1^2 f(x)dx = k$일 때, $30k$의 값을 구하시오.

6. 최고차항의 계수가 양수인 이차함수 $f(x)$에 대하여 함수 $g(x) = e^x f(x)$가 다음 조건을 만족시킨다.

> (가) $\displaystyle\lim_{x \to 1} \frac{g(x)}{x-1} = 0$
>
> (나) 함수 $|g(x) - \alpha x + 5|$가 실수 전체의 집합에서 미분가능하도록 하는 실수 α의 최댓값은 3이다.

$\ln g(3) + \ln g(5) = p + q\ln 2$일 때, $p + q$의 값을 구하시오.

　(단, p, q는 유리수이고, $\ln 2$는 무리수, $\displaystyle\lim_{x \to -\infty} g(x) = 0$이다.)

수능고쟁이 미니모의고사

수학 영역

성명		수험 번호	

○ 문제지의 해당란에 성명과 수험 번호를 정확히 쓰시오.

○ 답안지의 해당란에 성명과 수험 번호를 쓰고, 또 수험 번호, 답을
  정확히 표시하시오.

○ 단답형 답의 숫자에 '0'이 포함되면 그 '0'도 답란에 반드시 표시하시오.

○ 계산은 문제지의 여백을 활용하시오.

※ 시험이 시작되기 전까지 표지를 넘기지 마시오.

이투스교육

5지선다형

1. 그림과 같이 $\overline{AB}=\overline{AC}=5$, $\overline{BC}=6$인 삼각형 ABC에서 선분 AB를 $2:1$로 내분하는 점을 D라 하고, 선분 AC를 $2:1$로 내분하는 점을 E라 하자. $\angle ADE=\alpha$, $\angle BED=\beta$라 할 때, $\tan(\alpha-\beta)$의 값은?

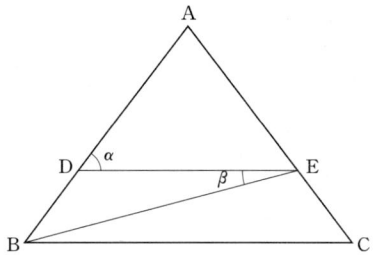

① $\dfrac{48}{61}$　② $\dfrac{50}{61}$　③ $\dfrac{52}{61}$　④ $\dfrac{54}{61}$　⑤ $\dfrac{56}{61}$

2. 두 곡선 $y=\cos x+2\,(0\le x\le\pi)$, $y=ax^2$과 y축으로 둘러싸인 부분의 넓이를 S_1, 두 곡선 $y=\cos x+2\,(0\le x\le\pi)$, $y=ax^2$과 직선 $x=\pi$로 둘러싸인 부분의 넓이를 S_2라 하자. $S_1=S_2$일 때, 실수 a의 값은?

(단, $a>\dfrac{1}{\pi^2}$이다.)

① $\dfrac{2}{\pi^2}$　② $\dfrac{3}{\pi^2}$　③ $\dfrac{4}{\pi^2}$　④ $\dfrac{5}{\pi^2}$　⑤ $\dfrac{6}{\pi^2}$

3. 그림과 같이 $\overline{AB}=1$, $\overline{BC}=2$인 직사각형 ABCD의 내부에 선분 BC를 지름으로 하고, 선분 AD에 접하는 반원이 있다. 선분 AB, CD의 중점을 각각 M, N이라 하고, 두 점 M, N에서 각각 반원에 그은 접선이 직선 AD와 만나는 점을 각각 E, F, 직선 BC와 만나는 점을 각각 G, H, 두 접선이 만나는 점을 I라 하자. 세 삼각형 AME, EFI, FND의 내부에 색칠하여 얻은 그림을 R_1이라 하자.

그림 R_1에서 선분 MB의 연장선 위에 $\overline{BG}:\overline{BP}=2:1$인 점 P를 잡고 두 선분 BG, BP를 두 변으로 하는 직사각형을 그리고, 선분 NC의 연장선 위에 $\overline{CH}:\overline{CQ}=2:1$인 점 Q를 잡고 두 선분 CH, CQ를 두 변으로 하는 직사각형을 그린다. 새로 그려진 두 직사각형에 각각 그림 R_1을 얻는 것과 같은 방법으로 세 삼각형을 그리고 색칠하여 얻은 그림을 R_2라 하자. 이와 같은 과정을 계속하여 n번째 얻은 그림 R_n에 색칠되어 있는 부분의 넓이를 S_n이라 할 때, $\lim\limits_{n \to \infty} S_n$의 값은?

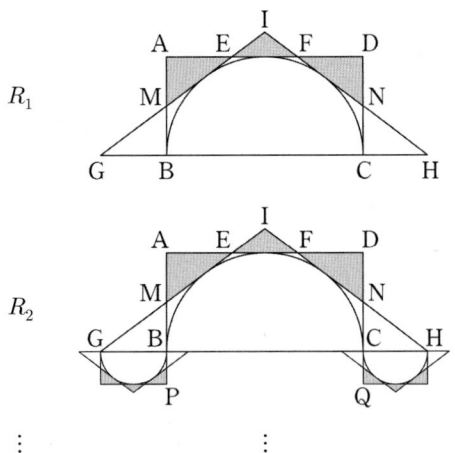

① $\dfrac{5}{12}$ ② $\dfrac{15}{32}$ ③ $\dfrac{15}{28}$ ④ $\dfrac{5}{8}$ ⑤ $\dfrac{5}{7}$

4. 자연수 n에 대하여 함수 $f(x)$를

$$f(x) = \lim_{n \to \infty} \frac{(2\sin x)^n}{x^n + (2\sin x)^n + 1}$$

이라 하자. 구간 $(0, \pi)$에서 방정식 $2\sin x = x$의 실근을 α라 할 때, <보기>에서 옳은 것만을 있는 대로 고른 것은?

─────〈보 기〉─────

ㄱ. $\dfrac{\pi}{2} < \alpha < \dfrac{5}{6}\pi$

ㄴ. 구간 $(0, \pi)$에서 함수 $f(x)$는 서로 다른 두 점에서 불연속이다.

ㄷ. $0 < x < \pi$에서 방정식 $f(x) = k\sin x$가 서로 다른 두 실근을 갖도록 하는 양수 k의 값의 범위는 $1 \le k < \dfrac{2}{\alpha}$이다.

① ㄱ ② ㄴ ③ ㄱ, ㄴ
④ ㄴ, ㄷ ⑤ ㄱ, ㄴ, ㄷ

단답형

5. 함수 $y = e^x$의 그래프 위의 두 점 $\mathrm{P}(t, e^t)$,

$\mathrm{Q}(2t, e^{2t})$ $(t > 0)$이 있다. 직선 PQ와 x축, y축으로 둘러싸인

부분의 넓이를 $S(t)$라 할 때, $\displaystyle\lim_{t \to 0+} S(t) = k$이다. $28k$의 값을

구하시오.

6. 함수 $f(x) = 4\cos^3 x - 3\cos x$에 대하여 곡선 $y = f(x)$ 위의

점 $(t, f(t))$에서의 접선이 y축과 만나는 점의 y좌표를 $g(t)$라

하자. $\displaystyle\int_{\frac{\pi}{6}}^{\frac{\pi}{3}} \{g(t) - f(t)\} dt = p + q\pi$일 때, $36(p^2 + q^2)$의 값을

구하시오. (단, p와 q는 유리수이다.)

수능고쟁이 미니모의고사

수학 영역

| 성명 | | 수험 번호 | |

○ 문제지의 해당란에 성명과 수험 번호를 정확히 쓰시오.

○ 답안지의 해당란에 성명과 수험 번호를 쓰고, 또 수험 번호, 답을
  정확히 표시하시오.

○ 단답형 답의 숫자에 '0'이 포함되면 그 '0'도 답란에 반드시 표시하시오.

○ 계산은 문제지의 여백을 활용하시오.

※ 시험이 시작되기 전까지 표지를 넘기지 마시오.

이투스교육

5지선다형

1. 자연수 n에 대하여 $f(x) = -x(\cos x - n)$이라 하고, $0 < t < 2\pi$인 실수 t에 대하여 좌표평면에서 세 점 $(0,0)$, $(t,0)$, $(t, f(t))$를 꼭짓점으로 하는 삼각형의 넓이를 $S(t)$라 하자. $S'(\pi) = 2\pi$일 때, $\lim\limits_{t \to 0+} \dfrac{S'(t)}{t^3}$의 값은?

① $\dfrac{1}{4}$ ② $\dfrac{1}{2}$ ③ 1 ④ 2 ⑤ 4

2. 그림과 같이 $\overline{A_1 D_1} = 1$, $\overline{B_1 C_1} = 2$이고 $\angle A_1 B_1 C_1 = \angle D_1 C_1 B_1 = 60°$인 등변사다리꼴 $A_1 B_1 C_1 D_1$이 있다. 점 A_1을 중심으로 하고 반지름의 길이가 $\overline{A_1 D_1}$인 원과 점 D_1을 중심으로 하고 반지름의 길이가 $\overline{A_1 D_1}$인 원을 그리면 두 원은 선분 $B_1 C_1$과 같은 점에서 만나고 이 점을 M_1이라 하자. 호 $A_1 M_1$과 선분 $A_1 B_1$, 선분 $B_1 M_1$로 둘러싸인 도형과 호 $D_1 M_1$과 선분 $C_1 D_1$, 선분 $C_1 M_1$로 둘러싸인 도형에 각각 색칠하여 얻은 그림을 R_1이라 하자.

그림 R_1에 선분 $A_1 D_1$ 위의 점 A_2, D_2와 호 $A_1 M_1$ 위의 점 B_2, 호 $D_1 M_1$ 위의 점 C_2에 대하여 $\overline{A_2 D_2} : \overline{B_2 C_2} = 1 : 2$이고 $\angle A_2 B_2 C_2 = \angle D_2 C_2 B_2 = 60°$인 등변사다리꼴 $A_2 B_2 C_2 D_2$를 그리고 그림 R_1을 얻는 것과 같은 방법으로 만들어지는 도형에 색칠하여 얻은 그림을 R_2라 하자.

이와 같은 과정을 계속하여 n번째 얻은 그림 R_n에 색칠되어 있는 부분의 넓이를 S_n이라 할 때, $\lim\limits_{n \to \infty} S_n$의 값은?

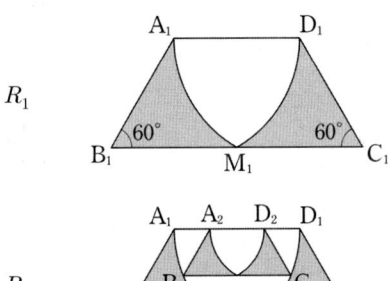

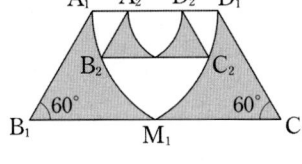

① $\dfrac{11}{30}(3\sqrt{3} - \pi)$ ② $\dfrac{49}{120}(3\sqrt{3} - \pi)$

③ $\dfrac{9}{20}(3\sqrt{3} - \pi)$ ④ $\dfrac{11}{30}(6\sqrt{3} - \pi)$

⑤ $\dfrac{49}{120}(6\sqrt{3} - \pi)$

3. $x > 0$에서 정의된 함수 $f(x)$가 다음 조건을 만족시킨다.

(가) $f(1) = 1$

(나) 모든 양수 x에 대하여 $f(x) > 0$, $f'(x) < 0$이다.

(다) 이계도함수 $f''(x)$는 $x > 0$에서 연속이다.

함수 $g(x)$를 $g(x) = \displaystyle\int_1^{f(x)} f(t)\,dt$ 라 할 때, <보기>에서 옳은 것만을 있는 대로 고른 것은?

〈보기〉

ㄱ. $g'(1) = f'(1)$

ㄴ. $g(x) = f(x) - 1$을 만족시키는 양수 x는 1개뿐이다.

ㄷ. 모든 양수 x에 대하여 $f''(x)g''(x) < 0$이면
$g(2) < f'(1)$이다.

---

① ㄴ   ② ㄷ   ③ ㄱ, ㄴ

④ ㄱ, ㄷ   ⑤ ㄱ, ㄴ, ㄷ

4. 그림과 같이 중심이 O이고 길이가 2인 선분 AB를 지름으로 하는 원 위의 두 점 P, Q에 대하여 $\angle \mathrm{BOP} = \theta$, $\angle \mathrm{OPQ} = 2\theta$ (단, $0 < \theta < \dfrac{\pi}{8}$)라 하자. 점 Q에서 직선 OP에 내린 수선과 선분 AB의 교점을 R라 할 때, 삼각형 ARQ의 넓이를 $S(\theta)$라 하자. $\displaystyle\lim_{\theta \to 0+} \dfrac{S(\theta)}{\theta^3}$의 값은?

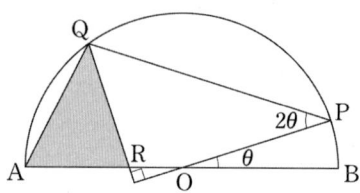

① $\dfrac{45}{4}$ ② $\dfrac{91}{8}$ ③ $\dfrac{23}{2}$ ④ $\dfrac{93}{8}$ ⑤ $\dfrac{47}{4}$

5. 실수 전체의 집합에서 미분가능한 함수 $f(x)$가
$f(0)=0$이고 모든 양의 실수 x에 대하여 $f'(x)>0$이다.
모든 양의 실수 t에 대하여 곡선 $y=f(x)$와 x축 및 $x=t$로
둘러싸인 도형의 둘레의 길이가 $t+e^t-1$일 때,
$f(\ln 2)=k$이다. $72k$의 값을 구하시오. (단, k는 상수이다.)

6. 함수 $f(x)=2x^3-6x+k$에 대하여 함수 $g(x)$를

$$g(x)=\lim_{n\to\infty}\frac{f(x)-1}{|f(x)|^n+1}$$

로 정의하자.

$$\lim_{x\to\alpha}g(x)<g(\alpha)$$

를 만족시키는 상수 α가 존재할 때, 함수 $g(x)$가 불연속인 점의
개수를 β라 하자. $f(\alpha+\beta)$의 값을 구하시오. (단, k는 상수이다.)

※ 시험이 시작되기 전까지 표지를 넘기지 마시오.

실전+수능

고쟁이

실전+수능
고쟁이

너기출
평가원 기출
완전 분석

수능 수학을 책임지는
이투스북

어삼쉬사
Plus+
수능의 허리
완벽 대비

실전+수능
고쟁이
실전 대비
고난도 집중 훈련

실전+수능
고쟁이

핵심문항으로 부족함 없이!

체계적인 학습 솔루션, 빠르고 확실하게!

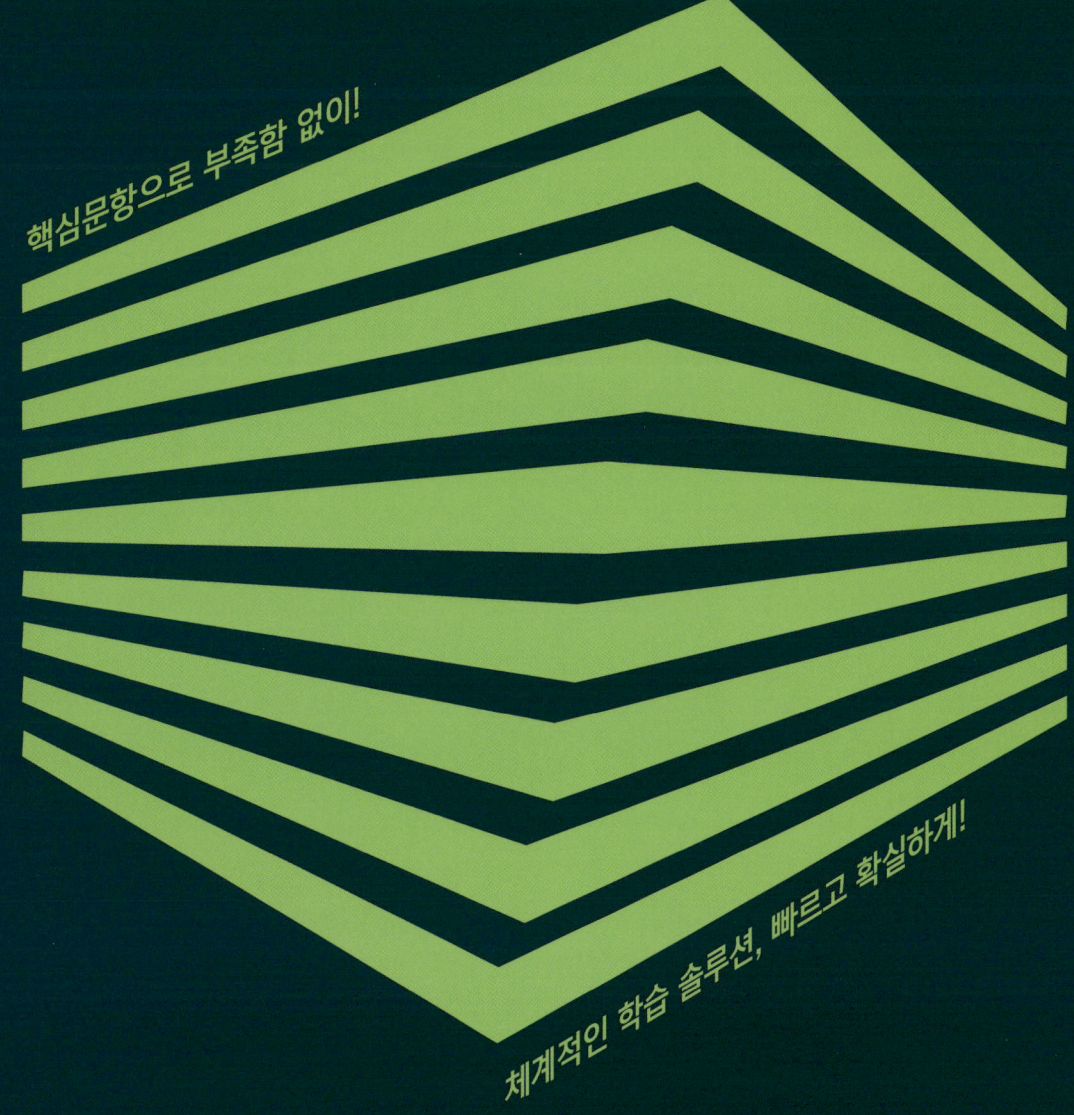

미적분

정답과 풀이

이투스북

Speed Check

I 수열의 극한
본문 p.6~26

1일차

001 ③	002 10	003 13	004 ⑤	005 17
006 ④	007 ③	008 ④	009 ③	010 ③
011 ③	012 ③	013 2	014 ④	015 14
016 38	017 ②	018 ②	019 ①	020 ①

2일차

021 ③	022 ③	023 5	024 ③	025 ④
026 ①	027 7	028 ④	029 ①	030 ④
031 21	032 5	033 ④	034 ⑤	035 ④
036 ⑤	037 ④	038 ⑤	039 ②	040 ⑤
041 ③	042 ④			

II 미분법
본문 p.28~58

3일차

043 ①	044 ①	045 ③	046 ⑤	047 ④
048 23	049 ②	050 80	051 ①	052 ⑤
053 ⑤	054 ⑤	055 ②	056 ④	057 21
058 ⑤	059 ②	060 ①	061 70	062 50
063 ①	064 3	065 ④	066 ④	067 ①
068 ②	069 ③	070 ②		

4일차

071 ②	072 ③	073 ⑤	074 ②	075 ①
076 ③	077 ⑤	078 5	079 ⑤	080 ②
081 ②	082 ③	083 ④	084 ④	085 1
086 ④	087 6	088 4	089 ④	090 ③
091 ⑤	092 2	093 ④	094 13	095 ④
096 ②	097 ①	098 ③	099 41	100 ④
101 ①	102 95	103 ②		

III 적분법
본문 p.60~83

5일차

104 ④	105 ⑤	106 ④	107 ④	108 10
109 ①	110 60	111 ④	112 ①	113 ②
114 ①	115 3	116 ④	117 ③	118 ②
119 ①	120 ②	121 20	122 ③	123 ③
124 ③	125 ⑤	126 2	127 ④	128 ②
129 ②	130 52	131 7		

6일차

132 ②	133 ①	134 22	135 ⑤	136 ③
137 ⑤	138 15	139 ④	140 ④	141 ③
142 ①	143 ⑤	144 ③	145 52	146 4
147 ④	148 ②	149 ①	150 ③	

부록 수능고쟁이 미니모의고사

7일차 미니모의고사 1회

1. ⑤	**2.** ④	**3.** ③	**4.** ④
5. 15	**6.** 7		

8일차 미니모의고사 2회

1. ④	**2.** ②	**3.** ③	**4.** ⑤
5. 1	**6.** 126		

9일차 미니모의고사 3회

1. ②	**2.** ②	**3.** ②	**4.** ⑤
5. 12	**6.** 16		

10일차 미니모의고사 4회

1. ③	**2.** ③	**3.** ③	**4.** ⑤
5. 13	**6.** 150		

11일차 미니모의고사 5회

1. ④	**2.** ④	**3.** ③	**4.** ④
5. 12	**6.** 25		

12일차 미니모의고사 6회

1. ②	**2.** ③	**3.** ③	**4.** ③
5. 25	**6.** 20		

13일차 미니모의고사 7회

1. ②	**2.** ④	**3.** ③	**4.** ⑤
5. 4	**6.** 51		

14일차 미니모의고사 8회

1. ③	**2.** ⑤	**3.** ⑤	**4.** ②
5. 105	**6.** 10		

15일차 미니모의고사 9회

1. ①	**2.** ⑤	**3.** ③	**4.** ⑤
5. 14	**6.** 8		

16일차 미니모의고사 10회

1. ③	**2.** ②	**3.** ⑤	**4.** ①
5. 18	**6.** 39		

실전+수능
고쟁이

수능 빈출 유형
정답과 풀이

미적분

I

수열의 극한

| SPEED CHECK |

001 ③	**002** 10	**003** 13	**004** ⑤
005 17	**006** ④	**007** ③	**008** ④
009 ③	**010** ③	**011** ③	**012** ③
013 2	**014** ④	**015** 14	**016** 38
017 ②	**018** ②	**019** ①	**020** ①

| **001** | 정답 ③

$\displaystyle\lim_{n \to \infty} \frac{1}{a_n} = 0$ 이므로 $\displaystyle\lim_{n \to \infty} \frac{b_n - 2a_n}{a_n} = \lim_{n \to \infty}\left(\frac{b_n}{a_n} - 2\right) = 0$

$\Rightarrow \displaystyle\lim_{n \to \infty} \frac{b_n}{a_n} = 2$

$\therefore \displaystyle\lim_{n \to \infty}\left(\frac{b_n}{a_n} + \frac{10a_n}{b_n}\right) = 2 + 10 \times \frac{1}{2} = 7$

| **002** | 정답 10

$\displaystyle\lim_{n \to \infty} \frac{2n+1}{(13n^3-1)a_n}$

$= \displaystyle\lim_{n \to \infty}\left\{\frac{1}{(n^2+1)a_n} \times \frac{(2n+1)(n^2+1)}{13n^3-1}\right\}$

이때, $\displaystyle\lim_{n \to \infty} \frac{1}{(n^2+1)a_n} = 65$ 이고,

$\displaystyle\lim_{n \to \infty} \frac{(2n+1)(n^2+1)}{13n^3-1} = \lim_{n \to \infty} \frac{2n^3+n^2+2n+1}{13n^3-1} = \frac{2}{13}$

이므로

(준식) $= \displaystyle\lim_{n \to \infty} \frac{1}{(n^2+1)a_n} \times \lim_{n \to \infty} \frac{(2n+1)(n^2+1)}{13n^3-1}$

$= 65 \times \dfrac{2}{13} = 10$

다른 풀이

$(n^2+1)a_n = b_n$ 이라 하면

$a_n = \dfrac{b_n}{n^2+1}$ 이고 $\displaystyle\lim_{n \to \infty} b_n = \frac{1}{65}$ 이다.

따라서

$\displaystyle\lim_{n \to \infty} \frac{2n+1}{(13n^3-1)a_n} = \lim_{n \to \infty} \frac{2n+1}{(13n^3-1) \times \dfrac{b_n}{n^2+1}}$

$= \displaystyle\lim_{n \to \infty} \frac{(2n+1)(n^2+1)}{13n^3-1} \times \frac{1}{b_n}$

$= \dfrac{2}{13} \times 65 = 10$

| 003 | 정답 13

등차수열 $\{a_n\}$의 공차를 d라 하면 일반항은
$a_n = a_1 + (n-1)d$이므로
$(a_{n+1})^2 - (a_n)^2 = (a_{n+1} + a_n)(a_{n+1} - a_n)$
$\qquad\qquad\qquad = d\{2a_1 + (2n-1)d\}$
이때,
$$\lim_{n \to \infty} \frac{(a_{n+1})^2 - (a_n)^2}{a_n} = \lim_{n \to \infty} \frac{d\{2a_1 + (2n-1)d\}}{a_1 + (n-1)d}$$
$$= \frac{2d^2}{d} = 2d = 4$$
이어야 하므로
$d = 2$
$\therefore a_7 = 1 + 6 \times 2 = 13$

| 004 | 정답 ⑤

이차함수
$y = x^2 - 4nx + 5n^2 + 3n = (x - 2n)^2 + n^2 + 3n$의
그래프의 꼭짓점의 좌표는 $(2n,\ n^2 + 3n)$이므로
$x_n = 2n,\ y_n = n^2 + 3n$
따라서
$$\lim_{n \to \infty} \frac{(2n+1)x_n}{y_n} = \lim_{n \to \infty} \frac{(2n+1) \times 2n}{n^2 + 3n}$$
$$= \lim_{n \to \infty} \frac{4n^2 + 2n}{n^2 + 3n}$$
$$= \lim_{n \to \infty} \frac{4 + \dfrac{2}{n}}{1 + \dfrac{3}{n}} = \frac{4+0}{1+0} = 4$$

| 005 | 정답 17

S_n은 한 변의 길이가 n인
정사각형의 넓이에서 반지름의
길이가 n인 사분원의 넓이를 뺀
것과 같다.

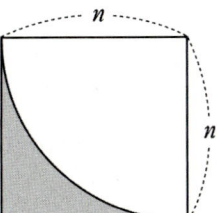

따라서 $S_n = n^2 - \dfrac{n^2}{4}\pi$
$\lim\limits_{n \to \infty} \dfrac{S_n}{n^2 + 1} = \dfrac{4 - \pi}{4}$이므로
$a = 4,\ b = -1$
$\therefore\ a^2 + b^2 = 17$

| 006 | 정답 ④

$a_1 = S_1 = 3$
$n \geq 2$일 때
$a_n = S_n - S_{n-1}$
$\quad = (n^2 + 2n) - \{(n-1)^2 + 2(n-1)\}$
$\quad = 2n + 1$
$$\therefore \lim_{n \to \infty} \frac{na_n}{S_n} = \lim_{n \to \infty} \frac{n(2n+1)}{n^2 + 2n} = \lim_{n \to \infty} \frac{2 + \dfrac{1}{n}}{1 + \dfrac{2}{n}} = 2$$

| 007 | 정답 ③

직선 $y = n$과 곡선 $y = \dfrac{1}{x}$이 만나려면
$n = \dfrac{1}{x} \Rightarrow x = \dfrac{1}{n}$이므로
점 P_n의 좌표는 $\mathrm{P}_n\!\left(\dfrac{1}{n},\ n\right)$이다.
직선 $y = n$과 곡선 $y = \dfrac{2}{x-3}$가 만나려면
$n = \dfrac{2}{x-3} \Rightarrow x = \dfrac{2}{n} + 3$이므로
점 Q_n의 좌표는 $\mathrm{Q}_n\!\left(\dfrac{2}{n} + 3,\ n\right)$이다.
그러므로 $\overline{\mathrm{P}_n\mathrm{Q}_n} = \dfrac{2}{n} + 3 - \dfrac{1}{n} = \dfrac{1}{n} + 3 = \dfrac{3n+1}{n}$이고
삼각형 $\mathrm{OP}_n\mathrm{Q}_n$의 밑변을 선분 $\mathrm{P}_n\mathrm{Q}_n$으로 두면 높이는
n이므로
삼각형 $\mathrm{OP}_n\mathrm{Q}_n$의 넓이 a_n은
$a_n = \dfrac{1}{2} \times \dfrac{3n+1}{n} \times n = \dfrac{3n+1}{2}$
$\therefore \lim\limits_{n \to \infty} \dfrac{a_n}{n} = \lim\limits_{n \to \infty} \dfrac{3n+1}{2n} = \dfrac{3}{2}$

| 008 | 정답 ④

문제에 주어진 두 부등식을 더하면
$\left(15 - \dfrac{1}{n}\right) + \left(5 - \dfrac{1}{n}\right) < 5a_n < \left(15 + \dfrac{1}{n}\right) + \left(5 + \dfrac{1}{n}\right)$
$20 - \dfrac{2}{n} < 5a_n < 20 + \dfrac{2}{n}$
이때, $\lim\limits_{n \to \infty}\left(20 - \dfrac{2}{n}\right) = \lim\limits_{n \to \infty}\left(20 + \dfrac{2}{n}\right) = 20$이므로
수열의 극한의 대소 관계에 의하여 $\lim\limits_{n \to \infty} 5a_n = 20$
따라서 $\lim\limits_{n \to \infty} a_n = 4$이다.

009 정답 ③

$f(x) = \dfrac{4x+10}{x+2} = \dfrac{4(x+2)+2}{x+2} = \dfrac{2}{x+2}+4$ 이므로

곡선 $y=f(x)$ 의 점근선의 방정식은

$x=-2,\ y=4$

$g(x) = \dfrac{8x+4}{x+1} = \dfrac{8(x+1)-4}{x+1} = -\dfrac{4}{x+1}+8$ 이므로

곡선 $y=g(x)$ 의 점근선의 방정식은 $x=-1,\ y=8$

따라서 두 함수 $y=f(x),\ y=g(x)$ 의 그래프는 다음과 같다.

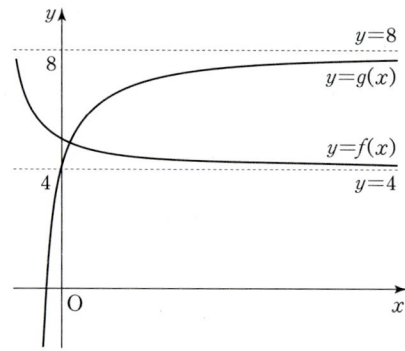

모든 자연수 n 에 대하여

$f(n) > 4$ 이고 $\lim\limits_{n\to\infty} f(n) = 4$

$g(n) < 8$ 이고 $\lim\limits_{n\to\infty} g(n) = 8$

$f(0) = 5$ 이므로 모든 자연수 n 에 대하여 $f(n) < 5$

$g(n) = -\dfrac{4}{n+1}+8 \geq 7$ 에서 $\dfrac{4}{n+1} \leq 1$, 즉 $n \geq 3$

따라서 $n \geq 3$ 일 때, $4 < f(n) < 5,\ 7 \leq g(n) < 8$ 이므로

$f(n) \leq k \leq g(n)$ 을 만족시키는 자연수 k 는 5, 6, 7이다.

즉, $a_n = 3\,(n \geq 3)$ 이므로

$\lim\limits_{n\to\infty} a_n = 3$

010 정답 ③

주어진 점화식에서

$a_2 = \dfrac{1-a_1}{1+a_1}$

$a_3 = \dfrac{1-a_2}{1+a_2} = \dfrac{1-\dfrac{1-a_1}{1+a_1}}{1+\dfrac{1-a_1}{1+a_1}} = \dfrac{\dfrac{1+a_1-1+a_1}{1+a_1}}{\dfrac{1+a_1+1-a_1}{1+a_1}} = a_1$

$a_4 = \dfrac{1-a_3}{1+a_3} = \dfrac{1-a_1}{1+a_1} = a_2$

$a_5 = \dfrac{1-a_4}{1+a_4} = \dfrac{1-a_2}{1+a_2} = a_1$

$\vdots$

이므로 $a_{2n-1} = a_1,\ a_{2n} = a_2$

이때, $\lim\limits_{n\to\infty} a_n$ 의 값이 존재하기 위해서는

$\lim\limits_{n\to\infty} a_{2n-1} = \lim\limits_{n\to\infty} a_{2n}$ 이어야 하므로 $a_1 = a_2$ 이다.

$a_1 = \dfrac{1-a_1}{1+a_1} \Rightarrow (a_1)^2 + 2a_1 - 1 = 0$

따라서 모든 a_1 의 값의 합은 근과 계수의 관계에 의하여 -2 이다.

011 정답 ③

선분 AB를 $2:1$로 내분하는 점이 P_1 이므로

점 P_1 의 좌표는 $P_1\left(\dfrac{2\times0+1\times3}{2+1},\ \dfrac{2\times3+1\times0}{2+1} \right)$

$\Rightarrow P_1(1, 2)$

또한 선분 OP_1 의 중점이 Q_1 이므로 점 Q_1 의 좌표는

$Q_1\left(\dfrac{0+1}{2},\ \dfrac{0+2}{2} \right) \Rightarrow Q_1\left(\dfrac{1}{2}, 1 \right)$

따라서 $a_1 = \dfrac{1}{2}$ 이다.

점 Q_n 의 x 좌표가 a_n 이면

점 P_{n+1} 의 x 좌표는 $\dfrac{2\times a_n + 1\times3}{2+1} = \dfrac{2a_n+3}{3}$ 이고

점 Q_{n+1} 의 x 좌표는 $\dfrac{2a_n+3}{6}$ 이다.

즉, $a_{n+1} = \dfrac{1}{3}a_n + \dfrac{1}{2}$ 이다.   ……㉠

$\lim\limits_{n\to\infty} a_n = \alpha$ 라 할 때, $\lim\limits_{n\to\infty} a_{n+1} = \alpha$ 이므로

㉠의 양변에 극한을 취하면 $\alpha = \dfrac{1}{3}\alpha + \dfrac{1}{2}$

$\therefore \lim\limits_{n\to\infty} a_n = \dfrac{3}{4}$

012 정답 ③

점 A를 지나고 기울기가 $\dfrac{1}{n}$ 인 직선의 방정식은

$y = \dfrac{1}{n}(x+1)$ 이고, 선분 AB는 원 $x^2+y^2=1$ 의

지름이므로 $\angle AP_nB = 90°$ 이다.

따라서 직선 BP_n 의 방정식은 $y = -n(x-1)$ 이다.

이때 점 P_n 이 두 직선 AP_n 과 BP_n 의 교점이므로

점 P_n 의 x 좌표는 방정식 $\dfrac{1}{n}(x+1) = -n(x-1)$ 의 해이다.

방정식 $\dfrac{1}{n}(x+1)=-n(x-1)$에서 $x=\dfrac{n^2-1}{n^2+1}$이므로

점 P_n의 좌표는 $\left(\dfrac{n^2-1}{n^2+1},\ \dfrac{2n}{n^2+1}\right)$이다.

따라서 $\overline{\mathrm{AP}_n}=\dfrac{2n}{\sqrt{n^2+1}}$, $\overline{\mathrm{BP}_n}=\dfrac{2}{\sqrt{n^2+1}}$ 이고,

삼각형 ABP_n에서

$\dfrac{1}{2}\times 2\times \dfrac{2n}{n^2+1}=\dfrac{1}{2}\times a_n\times\left(2+\dfrac{2n}{\sqrt{n^2+1}}+\dfrac{2}{\sqrt{n^2+1}}\right)$

$\Rightarrow a_n=\dfrac{2n}{(n+1)\sqrt{n^2+1}+n^2+1}$

$\therefore \lim\limits_{n\to\infty}na_n=\lim\limits_{n\to\infty}\dfrac{2n^2}{(n+1)\sqrt{n^2+1}+n^2+1}$

$\qquad\qquad\quad =\dfrac{2}{1+1}=1$

다른 풀이

점 P_n에서 x축에 내린 수선의 발을 H_n이라 할 때

직선 AP_n의 기울기가 $\dfrac{1}{n}$이므로

$\overline{\mathrm{AH}_n}:\overline{\mathrm{H}_n\mathrm{P}_n}=n:1$이다.

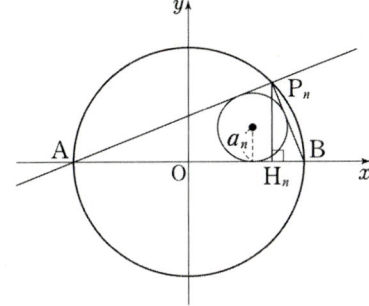

선분 AB는 원 $x^2+y^2=1$의 지름이므로 삼각형 $\mathrm{AP}_n\mathrm{B}$는 $\angle \mathrm{AP}_n\mathrm{B}=90°$인 직각삼각형이다.

즉, 두 삼각형 $\mathrm{AH}_n\mathrm{P}_n$, $\mathrm{AP}_n\mathrm{B}$는 서로 닮음이므로

$\overline{\mathrm{AP}_n}:\overline{\mathrm{AH}_n}=\overline{\mathrm{AB}}:\overline{\mathrm{AP}_n}$에서 $\sqrt{n^2+1}:n=2:\overline{\mathrm{AP}_n}$이다.

따라서 $\overline{\mathrm{AP}_n}=\dfrac{2n}{\sqrt{n^2+1}}$ 이다.

$\overline{\mathrm{AP}_n}:\overline{\mathrm{H}_n\mathrm{P}_n}=\overline{\mathrm{AB}}:\overline{\mathrm{P}_n\mathrm{B}}$에서

$\sqrt{n^2+1}:1=2:\overline{\mathrm{P}_n\mathrm{B}}$이므로

$\overline{\mathrm{P}_n\mathrm{B}}=\dfrac{2}{\sqrt{n^2+1}}$이다.

이때 삼각형 ABP_n에서

$\dfrac{1}{2}\times\overline{\mathrm{AP}_n}\times\overline{\mathrm{P}_n\mathrm{B}}=\dfrac{1}{2}a_n(\overline{\mathrm{AB}}+\overline{\mathrm{AP}_n}+\overline{\mathrm{P}_n\mathrm{B}})$이므로

$\dfrac{2n}{n^2+1}=a_n\times\left(\dfrac{n+1}{\sqrt{n^2+1}}+1\right)$

$\Rightarrow a_n=\dfrac{2n}{(n+1)\sqrt{n^2+1}+n^2+1}$

$\therefore \lim\limits_{n\to\infty}na_n=\lim\limits_{n\to\infty}\dfrac{2n^2}{(n+1)\sqrt{n^2+1}+n^2+1}$

$\qquad\qquad\quad =\dfrac{2}{1+1}=1$

| 013 | 정답 2

등비수열 $\{a_n\}$의 첫째항을 $a\,(a\neq 0)$, 공비를 $r\,(r>1)$라 하면

$a_n=ar^{n-1}$, $S_n=\dfrac{a(r^n-1)}{r-1}$

따라서

$\lim\limits_{n\to\infty}\dfrac{a_n}{S_n}=\lim\limits_{n\to\infty}\dfrac{ar^{n-1}}{\dfrac{a(r^n-1)}{r-1}}=\lim\limits_{n\to\infty}\dfrac{r^n-r^{n-1}}{r^n-1}$

$\qquad\quad =\lim\limits_{n\to\infty}\dfrac{1-\dfrac{1}{r}}{1-\dfrac{1}{r^n}}=1-\dfrac{1}{r}$

그러므로 $1-\dfrac{1}{r}=\dfrac{1}{2}$에서 $r=2$

| 014 | 정답 ④

$f(x)=\begin{cases}\lim\limits_{n\to\infty}\dfrac{2x^{n+1}+x}{x^n+2} & (x\neq -1)\\ -2 & (x=-1)\end{cases}$에서

(i) $|x|>1$일 때, $f(x)=2x$

(ii) $|x|<1$일 때, $f(x)=\dfrac{x}{2}$

(iii) $x=1$일 때, $f(x)=1$

(iv) $x=-1$일 때, $f(x)=-2$이므로

함수 $y=f(x)$의 그래프는 다음과 같다.

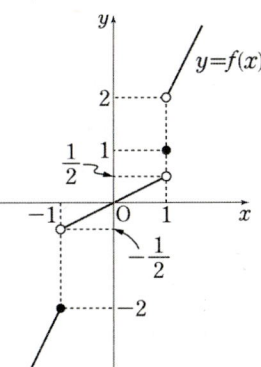

따라서 $\lim\limits_{x\to c-}f(x)<f(c)$를 만족시키는 상수 c의 값은

1이다.

| 015 | 정답 14

(i) $1 \leq k < 4$일 때, $\dfrac{4}{k} > 1$이므로

$$a_k = \lim_{n \to \infty} \frac{\left(\dfrac{4}{k}\right)^{n+1} \times k}{\left(\dfrac{4}{k}\right)^n + 1} = \lim_{n \to \infty} \frac{\left(\dfrac{4}{k}\right)^n \times \dfrac{4}{k} \times k}{\left(\dfrac{4}{k}\right)^n + 1}$$

$$= \frac{4}{k} \times k = 4$$

(ii) $k = 4$일 때, $\dfrac{4}{k} = 1$이므로

$$a_4 = \lim_{n \to \infty} \frac{1 \times 4}{1 + 1} = 2$$

(iii) $k > 4$일 때, $\dfrac{4}{k} < 1$이므로 $\displaystyle\lim_{n \to \infty} \frac{4}{k} = 0$

$$\therefore a_k = \lim_{n \to \infty} \frac{\left(\dfrac{4}{k}\right)^{n+1} \times k}{\left(\dfrac{4}{k}\right)^n + 1} = \frac{0}{0+1} = 0$$

따라서 $a_1 = 4$, $a_2 = 4$, $a_3 = 4$, $a_4 = 2$, $a_5 = 0$, $a_6 = 0$, $\cdots$, $a_{10} = 0$이므로

$$\sum_{k=1}^{10} a_k = 14$$

| 016 | 정답 38

(i) $0 < x < 1$일 때, $\displaystyle\lim_{n \to \infty} x^n = 0$이므로

$$\lim_{n \to \infty} \frac{x^{n+1} + 3x - 2}{2x^n + 1} = 3x - 2 = \frac{2}{3}$$

$$\Rightarrow x = \frac{8}{9}$$

(ii) $x = 1$일 때, $\displaystyle\lim_{n \to \infty} \frac{x^{n+1} + 3x - 2}{2x^n + 1} = \frac{2}{3}$가 성립한다.

$$\Rightarrow x = 1$$

(iii) $x > 1$일 때, $\displaystyle\lim_{n \to \infty} x^n = \infty$이므로

$$\lim_{n \to \infty} \frac{x^{n+1} + 3x - 2}{2x^n + 1} = \lim_{n \to \infty} \frac{x + \dfrac{3}{x^{n-1}} - \dfrac{2}{x^n}}{2 + \dfrac{1}{x^n}}$$

$$= \frac{x}{2} = \frac{2}{3}$$

$$\Rightarrow x = \frac{4}{3}$$

(i), (ii), (iii)에서 구하는 x의 값의 합은

$$\frac{8}{9} + 1 + \frac{4}{3} = \frac{29}{9}$$

$$\therefore p + q = 9 + 29 = 38$$

| 017 | 정답 ②

$\displaystyle\sum_{k=1}^{n} a_k = 2\{(-2)^n - 1\}$에서 수열 $\{a_n\}$의 일반항은

$$a_n = 2\{(-2)^n - 1\} - 2\{(-2)^{n-1} - 1\}$$
$$= 2(-2)^{n-1} \times (-2 - 1)$$
$$= 3 \times (-2)^n \ (\text{단}, \ n \geq 2)$$

이때, $\displaystyle\sum_{k=1}^{1} a_k = 2\{(-2)^1 - 1\} = -6 = a_1$이므로

$$\Rightarrow a_n = 3 \times (-2)^n \ (n \geq 1)$$

이때, $a_{2n+1} = (-6) \times 4^n$, $a_{2n} = 3 \times 4^n$,

$(a_n)^2 = 9 \times 4^n$이므로

$$\lim_{n \to \infty} \frac{a_{2n} - a_{2n+1}}{(a_n)^2 + 1} = \lim_{n \to \infty} \frac{3 \times 4^n - (-6) \times 4^n}{9 \times 4^n + 1} = 1$$

| 018 | 정답 ②

첫째항이 2인 등비수열 $\{a_n\}$에 대하여 공비가 1이면 $S_n = 2n \ (n \geq 1)$이다.

$\displaystyle\lim_{n \to \infty} \frac{S_n - a_n}{a_n} = \lim_{n \to \infty} \frac{2n - 2}{2}$는 발산하므로 조건을 만족시키지 못한다.

따라서 등비수열 $\{a_n\}$의 공비를 $r \ (r \neq 1)$라 하면

$a_n = 2r^{n-1} \ (n \geq 1)$이고 $S_n = \dfrac{2(r^n - 1)}{r - 1}$이다.

$$S_n - a_n = S_{n-1} = \frac{2(r^{n-1} - 1)}{r - 1} \ (n \geq 2)$$이므로

$$\lim_{n \to \infty} \frac{S_n - a_n}{a_n} = \lim_{n \to \infty} \frac{r^{n-1} - 1}{r^{n-1}(r - 1)}$$이다.

$r = -1$ 또는 $|r| < 1$이면 $\displaystyle\lim_{n \to \infty} \frac{r^{n-1} - 1}{r^{n-1}(r - 1)}$은 발산하므로 조건을 만족시키지 못한다.

$|r| > 1$이면 $\displaystyle\lim_{n \to \infty} \frac{r^{n-1} - 1}{r^{n-1}(r - 1)} = \frac{1}{r - 1} = \frac{1}{2}$에서

$r = 3$이다.

$$\therefore a_2 = 2r = 6$$

| 019 | 정답 ①

첫째항이 0이 아니고 공비가 r인 등비수열을 $\{a_n\}$이라 하자.

ㄱ. $r = 1$이면 등비수열 $\{a_n\}$의 첫째항부터 제 n항까지의 합 S_n은 $S_n = a_1 \times n = na_1$이다.

$S_{2n} = 2na_1$이므로

$$P = \lim_{n \to \infty} \frac{S_n}{S_{2n}} = \lim_{n \to \infty} \frac{na_1}{2na_1} = \frac{1}{2} \ (\text{참})$$

ㄴ. $r \neq 1$이면 등비수열 $\{a_n\}$의 첫째항부터 제 n항까지의

합 S_n은 $S_n = \dfrac{a_1(1-r^n)}{1-r}$ 이다.

$S_{2n} = \dfrac{a_1(1-r^{2n})}{1-r}$ 이므로

$P = \displaystyle\lim_{n\to\infty} \dfrac{S_n}{S_{2n}} = \lim_{n\to\infty} \dfrac{\dfrac{a_1(1-r^n)}{1-r}}{\dfrac{a_1(1-r^{2n})}{1-r}} = \lim_{n\to\infty} \dfrac{1-r^n}{1-r^{2n}}$

$= \displaystyle\lim_{n\to\infty} \dfrac{1-r^n}{(1-r^n)(1+r^n)} = \lim_{n\to\infty} \dfrac{1}{1+r^n}$

$|r| < 1$이면 $\displaystyle\lim_{n\to\infty} r^n = 0$이므로

$P = \displaystyle\lim_{n\to\infty} \dfrac{S_n}{S_{2n}} = \lim_{n\to\infty} \dfrac{1}{1+r^n} = \dfrac{1}{1+0} = 1$ (거짓)

ㄷ. ㄴ과 마찬가지로

$P = \displaystyle\lim_{n\to\infty} \dfrac{S_n}{S_{2n}} = \lim_{n\to\infty} \dfrac{1}{1+r^n}$ 이고,

$|r| > 1$이면 $\displaystyle\lim_{n\to\infty} r^n = \infty$이므로 $\displaystyle\lim_{n\to\infty} \dfrac{1}{r^n} = 0$

$P = \displaystyle\lim_{n\to\infty} \dfrac{1}{1+r^n} = \lim_{n\to\infty} \dfrac{\dfrac{1}{r^n}}{\dfrac{1}{r^n}+1} = \dfrac{0}{0+1} = 0$ (거짓)

따라서 옳은 것은 ㄱ뿐이다.

| 020 | 정답 ①

함수 $f(x) = \displaystyle\lim_{n\to\infty} \dfrac{2x^{2n-1}+ax^2+b}{x^{2n}+1}$ 에서

$|x| < 1$일 때 $\displaystyle\lim_{n\to\infty} x^n = 0$이므로

$f(x) = ax^2 + b$

$|x| > 1$일 때 $\displaystyle\lim_{n\to\infty} \dfrac{1}{x^n} = 0$이므로

$f(x) = \displaystyle\lim_{n\to\infty} \dfrac{\dfrac{2}{x}+\dfrac{a}{x^{2n-2}}+\dfrac{b}{x^{2n}}}{1+\dfrac{1}{x^{2n}}} = \dfrac{2}{x}$

$x=1$일 때 $f(1) = \dfrac{2+a+b}{2}$

$x=-1$일 때 $f(-1) = \dfrac{-2+a+b}{2}$

이때 함수 $f(x)$가 $x=1$에서 연속이려면

$\displaystyle\lim_{x\to 1-} f(x) = f(1) = \lim_{x\to 1+} f(x)$에서

$a+b = \dfrac{2+a+b}{2} = 2$이어야 하고

또한 함수 $f(x)$가 $x=-1$에서 연속이려면

$\displaystyle\lim_{x\to -1-} f(x) = f(-1) = \lim_{x\to -1+} f(x)$에서

$-2 = \dfrac{-2+a+b}{2} = a+b$이어야 한다.

한편, 함수 $g(x) = 3x^2 + ax$는 실수 전체의 집합에서
연속이므로

함수 $f(x)g(x)$가 실수 전체의 집합에서 연속이려면

(i) $a+b=2$일 때

   (즉, 함수 $f(x)$가 $x=1$에서 연속일 때)

   함수 $f(x)$는 $x=-1$에서 불연속이므로

   $g(-1) = 3-a = 0$이어야 한다.

   $\Rightarrow a=3,\ b=-1$

(ii) $a+b=-2$일 때

   (즉, 함수 $f(x)$가 $x=-1$에서 연속일 때)

   함수 $f(x)$는 $x=1$에서 불연속이므로

   $g(1) = 3+a = 0$이어야 한다.

   $\Rightarrow a=-3,\ b=1$

(iii) $a+b \neq 2$이고 $a+b \neq -2$일 때

   함수 $f(x)$가 $x=1$, $x=-1$에서 모두 불연속이면

   $g(1) = 0$, $g(-1) = 0$을 모두 만족시켜야 하는데

   $3-a=0$이면서 $3+a=0$인 a의 값은 존재하지

   않는다.

따라서 (i), (ii), (iii)에서 $a^2 + b^2 = 10$이다.

2일차   본문 p.16~26

| SPEED CHECK |

021 ③	**022** ③	**023** 5	**024** ③
025 ④	**026** ①	**027** 7	**028** ④
029 ①	**030** ④	**031** 21	**032** 5
033 ④	**034** ⑤	**035** ④	**036** ⑤
037 ④	**038** ⑤	**039** ②	**040** ⑤
041 ③	**042** ④		

| 021 | 정답 ③

$\displaystyle\sum_{n=1}^{\infty} \left(\dfrac{a_n}{n} - 2 \right) = 5$이므로 $\displaystyle\lim_{n\to\infty} \left(\dfrac{a_n}{n} - 2 \right) = 0$

$\therefore \displaystyle\lim_{n\to\infty} \dfrac{a_n}{n} = 2$

$\therefore \displaystyle\lim_{n\to\infty} \dfrac{5a_n+2n}{n} = 5\lim_{n\to\infty} \dfrac{a_n}{n} + \lim_{n\to\infty} 2$

$\qquad\qquad = 5\times 2 + 2 = 12$

| 022 | 정답 ③

$$\lim_{n \to \infty}\left(\frac{a_1}{4}+\frac{a_2}{4^2}+\frac{a_3}{4^3}+\cdots+\frac{a_n}{4^n}-\frac{n}{3}\right)=5\text{에서}$$

$$\lim_{n \to \infty}\sum_{k=1}^{n}\left(\frac{a_k}{4^k}-\frac{1}{3}\right)=\sum_{n=1}^{\infty}\left(\frac{a_n}{4^n}-\frac{1}{3}\right)=5\text{이므로}$$

$$\lim_{n \to \infty}\left(\frac{a_n}{4^n}-\frac{1}{3}\right)=0 \Rightarrow \lim_{n \to \infty}\frac{a_n}{4^n}=\frac{1}{3}$$

$$\therefore \lim_{n \to \infty}\frac{4a_n+3^n}{3\times 4^n+1}=\lim_{n \to \infty}\frac{4\times\dfrac{a_n}{4^n}+\left(\dfrac{3}{4}\right)^n}{3+\left(\dfrac{1}{4}\right)^n}$$

$$=\frac{4\times\dfrac{1}{3}+0}{3+0}=\frac{4}{9}$$

| 023 | 정답 5

$x^2-2nx+n^2-1=\{x-(n-1)\}\{x-(n+1)\}=0\text{에서}$
$\Rightarrow \alpha_n=n-1, \beta_n=n+1\ (\because \alpha_n<\beta_n)$
따라서 구하고자 하는 값은

$$\sum_{n=2}^{\infty}\left(\frac{1}{\alpha_n}-\frac{1}{\beta_n}\right)=\sum_{n=2}^{\infty}\left(\frac{1}{n-1}-\frac{1}{n+1}\right)$$

$$=\lim_{n \to \infty}\left\{\left(1-\frac{1}{3}\right)+\left(\frac{1}{2}-\frac{1}{4}\right)+\left(\frac{1}{3}-\frac{1}{5}\right)+\right.$$

$$\left.\cdots+\left(\frac{1}{n-2}-\frac{1}{n}\right)+\left(\frac{1}{n-1}-\frac{1}{n+1}\right)\right\}$$

$$=\lim_{n \to \infty}\left(1+\frac{1}{2}-\frac{1}{n}-\frac{1}{n+1}\right)=\frac{3}{2}$$

$$\therefore p+q=5$$

다른 풀이

이차방정식 $x^2-2nx+n^2-1=0$에서
근과 계수의 관계에 의하여
$\alpha_n+\beta_n=2n, \alpha_n\beta_n=n^2-1$
이때,
$(\beta_n-\alpha_n)^2=(\alpha_n+\beta_n)^2-4\alpha_n\beta_n$
$\qquad\qquad=(2n)^2-4\times(n^2-1)=4$
이므로
$\beta_n-\alpha_n=2\ (\because \alpha_n<\beta_n)$

$$\sum_{n=2}^{\infty}\left(\frac{1}{\alpha_n}-\frac{1}{\beta_n}\right)=\sum_{n=2}^{\infty}\frac{\beta_n-\alpha_n}{\alpha_n\beta_n}$$

$$=\sum_{n=2}^{\infty}\frac{2}{n^2-1}=\sum_{n=2}^{\infty}\left(\frac{1}{n-1}-\frac{1}{n+1}\right)$$

$$=\lim_{n \to \infty}\left(1+\frac{1}{2}-\frac{1}{n}-\frac{1}{n+1}\right)=\frac{3}{2}$$

$$\therefore p+q=5$$

| 024 | 정답 ③

두 곡선 $y=nx^2$, $y=n^2x^2$의 그래프는 다음과 같다.

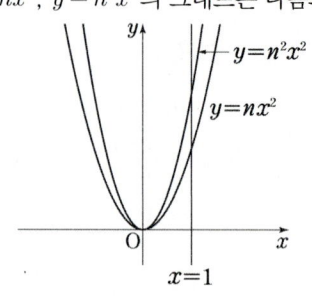

$$S_n=\int_0^1(n^2x^2-nx^2)dx=(n^2-n)\int_0^1 x^2 dx$$

$$=(n^2-n)\left[\frac{x^3}{3}\right]_0^1=\frac{n(n-1)}{3}$$

$$\therefore \sum_{n=2}^{\infty}\frac{1}{S_n}=3\sum_{n=2}^{\infty}\frac{1}{n(n-1)}=3\sum_{n=2}^{\infty}\left(\frac{1}{n-1}-\frac{1}{n}\right)$$

$$=3\lim_{n \to \infty}\left\{\left(1-\frac{1}{2}\right)+\left(\frac{1}{2}-\frac{1}{3}\right)+\cdots\right.$$

$$\left.+\left(\frac{1}{n-1}-\frac{1}{n}\right)\right\}$$

$$=3\times\lim_{n \to \infty}\left(1-\frac{1}{n}\right)=3$$

| 025 | 정답 ④

$$\sum_{k=1}^{n}\frac{1}{4k^2-1}=\sum_{k=1}^{n}\frac{1}{(2k-1)(2k+1)}$$

$$=\frac{1}{2}\sum_{k=1}^{n}\left(\frac{1}{2k-1}-\frac{1}{2k+1}\right)$$

$$=\frac{1}{2}\left\{\left(\frac{1}{1}-\frac{1}{3}\right)+\left(\frac{1}{3}-\frac{1}{5}\right)+\cdots\right.$$

$$\left.+\left(\frac{1}{2n-1}-\frac{1}{2n+1}\right)\right\}$$

$$=\frac{1}{2}\left(1-\frac{1}{2n+1}\right)$$

이므로

$$\sum_{n=1}^{\infty}\frac{a}{4n^2-1}=\lim_{n \to \infty}\sum_{k=1}^{n}\frac{a}{4k^2-1}$$

$$=\frac{a}{2}\lim_{n \to \infty}\left(1-\frac{1}{2n+1}\right)$$

$$=\frac{a}{2}(1-0)$$

$$=\frac{a}{2}$$

따라서 $\dfrac{a}{2}=4$에서

$a=8$

026 정답 ①

원 $(x+n)^2+(y+n)^2=25$의 중심 $(-n, -n)$과
점 $A(2n, 3n)$ 사이의 거리는
$$\sqrt{(-n-2n)^2+(-n-3n)^2}=5n$$
원 $(x+n)^2+(y+n)^2=25$의 반지름의 길이가 5이므로
$a_n=5n+5$

$$\therefore \sum_{n=1}^{\infty}\frac{20}{na_n}=\sum_{n=1}^{\infty}\frac{20}{n(5n+5)}$$
$$=4\sum_{n=1}^{\infty}\frac{1}{n(n+1)}$$
$$=4\sum_{n=1}^{\infty}\left(\frac{1}{n}-\frac{1}{n+1}\right)$$
$$=4\lim_{n\to\infty}\sum_{k=1}^{n}\left(\frac{1}{k}-\frac{1}{k+1}\right)$$
$$=4\lim_{n\to\infty}\left(\frac{1}{1}-\frac{1}{n+1}\right)$$
$$=4(1-0)=4$$

027 정답 7

$$\sum_{n=1}^{\infty}a_n=\lim_{n\to\infty}\sum_{k=1}^{n}a_k=\lim_{n\to\infty}\frac{n}{3-2n}=-\frac{1}{2}$$
$$\sum_{n=1}^{\infty}a_{n+1}=\lim_{n\to\infty}\sum_{k=1}^{n}a_{k+1}$$
$$=\lim_{n\to\infty}\left(\sum_{k=1}^{n}a_k+a_{n+1}-a_1\right)$$
$$=\lim_{n\to\infty}\sum_{k=1}^{n}a_k+\lim_{n\to\infty}a_{n+1}-a_1$$
$$=\left(-\frac{1}{2}\right)+0-1=-\frac{3}{2} \ (\because \ a_1=1)$$
$$\therefore \sum_{n=1}^{\infty}(a_n-5a_{n+1})=\sum_{n=1}^{\infty}a_n-5\sum_{n=1}^{\infty}a_{n+1}$$
$$=\left(-\frac{1}{2}\right)-5\times\left(-\frac{3}{2}\right)=7$$

028 정답 ④

$\sin\theta=-\dfrac{\sqrt{3}}{2}$을 만족시키는 양수 θ의 최솟값은
$\dfrac{4}{3}\pi$이므로 방정식 $\sin(5^n x)=-\dfrac{\sqrt{3}}{2}$의 양의 실근의
최솟값은 $5^n x=\dfrac{4}{3}\pi$에서 $x=\dfrac{4}{3}\pi\times\dfrac{1}{5^n}$

따라서 $a_n=\dfrac{4}{3}\pi\times\dfrac{1}{5^n}$이므로
$$\sum_{n=1}^{\infty}a_n=\frac{\dfrac{4}{3}\pi\times\dfrac{1}{5}}{1-\dfrac{1}{5}}=\frac{\pi}{3}$$

029 정답 ①

(i) n이 홀수일 때
$(-3)^{n-1}$의 n제곱근 중 실수인 것은 1개이다.
즉, $a_n=1$ (n은 홀수)
(ii) n이 짝수일 때
$(-3)^{n-1}$은 음수이므로
$(-3)^{n-1}$의 n제곱근 중 실수인 것은 없다.
즉, $a_n=0$ (n은 짝수)
따라서 $n\geq 3$일 때
수열 $\left\{\dfrac{a_n}{2^n}\right\}$은 $\dfrac{1}{2^3}$, $\dfrac{0}{2^4}$, $\dfrac{1}{2^5}$, $\dfrac{0}{2^6}$, $\cdots$ 이므로
급수 $\displaystyle\sum_{n=3}^{\infty}\dfrac{a_n}{2^n}$은 첫째항이 $\dfrac{1}{8}$이고 공비가 $\dfrac{1}{4}$인 등비급수의
합과 같다.
$$\therefore \sum_{n=3}^{\infty}\frac{a_n}{2^n}=\frac{\dfrac{1}{8}}{1-\dfrac{1}{4}}=\frac{1}{6}$$

030 정답 ④

등비급수 $\displaystyle\sum_{n=1}^{\infty}r^n$이 수렴하므로
$-1<r<1$ ......㉠
ㄱ. $\displaystyle\sum_{n=1}^{\infty}(-r)^n$은 공비가 $-r$인 등비급수이고
㉠에서 $-1<-r<1$이므로 주어진 등비급수는 항상
수렴한다.
ㄴ. [반례] $r=0$인 경우 $r^n=0$이므로
등비급수 $\displaystyle\sum_{n=1}^{\infty}r^n$은 0으로 수렴하지만
$\displaystyle\sum_{n=1}^{\infty}\left(\frac{1}{r+1}\right)^n=\sum_{n=1}^{\infty}1^n=\sum_{n=1}^{\infty}1=\infty$이므로 발산한다.
ㄷ. $\displaystyle\sum_{n=1}^{\infty}2r^{2n}=\sum_{n=1}^{\infty}2(r^2)^n$은 공비가 r^2인 등비급수이고
㉠에서 $0\leq r^2<1$이므로 주어진 등비급수는 항상
수렴한다.
따라서 주어진 급수 중 항상 수렴하는 것은 ㄱ, ㄷ이다.

031 〔정답 21〕

두 점 $A_n(a^n,\, a^{2n})$, $B_n\left(a^n,\, \dfrac{a^{2n}}{4}\right)$에 대하여

$$\overline{A_nB_n}=a^{2n}-\frac{a^{2n}}{4}=\frac{3a^{2n}}{4}$$

또한, 점 C_n의 x좌표를 $c\,(c>0)$라 하면
점 C_n의 y좌표는

$$\frac{1}{4}c^2=a^{2n}\ \Rightarrow\ c=2a^n$$

$$\overline{A_nC_n}=2a^n-a^n=a^n$$

따라서 삼각형 $A_nB_nC_n$의 넓이는

$$S_n=\frac{1}{2}\times\overline{A_nB_n}\times\overline{A_nC_n}=\frac{1}{2}\times\frac{3a^{2n}}{4}\times a^n=\frac{3a^{3n}}{8}\ \text{이므로}$$

$$\sum_{n=1}^{\infty}\frac{1}{S_n}=\frac{8}{3}\sum_{n=1}^{\infty}\frac{1}{a^{3n}}=\frac{8}{3}\times\frac{\dfrac{1}{a^3}}{1-\dfrac{1}{a^3}}=\frac{2}{15}\ \text{에서}$$

$$\frac{8}{3}\times\frac{1}{a^3}=\frac{2}{15}\times\left(1-\frac{1}{a^3}\right)$$

양변에 $\dfrac{15a^3}{2}$을 곱하면 $20=a^3-1$이다.

$$\therefore\ a^3=21$$

032 〔정답 5〕

$$\sum_{n=1}^{\infty}\left\{a_n+3^{-n}-\frac{1}{n(n+1)}\right\}=\alpha\ \text{에서}$$

$$\lim_{n\to\infty}\left\{a_n+3^{-n}-\frac{1}{n(n+1)}\right\}=0$$

이므로

$$\lim_{n\to\infty}a_n=\lim_{n\to\infty}\left[\left\{a_n+3^{-n}-\frac{1}{n(n+1)}\right\}\right.$$
$$\left.-\left\{3^{-n}-\frac{1}{n(n+1)}\right\}\right]$$
$$=\lim_{n\to\infty}\left\{a_n+3^{-n}-\frac{1}{n(n+1)}\right\}$$
$$-\lim_{n\to\infty}3^{-n}+\lim_{n\to\infty}\frac{1}{n(n+1)}$$
$$=0-0+0=0$$

따라서

$$\alpha=\lim_{n\to\infty}\left(a_n+\frac{2n}{n+1}\right)$$
$$=\lim_{n\to\infty}a_n+\lim_{n\to\infty}\frac{2n}{n+1}$$
$$=0+\lim_{n\to\infty}\frac{2}{1+\dfrac{1}{n}}=0+2=2$$

이므로

$$\sum_{n=1}^{\infty}\left\{a_n+3^{-n}-\frac{1}{n(n+1)}\right\}=2 \qquad\qquad \cdots\cdots\ \text{㉠}$$

이때

$$\sum_{n=1}^{\infty}3^{-n}=\frac{\dfrac{1}{3}}{1-\dfrac{1}{3}}=\frac{1}{2},$$

$$\sum_{n=1}^{\infty}\frac{1}{n(n+1)}=\lim_{n\to\infty}\sum_{k=1}^{n}\frac{1}{k(k+1)}$$
$$=\lim_{n\to\infty}\sum_{k=1}^{n}\left(\frac{1}{k}-\frac{1}{k+1}\right)$$
$$=\lim_{n\to\infty}\left(1-\frac{1}{n+1}\right)=1$$

이므로 ㉠에서

$$\sum_{n=1}^{\infty}a_n+\sum_{n=1}^{\infty}3^{-n}-\sum_{n=1}^{\infty}\frac{1}{n(n+1)}=\sum_{n=1}^{\infty}a_n+\frac{1}{2}-1=2$$

$$\therefore\ \sum_{n=1}^{\infty}a_n=\frac{5}{2}$$

$$\therefore\ \alpha\times\sum_{n=1}^{\infty}a_n=2\times\frac{5}{2}=5$$

033 〔정답 ④〕

조건 (가)에서

$$\lim_{n\to\infty}\left(\frac{b_1}{2}+\frac{b_2}{2^2}+\frac{b_3}{2^3}+\cdots+\frac{b_n}{2^n}-3n\right)=\lim_{n\to\infty}\sum_{k=1}^{n}\left(\frac{b_k}{2^k}-3\right)$$
$$=\sum_{n=1}^{\infty}\left(\frac{b_n}{2^n}-3\right)$$

이므로 급수 $\displaystyle\sum_{n=1}^{\infty}\left(\frac{b_n}{2^n}-3\right)$이 수렴한다.

따라서 $\displaystyle\lim_{n\to\infty}\left(\frac{b_n}{2^n}-3\right)=0$이므로 $\displaystyle\lim_{n\to\infty}\frac{b_n}{2^n}=3$이다.

조건 (나)에서 $\displaystyle\lim_{n\to\infty}\left(\frac{1}{2}\right)^n=0$이므로

$$\left|\sum_{k=1}^{n}a_k-\frac{b_n}{2^n}\right|<\left(\frac{1}{2}\right)^n,\ -\left(\frac{1}{2}\right)^n<\sum_{k=1}^{n}a_k-\frac{b_n}{2^n}<\left(\frac{1}{2}\right)^n$$

에서 $\displaystyle\lim_{n\to\infty}\left(\sum_{k=1}^{n}a_k-\frac{b_n}{2^n}\right)=0$이다.

이때, $\displaystyle\lim_{n\to\infty}\frac{b_n}{2^n}=3$이므로 $\displaystyle\lim_{n\to\infty}\sum_{k=1}^{n}a_k=\sum_{n=1}^{\infty}a_n=3$이다.

수열 $\{a_n\}$은 $a_1=2$인 등비수열이므로 공비를
$r\,(-1<r<1)$라 하면

$$\frac{2}{1-r}=3\ \text{에서}\ r=\frac{1}{3}\ \text{이다.}$$

즉, $a_n=2\times\left(\dfrac{1}{3}\right)^{n-1}$이므로 $a_m<\dfrac{1}{100}$을 만족시키는
자연수 m의 최솟값은 6이다.

034 정답 ⑤

삼각형 OA_0B_0는 정삼각형이므로
점 B_1은 선분 OB_0의 중점이고
직선 A_0B_0과 직선 A_1B_1이 평행하므로
점 A_1은 선분 OA_0의 중점이다.

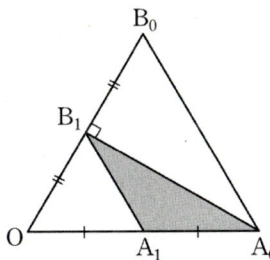

(삼각형 OA_0B_0의 넓이)$\times \dfrac{1}{4}$

$=$(삼각형 OA_1B_1의 넓이)

$=$(삼각형 $A_0B_1A_1$의 넓이) $(\because \overline{OA_1}=\overline{A_1A_0})$

따라서 삼각형 $A_0B_1A_1$의 넓이는

$$S_1 = \frac{1}{4}\times\left(\frac{\sqrt{3}}{4}\times 2^2\right)=\frac{\sqrt{3}}{4}$$

한편, 두 삼각형 $A_0B_1A_1$, $A_1B_2A_2$는 닮은 도형이고
위에서와 마찬가지 이유로 점 A_2는 선분 OA_1의

중점이므로 $\overline{A_2A_1}=\dfrac{1}{2}$

닮음비가 $1:\dfrac{1}{2}$이므로 넓이의 비는 $1:\dfrac{1}{4}$

따라서 구하고자 하는 값은 첫째항이 $\dfrac{\sqrt{3}}{4}$이고

공비가 $\dfrac{1}{4}$인 등비급수의 합이다.

$$\therefore \sum_{n=1}^{\infty}S_n = \frac{\frac{\sqrt{3}}{4}}{1-\frac{1}{4}}=\frac{\sqrt{3}}{3}$$

035 정답 ④

그림 R_1에서 색칠된 반원의 중심을 O, 반원이 두 변 AB, AD와 접하는 점을 각각 E, F라 하자.

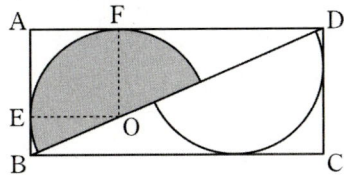

$\overline{OE}=\overline{OF}=r$라 하면
두 삼각형 BAD, OFD는 서로 닮음이므로

$\overline{BA}:\overline{OF}=\overline{AD}:\overline{FD}$에서

$1:r=2:(2-r) \Rightarrow r=\dfrac{2}{3}$

그림 R_1의 색칠된 부분의 넓이는

$\pi\left(\dfrac{2}{3}\right)^2\times\dfrac{1}{2}=\dfrac{2}{9}\pi$이다.

그림 R_2에서 새로 그려진 직사각형의 짧은 변의 길이를
x라 하면

$x^2+x^2=\left(\dfrac{2}{3}\right)^2 \Rightarrow x=\dfrac{\sqrt{2}}{3}$

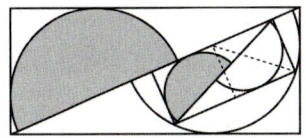

그림 R_2에서 큰 직사각형과 작은 직사각형의 닮음비가

$1:\dfrac{\sqrt{2}}{3}$이므로 넓이비는 $1:\dfrac{2}{9}$이다.

따라서 S_n은 첫째항이 $\dfrac{2}{9}\pi$, 공비가 $\dfrac{2}{9}$인 등비수열의
첫째항부터 제 n항까지의 합과 같다.

$$\therefore \lim_{n\to\infty}S_n = \frac{\frac{2}{9}\pi}{1-\frac{2}{9}}=\frac{2}{7}\pi$$

036 정답 ⑤

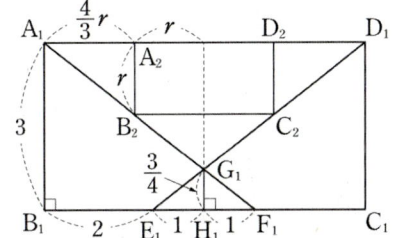

선분 A_1F_1과 D_1E_1의 교점을 G_1,
점 G_1에서 선분 E_1F_1에 내린 수선의 발을 H_1이라 하자.

$\overline{E_1F_1}=2$이고, 두 삼각형 $A_1B_1F_1$과 $G_1H_1F_1$이

닮음이므로 $\overline{G_1H_1}=\dfrac{3}{4}$이다.

$\Rightarrow S_1 = \dfrac{1}{2}\times\overline{E_1F_1}\times\overline{G_1H_1}=\dfrac{1}{2}\times 2\times\dfrac{3}{4}=\dfrac{3}{4}$

$\overline{A_2B_2}=r$라 하면 삼각형 $A_1B_1F_1$과 삼각형 $B_2A_2A_1$이

닮음이므로 $\overline{A_1A_2}=\dfrac{4}{3}r$

$\dfrac{4}{3}r+r=3$이므로 $r=\dfrac{9}{7}$

따라서 직사각형 $A_1B_1C_1D_1$과 $A_2B_2C_2D_2$의 닮음비는

$3:\dfrac{9}{7}=1:\dfrac{3}{7}$ 이므로 넓이비는 $1:\dfrac{9}{49}$ 이다.

$$\therefore \lim_{n \to \infty} S_n = \dfrac{\dfrac{3}{4}}{1-\dfrac{9}{49}} = \dfrac{3}{4} \times \dfrac{49}{40} = \dfrac{147}{160}$$

037 정답 ④

그림 R_1에서 직각삼각형 $A_1B_1E_1$에 내접하는
원의 반지름의 길이를 r라 하면 삼각형 $A_1B_1E_1$의 넓이는

$$\dfrac{1}{2}\times 3 \times 4 = \dfrac{1}{2}\times(3+4+5)\times r$$

따라서 $r=1$이므로 $S_1 = \pi$이다.

그림 R_2에서 $\overline{A_2B_2}=\overline{A_2D_2}=x$라 하면 $\overline{B_1B_2}=4-x$이고
두 직각삼각형 $A_1B_1E_1$, $B_2A_2B_1$은 서로 닮음이므로
$\overline{A_1B_1}:\overline{B_2A_2}=\overline{A_1E_1}:\overline{B_2B_1}$에서 $4:x=3:(4-x)$이다.

$4(4-x)=3x$에서 $x=\dfrac{16}{7}$이므로

두 정사각형 $A_1B_1CD_1$, $A_2B_2CD_2$의 닮음비는 $4:\dfrac{16}{7}$

즉, $7:4$이고 넓이의 비는 $49:16$이다.

따라서 첫째항이 π이고 공비가 $\dfrac{16}{49}$인 등비수열의
첫째항부터 제n항까지의 합이 S_n이므로

$$\therefore \lim_{n \to \infty} S_n = \dfrac{\pi}{1-\dfrac{16}{49}} = \dfrac{49}{33}\pi$$

038 정답 ⑤

그림과 같이 정육각형 ACDBEF는 한 변의 길이가 1이고
선분 AB를 지름으로 하는 원에 내접한다.

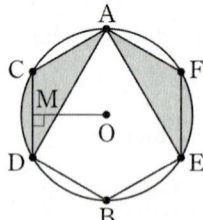

선분 AB를 지름으로 하는 원의 중심을 O라 하면,
S_1은 합동인 두 삼각형 ACD, AEF의 넓이와
중심각의 크기가 60°인 두 부채꼴 OCD, OEF에서
호 CD와 선분 CD로 둘러싸인 부분의 넓이, 호 EF와
선분 EF로 둘러싸인 부분의 넓이를 합하면 된다.
점 O에서 선분 CD에 내린 수선의 발을 M이라 할 때,

삼각형 OCD는 한 변의 길이가 1인 정삼각형이므로
$\overline{OM}=\dfrac{\sqrt{3}}{2}$이다.
즉, 삼각형 ACD는 밑변의 길이가 1이고
높이가 $\dfrac{\sqrt{3}}{2}$인 삼각형이므로
그 넓이는 삼각형 OCD의 넓이와 같고,
S_1의 값은 중심각의 크기가 60°인 두 부채꼴 OCD,
OEF의 넓이의 합과 같다.

$$S_1 = 2 \times \pi \times 1^2 \times \dfrac{60°}{360°} = \dfrac{1}{3}\pi$$

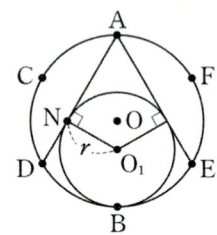

위의 그림과 같이 그림 R_2에서 새로 만들어지는 원의
중심을 O_1이라 하고 반지름의 길이를 r라 할 때,
점 O_1에서 선분 AD에 내린 수선의 발을 N이라 하자.
삼각형 ADE가 정삼각형이므로
각 O_1AN의 크기는 30°이고, $\overline{AO_1}=2r$이다.

$$2r+r=2 \Rightarrow r=\dfrac{2}{3}$$

따라서 중심이 O인 원과 중심이 O_1인 원의 닮음비는

$1:\dfrac{2}{3}$이므로 넓이의 비는 $1:\dfrac{4}{9}$이다.

즉, 구하고자 하는 값은 첫째항이 $\dfrac{1}{3}\pi$이고

공비가 $\dfrac{4}{9}$인 등비급수의 합이므로

$$\therefore \lim_{n \to \infty} S_n = \dfrac{\dfrac{1}{3}\pi}{1-\dfrac{4}{9}} = \dfrac{3}{5}\pi$$

039 정답 ②

삼각형 $D_1B_1C_1$의 넓이는

$$\dfrac{1}{2}\times 3 \times 2 \times \dfrac{\sqrt{3}}{2} = \dfrac{3\sqrt{3}}{2}$$

삼각형 $D_1B_1C_1$과 삼각형 $D_1E_1G_1$은 닮음비가 $3:2$인
닮은 도형이므로 삼각형 $D_1E_1G_1$의 넓이는

$$\dfrac{3\sqrt{3}}{2}\times \dfrac{4}{9} = \dfrac{2\sqrt{3}}{3}$$

삼각형 $D_1E_1G_1$과 삼각형 $C_1F_1G_1$은 닮음비가 $2:1$인
닮은 도형이므로 삼각형 $C_1F_1G_1$의 넓이는

$$\frac{2\sqrt{3}}{3} \times \frac{1}{4} = \frac{\sqrt{3}}{6}$$

$$\therefore S_1 = \frac{2\sqrt{3}}{3} + \frac{\sqrt{3}}{6} = \frac{5\sqrt{3}}{6}$$

그림에서 평행사변형 $AB_nC_nD_n$과 평행사변형 $AB_{n+1}C_{n+1}D_{n+1}$은 서로 닮은 도형이다.

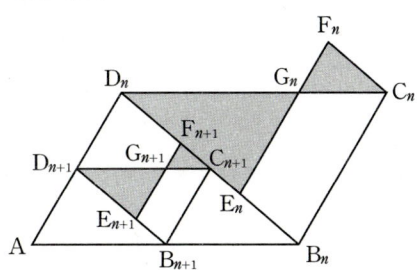

$\overline{AB_n} = a_n$이라 하면 $\overline{AB_{n+1}} = a_{n+1}$

$\overline{AB_n} : \overline{AD_n} = 3 : 2$이므로 $\overline{AD_n} = \frac{2}{3}a_n$

$\overline{AB_{n+1}} : \overline{AD_{n+1}} = 3 : 2$이므로 $\overline{AD_{n+1}} = \frac{2}{3}a_{n+1}$

$$\therefore \overline{D_nD_{n+1}} = \frac{2}{3}a_n - \frac{2}{3}a_{n+1}$$

삼각형 D_nAB_n과 삼각형 $D_nD_{n+1}C_{n+1}$은 닮은 도형이므로

$\overline{D_nA} : \overline{AB_n} = \overline{D_nD_{n+1}} : \overline{D_{n+1}C_{n+1}}$

$\frac{2}{3}a_n : a_n = \left(\frac{2}{3}a_n - \frac{2}{3}a_{n+1}\right) : a_{n+1}$,

$\frac{2}{3}a_n - \frac{2}{3}a_{n+1} = \frac{2}{3}a_{n+1}$

$$\therefore a_{n+1} = \frac{1}{2}a_n$$

따라서 수열 $\{S_n\}$은 첫째항이 $\frac{5\sqrt{3}}{6}$이고 공비가

$\left(\frac{1}{2}\right)^2 = \frac{1}{4}$인 등비수열의 첫째항부터 제 n항까지의 합이므로

$$\lim_{n\to\infty} S_n = \frac{\frac{5\sqrt{3}}{6}}{1 - \frac{1}{4}} = \frac{10\sqrt{3}}{9}$$

040 정답 ⑤

$\overline{AB_1} = 4$, $\overline{B_1B_2} = 2$, $\overline{AB_2} = 2\sqrt{3}$이므로

$\angle B_1AB_2 = 30°$이고 $\angle B_1B_2A = 90°$이다.

그림 R_n에서 새로 색칠한 부분의 넓이를 T_n이라 하면

$$\lim_{n\to\infty} S_n = \sum_{n=1}^{\infty} T_n$$

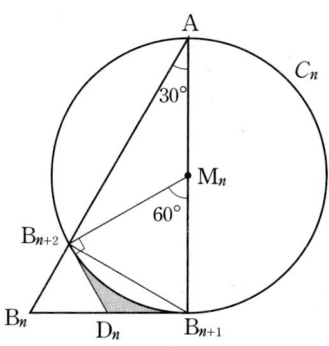

$\angle B_{n+2}AM_n = 30°$이고 중심각은 원주각의 2배이므로

$\angle B_{n+2}M_nB_{n+1} = 60°$이다.

즉, 삼각형 $M_nB_{n+2}B_{n+1}$은 정삼각형이다. ……㉠

$\overline{B_nB_{n+1}} = a_n$이라 하면 직각삼각형 AB_nB_{n+1}에서

$\overline{AB_{n+1}} = \sqrt{3}a_n$이므로 $\overline{M_nB_{n+1}} = \frac{\sqrt{3}}{2}a_n$이고 ㉠에 의하여

$$a_{n+1} = \overline{B_{n+2}B_{n+1}} = \overline{M_nB_{n+1}} = \frac{\sqrt{3}}{2}a_n$$

따라서 두 직각삼각형 AB_nB_{n+1}과 $AB_{n+1}B_{n+2}$의

닮음비는 $1 : \frac{\sqrt{3}}{2}$이므로 넓이의 비는 $1 : \frac{3}{4}$이다.

한편, 그림 R_1에서 색칠한 부분의 넓이는 삼각형 $D_1B_2B_3$의 넓이에서 호 B_2B_3과 선분 B_2B_3으로 둘러싸인 부분의 넓이를 뺀 것과 같다.

직각삼각형 $M_nB_{n+2}D_n$에서 점 D_1은 원 C_1 위의 두 점 B_2, B_3에서의 접선의 교점이므로 $\overline{D_1B_2} = \overline{D_1B_3}$이고,

직각삼각형 $M_1B_3D_1$에서 $\overline{M_1B_3} = \sqrt{3}$,

$\angle B_3M_1D_1 = 30°$이므로 $\overline{B_3D_1} = 1$이다.

따라서

$$T_1 = \frac{1}{2} \times 1 \times 1 \times \sin\frac{2}{3}\pi$$
$$- \left(\frac{1}{2} \times \sqrt{3} \times \sqrt{3} \times \frac{\pi}{3} - \frac{\sqrt{3}}{4} \times \sqrt{3} \times \sqrt{3}\right)$$
$$= \sqrt{3} - \frac{\pi}{2}$$

따라서 수열 $\{T_n\}$은 첫째항이 $T_1 = \sqrt{3} - \frac{\pi}{2}$,

공비가 $\left(\frac{\sqrt{3}}{2}\right)^2 = \frac{3}{4}$인 등비수열이므로

$$\lim_{n\to\infty} S_n = \sum_{n=1}^{\infty} T_n = \frac{\sqrt{3} - \frac{\pi}{2}}{1 - \frac{3}{4}} = 4\sqrt{3} - 2\pi$$

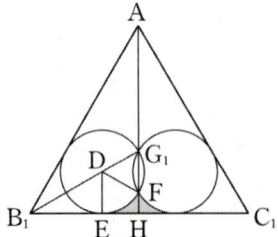

그림 R_1의 점 A에서 변 B_1C_1에 내린 수선의 발을 H,
두 변 AB_1, B_1C_1에 접하는 원의 중심을 D,
점 D에서 변 B_1C_1에 내린 수선의 발을 E,
두 원의 교점 중 G_1이 아닌 점을 F라 하자.

$\overline{DE}=x$라 하면 $\overline{DG_1}=x$이고, $\angle DB_1E=30°$에서
$\overline{B_1D}=2x$이다.

이때 $\overline{B_1H}=3$에서 $\overline{B_1G_1}=2\sqrt{3}$이므로

$3x=2\sqrt{3}$에서 $x=\dfrac{2\sqrt{3}}{3}$이다.

따라서 $\overline{B_1E}=2$에서 $\overline{EH}=1$이고,

$\angle B_1G_1H=60°$, $\overline{DG_1}=\overline{DF}$이므로 삼각형 DG_1F는
정삼각형이다.

즉, $\overline{G_1F}=\dfrac{2\sqrt{3}}{3}$이므로 사다리꼴 DEHF의 넓이는

$\dfrac{1}{2}\times\left(\dfrac{2\sqrt{3}}{3}+\dfrac{\sqrt{3}}{3}\right)\times1=\dfrac{\sqrt{3}}{2}$이고,

$\angle FDE=60°$이므로 부채꼴 FDE의 넓이는

$\pi\times\left(\dfrac{2\sqrt{3}}{3}\right)^2\times\dfrac{60}{360}=\dfrac{2}{9}\pi$이다.

$\Rightarrow S_1=2\left(\dfrac{\sqrt{3}}{2}-\dfrac{2}{9}\pi\right)=\sqrt{3}-\dfrac{4}{9}\pi$

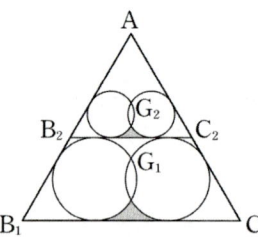

이때 두 삼각형 AB_1C_1과 AB_2C_2는 서로 닮음이고

닮음비는 $3\sqrt{3}:\left(3\sqrt{3}-\dfrac{4\sqrt{3}}{3}\right)=9:5$이므로

넓이의 비는 $81:25$이다.

따라서 수열 $\{S_n\}$은 첫째항이 $\sqrt{3}-\dfrac{4}{9}\pi$이고 공비가

$\dfrac{25}{81}$인 등비수열의 첫째항부터 제 n항까지의 합이다.

$\therefore \lim_{n\to\infty}S_n=\dfrac{\sqrt{3}-\dfrac{4}{9}\pi}{1-\dfrac{25}{81}}=\dfrac{81\sqrt{3}-36\pi}{56}$

두 직각삼각형 $A_1B_1E_1$, $A_1F_1E_1$은 서로 합동이므로
$\overline{A_1F_1}=\overline{A_1B_1}=2$, $\angle E_1A_1B_1=\angle E_1A_1C_1$
선분 A_1E_1이 $\angle C_1A_1B_1$의 이등분선이므로
$\overline{A_1B_1}:\overline{A_1C_1}=\overline{B_1E_1}:\overline{E_1C_1}$
$2:2\sqrt{2}=\overline{B_1E_1}:\overline{E_1C_1}$, 즉 $\overline{B_1E_1}:\overline{E_1C_1}=1:\sqrt{2}$

$\therefore \overline{B_1E_1}=\dfrac{1}{1+\sqrt{2}}\times2=2(\sqrt{2}-1)$

삼각형 $A_1E_1F_1$의 넓이는 삼각형 $A_1B_1E_1$의 넓이인

$\dfrac{1}{2}\times2(\sqrt{2}-1)\times2=2(\sqrt{2}-1)$

과 같으므로

$S_1=\dfrac{1}{2}\times2\times2-2(\sqrt{2}-1)=4-2\sqrt{2}$

그림 R_{n+1}에서 두 정사각형 $A_nB_nC_nD_n$,
$A_{n+1}B_{n+1}C_{n+1}D_{n+1}$이 서로 닮음이다.

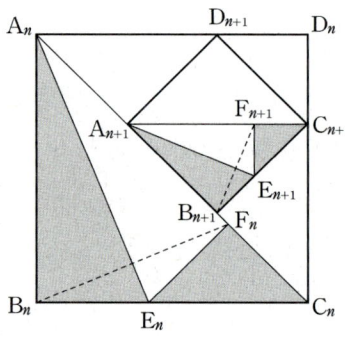

$\overline{A_nB_n}=a_n$이라 하면 $\overline{A_{n+1}B_{n+1}}=a_{n+1}$이고,

$\angle D_{n+1}A_nA_{n+1}=45°$이므로

$\overline{A_nA_{n+1}}=\overline{A_{n+1}D_{n+1}}=a_{n+1}$

마찬가지로 $\overline{B_{n+1}C_n}=a_{n+1}$

$\overline{A_nC_n}=\overline{A_nA_{n+1}}+\overline{A_{n+1}B_{n+1}}+\overline{B_{n+1}C_n}$

이므로 $\sqrt{2}a_n=a_{n+1}+a_{n+1}+a_{n+1}$

$\therefore a_{n+1}=\dfrac{\sqrt{2}}{3}a_n$

수열 $\{b_n\}$을 그림 R_n에서 새로 색칠되어지는 부분의
넓이라고 하면 수열 $\{b_n\}$은 첫째항이 $4-2\sqrt{2}$이고

공비가 $\left(\dfrac{\sqrt{2}}{3}\right)^2=\dfrac{2}{9}$인 등비수열이므로

$\lim_{n\to\infty}S_n=\sum_{n=1}^{\infty}b_n=\dfrac{4-2\sqrt{2}}{1-\dfrac{2}{9}}=\dfrac{18(2-\sqrt{2})}{7}$

II

미분법

| SPEED CHECK |

043 ①	044 ①	045 ③	046 ⑤
047 ④	048 23	049 ②	050 80
051 ①	052 ⑤	053 ⑤	054 ⑤
055 ②	056 ④	057 21	058 ⑤
059 ②	060 ①	061 70	062 50
063 ①	064 3	065 ④	066 ④
067 ①	068 ②	069 ③	070 ②

| 043 | 정답 ①

함수 $f(x)$가 $x=1$에서 연속이므로
$\lim_{x \to 1} f(x) = f(1)$이다.
이때 $x-1=t$라 하면

$$\lim_{x \to 1} \frac{2^{x-1}-1}{\log_2 x} = \lim_{t \to 0} \frac{2^t-1}{\log_2(1+t)}$$

$$= \lim_{t \to 0} \frac{\dfrac{2^t-1}{t}}{\dfrac{\log_2(1+t)}{t}}$$

$$= \frac{\ln 2}{\dfrac{1}{\ln 2}} = (\ln 2)^2$$

$$\therefore \ a = (\ln 2)^2$$

| 044 | 정답 ①

$$\lim_{x \to 1} \frac{g(x-1)}{3^x-3} = \lim_{t \to 0} \frac{g(t)}{3^{t+1}-3} = 1$$에서

$$\lim_{t \to 0} \frac{g(t)}{3^t-1} = 3$$이므로

$$\lim_{x \to 0} \frac{f(x)}{g(x)} = \lim_{x \to 0} \left\{ \frac{\dfrac{f(x)}{x}}{\dfrac{g(x)}{3^x-1}} \times \frac{x}{3^x-1} \right\}$$

$$= \frac{2}{3} \times \frac{1}{\ln 3} = \frac{2}{3\ln 3}$$

다른 풀이

$$\lim_{x \to 0} \frac{f(x)}{x} = 2$$에서 $T(x) = \dfrac{f(x)}{x}$로 치환하면
$f(x) = xT(x)$이고 $\lim_{x \to 0} T(x) = 2$

$\lim\limits_{x\to 1}\dfrac{g(x-1)}{3^x-3}=\lim\limits_{t\to 0}\dfrac{g(t)}{3(3^t-1)}=1$에서

$H(x)=\dfrac{g(x)}{3(3^x-1)}$로 치환하면

$g(x)=3(3^x-1)H(x)$이고 $\lim\limits_{x\to 0}H(x)=1$

$\therefore \lim\limits_{x\to 0}\dfrac{f(x)}{g(x)}=\lim\limits_{x\to 0}\dfrac{xT(x)}{3(3^x-1)H(x)}$

$=\lim\limits_{x\to 0}\dfrac{T(x)}{3\times\dfrac{3^x-1}{x}H(x)}$

$=\dfrac{2}{3\times\ln 3\times 1}=\dfrac{2}{3\ln 3}$

| 045 | 정답 ③

$A(\alpha, e^\alpha)$, $B(t, e^t)$, $C(t, -t+k)$이고,
곡선 $y=e^x$와 직선 $y=-x+k$의 교점의 x좌표가
α이므로 $e^\alpha=-\alpha+k$ ......㉠

$\dfrac{S(t)}{T(t)}=\dfrac{\dfrac{1}{2}\overline{AH}\times\overline{BH}}{\dfrac{1}{2}\overline{AH}\times\overline{CH}}=\dfrac{\overline{BH}}{\overline{CH}}$

$=\dfrac{e^t-e^\alpha}{(-\alpha+k)-(-t+k)}$

$=\dfrac{e^t-e^\alpha}{t-\alpha}$

따라서 $f(t)=e^t$라 하면

$\lim\limits_{t\to\alpha+}\dfrac{S(t)}{T(t)}=\lim\limits_{t\to\alpha+}\dfrac{f(t)-f(\alpha)}{t-\alpha}$

$=f'(\alpha)=e^\alpha$

한편, 문제의 조건에서 $\lim\limits_{t\to\alpha+}\dfrac{S(t)}{T(t)}=e$이므로

$\therefore \alpha=1$

㉠에 의하여 $k=e+1$이다.

따라서 $\alpha+k=e+2$이다.

$\therefore p+q=3$

다른 풀이

$\dfrac{S(t)}{T(t)}=\dfrac{\dfrac{1}{2}\overline{AH}\times\overline{BH}}{\dfrac{1}{2}\overline{AH}\times\overline{CH}}=-\dfrac{\dfrac{\overline{BH}}{\overline{AH}}}{-\dfrac{\overline{CH}}{\overline{AH}}}$

$=-\dfrac{(\text{직선 AB의 기울기})}{(\text{직선 AC의 기울기})}$

한편, $t\to\alpha+$이면 두 점 B, C는 모두 점 A에 한없이
가까워지므로

$f(x)=e^x$, $g(x)=-x+k$라 하면

$\lim\limits_{t\to\alpha+}\dfrac{S(t)}{T(t)}=-\dfrac{f'(\alpha)}{g'(\alpha)}=e^\alpha=e$이므로

$\therefore \alpha=1$

즉, 곡선 $y=f(x)$와 직선 $y=g(x)$의 교점의
x좌표가 1이므로 $f(1)=g(1)$에서

$e=-1+k$, $k=e+1$

따라서 $\alpha+k=e+2$이므로

$\therefore p+q=3$

| 046 | 정답 ⑤

두 점 Q, R의 좌표는 각각 $(t, \log_8 t)$, $\left(t, \dfrac{2}{t-1}\right)$이므로

$\overline{QR}=\dfrac{2}{t-1}-\log_8 t$

점 S의 x좌표는 $\log_8 t=\dfrac{2}{x-1}$에서

$x=1+\dfrac{2}{\log_8 t}$

$\therefore \overline{QS}=\left(1+\dfrac{2}{\log_8 t}\right)-t=1-t+\dfrac{2}{\log_8 t}$

$\therefore m(t)=-\dfrac{\overline{QR}}{\overline{QS}}=-\dfrac{\dfrac{2}{t-1}-\log_8 t}{1-t+\dfrac{2}{\log_8 t}}$

$=-\dfrac{\dfrac{2-(t-1)\log_8 t}{t-1}}{\dfrac{(1-t)\log_8 t+2}{\log_8 t}}=-\dfrac{\log_8 t}{t-1}$

이때 $t-1=z$라 하면 $t\to 1+$일 때 $z\to 0+$이므로

$\lim\limits_{t\to 1+}m(t)=-\lim\limits_{t\to 1+}\dfrac{\log_8 t}{t-1}=-\lim\limits_{z\to 0+}\dfrac{\log_8(1+z)}{z}$

$=-\lim\limits_{z\to 0+}\dfrac{\ln(1+z)}{z\ln 8}=-\dfrac{1}{\ln 8}=-\dfrac{1}{3\ln 2}$

| 047 | 정답 ④

$y=e^x-1$에서 $y'=e^x$이므로
점 P에서 곡선에 접하는 접선의 방정식은

$y=e^t(x-t)+(e^t-1)$

$e^t(x-t)+(e^t-1)=0$에서

$x=t-\dfrac{e^t-1}{e^t}=t-1+e^{-t}$이므로

점 Q의 좌표는 $(t-1+e^{-t}, 0)$이고,
점 C는 선분 PQ의 중점이므로

점 C의 y좌표는 $\dfrac{e^t-1}{2}$이다.

선분 PQ가 원의 지름이므로 $\angle \mathrm{QRP} = \dfrac{\pi}{2}$

따라서 점 P와 점 R의 x좌표는 서로 같다.

$\overline{\mathrm{QR}} = t - (t - 1 + e^{-t}) = 1 - e^{-t}$이므로

$$S(t) = \dfrac{1}{2} \times (1 - e^{-t}) \times \dfrac{e^t - 1}{2}$$

$$= \dfrac{(e^t - 1)^2}{4e^t}$$

$$\therefore \lim_{t \to 0+} \dfrac{S(t)}{t^2} = \lim_{t \to 0+} \dfrac{(e^t - 1)^2}{4t^2 e^t}$$

$$= \lim_{t \to 0+} \left\{ \left(\dfrac{e^t - 1}{t} \right)^2 \times \dfrac{1}{4e^t} \right\}$$

$$= 1^2 \times \dfrac{1}{4} = \dfrac{1}{4}$$

| 048 | 정답 23

$\lim\limits_{x \to 1} \dfrac{f(x) - \log_3 2}{x - 1} = \dfrac{3}{2\ln 3}$에서

(분모)→0이면 (분자)→0이어야 하므로

$\Rightarrow f(1) = \log_3 2$ ⋯⋯㉠

$\lim\limits_{x \to 1} \dfrac{f(x) - \log_3 2}{x - 1} = \lim\limits_{x \to 1} \dfrac{f(x) - f(1)}{x - 1} = f'(1)$

$\Rightarrow f'(1) = \dfrac{3}{2\ln 3}$ ⋯⋯㉡

$\lim\limits_{x \to 1} \dfrac{3^{f(x)} - a}{x - 1} = b$에서 (분모)→0이면 (분자)→0이어야

하므로

$3^{f(1)} - a = 2 - a = 0 \ (\because ㉠)$

$\Rightarrow a = 2$

또, $g(x) = 3^{f(x)}$라 하면

$g'(x) = 3^{f(x)} \times f'(x) \times \ln 3$

$\lim\limits_{x \to 1} \dfrac{3^{f(x)} - 3^{f(1)}}{x - 1} = \lim\limits_{x \to 1} \dfrac{g(x) - g(1)}{x - 1} = g'(1)$

$g'(1) = 3^{f(1)} \times f'(1) \times \ln 3$

$\qquad = 2 \times \dfrac{3}{2\ln 3} \times \ln 3 = 3 = b \ (\because ㉠, ㉡)$

$\Rightarrow b = 3$

$\therefore 10a + b = 23$

| 049 | 정답 ②

$\lim\limits_{x \to 0} \dfrac{\ln\{1 + f(3x)\}}{x} = 12$에서 $x \to 0$일 때

(분모)→0이므로 (분자)→0이어야 한다.

즉, $\lim\limits_{x \to 0} \ln\{1 + f(3x)\} = 0$

$\therefore \lim\limits_{x \to 0} f(3x) = 0$

$\lim\limits_{x \to 0} \dfrac{f(x)}{x}$

$= \lim\limits_{x \to 0} \dfrac{f(3x)}{3x}$

$= \lim\limits_{x \to 0} \left[\dfrac{f(3x)}{\ln\{1 + f(3x)\}} \times \dfrac{\ln\{1 + f(3x)\}}{x} \times \dfrac{1}{3} \right]$

$= 1 \times 12 \times \dfrac{1}{3} = 4$

| 050 | 정답 80

$\lim\limits_{x \to 0} \dfrac{e^{f(x)} - 1}{x^n} = -4$에서 극한값이 존재하고,

$x \to 0$일 때 (분모)→0이므로 (분자)→0이다.

즉, $\lim\limits_{x \to 0} \{e^{f(x)} - 1\} = e^{f(0)} - 1 = 0$에서 $f(0) = 0$

$x \to 0$일 때 $f(x) \to 0$이므로

$\lim\limits_{x \to 0} \dfrac{e^{f(x)} - 1}{x^n} = \lim\limits_{x \to 0} \dfrac{e^{f(x)} - 1}{f(x)} \times \lim\limits_{x \to 0} \dfrac{f(x)}{x^n}$

$\qquad = 1 \times \lim\limits_{x \to 0} \dfrac{f(x)}{x^n} = -4$

$f(x) = ax^2 + bx$ (단, a, b는 상수, $a \neq 0$)라 하면

$\lim\limits_{x \to 0} \dfrac{f(x)}{x^n} = \lim\limits_{x \to 0} \dfrac{ax^2 + bx}{x^n} = -4$

$n \geq 3$이면 $\lim\limits_{x \to 0} \dfrac{ax^2 + bx}{x^n}$ 의 값이 존재하지 않는다.

$n = 2$일 때, $\lim\limits_{x \to 0} \dfrac{ax^2 + bx}{x^2}$ 의 값이 존재하려면 $b = 0$이고

$\lim\limits_{x \to 0} \dfrac{ax^2}{x^2} = a = -4$

$f(x) = -4x^2$이므로 $f(2) = 0$을 만족시키지 않는다.

$n = 1$일 때, $\lim\limits_{x \to 0} \dfrac{ax^2 + bx}{x} = \lim\limits_{x \to 0} (ax + b) = -4$에서

$b = -4$

$f(x) = ax^2 - 4x$이고 $f(1) = a - 4 = 0$에서 $a = 4$

따라서 $f(x) = 4x^2 - 4x = 4x(x - 1)$이므로

$f(5) = 4 \times 5 \times 4 = 80$

| 051 | 정답 ①

$\overline{\mathrm{OA}} = \sqrt{4^2 + 3^2} = 5$이고

삼각형 OBA는 직각삼각형이므로

$\overline{\mathrm{OB}} = \overline{\mathrm{OA}} \cos\theta = 5 \times \dfrac{12}{13} = \dfrac{60}{13}$

또한, 직선 OA가 x축과 이루는 예각의 크기를

α라 하면 $\tan\alpha = \dfrac{3}{4}$이므로

$\cos\alpha = \dfrac{4}{5}$, $\sin\alpha = \dfrac{3}{5}$이다.

$\cos(\alpha + \theta) = \cos\alpha\cos\theta - \sin\alpha\sin\theta$

$\qquad\qquad = \dfrac{4}{5} \times \dfrac{12}{13} - \dfrac{3}{5} \times \dfrac{5}{13} = \dfrac{33}{65}$

$\therefore \overline{OC} = \dfrac{\overline{OB}}{\cos(\alpha+\theta)} = \dfrac{\dfrac{60}{13}}{\dfrac{33}{65}} = \dfrac{100}{11}$

| 052 | 정답 ⑤

점 E는 선분 AD를 $3:1$로 내분하는 점이므로
$\overline{ED} = x$라 하면 $\overline{AD} = 4x$이다.
직각삼각형 ADC에서

$\overline{CD}^2 = (2\sqrt{5})^2 - (4x)^2$ $\qquad$ ······㉠

직각삼각형 EDC에서

$\overline{CD}^2 = \sqrt{5}^2 - x^2$ $\qquad$ ······㉡

㉠=㉡이므로 $20 - 16x^2 = 5 - x^2$

$\therefore x = 1$

따라서 $\overline{ED} = 1$, $\overline{AD} = 4$이므로

$\sin\beta = \dfrac{1}{\sqrt{5}}$, $\cos\beta = \dfrac{2}{\sqrt{5}}$이고

$\sin\alpha = \dfrac{4}{5}$, $\cos\alpha = \dfrac{3}{5}$이다.

$\therefore \cos(\alpha - \beta) = \cos\alpha\cos\beta + \sin\alpha\sin\beta$

$\qquad\qquad = \dfrac{3}{5} \times \dfrac{2}{\sqrt{5}} + \dfrac{4}{5} \times \dfrac{1}{\sqrt{5}} = \dfrac{2\sqrt{5}}{5}$

| 053 | 정답 ⑤

$5^2 + 12^2 = 13^2$이므로 삼각형 ABC는 $\angle ACB = \dfrac{\pi}{2}$인
직각삼각형이다.

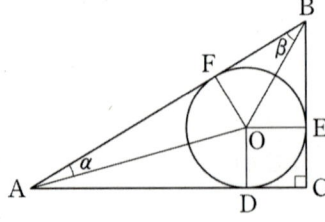

내접하는 원의 반지름의 길이를 r라 할 때
삼각형 ABC의 넓이는

$\dfrac{1}{2} \times 12 \times 5 = \dfrac{1}{2} \times r \times (12 + 13 + 5)$이므로 $r = 2$이다.

점 O에서 세 선분 AC, BC, AB에 내린 수선의 발을

각각 D, E, F라 하면
$\overline{OE} = \overline{CD} = 2$이므로 $\overline{AD} = \overline{AF} = 10$,
$\overline{OD} = \overline{CE} = 2$이므로 $\overline{BE} = \overline{BF} = 3$이다.
$\overline{AO} = \sqrt{10^2 + 2^2} = 2\sqrt{26}$, $\overline{BO} = \sqrt{3^2 + 2^2} = \sqrt{13}$
그러므로

$\cos\alpha = \dfrac{5\sqrt{26}}{26}$, $\sin\alpha = \dfrac{\sqrt{26}}{26}$,

$\cos\beta = \dfrac{3\sqrt{13}}{13}$, $\sin\beta = \dfrac{2\sqrt{13}}{13}$

$\therefore \cos(\alpha - \beta) = \cos\alpha\cos\beta + \sin\alpha\sin\beta$

$\qquad\qquad = \dfrac{15\sqrt{2}}{26} + \dfrac{2\sqrt{2}}{26} = \dfrac{17\sqrt{2}}{26}$

| 054 | 정답 ⑤

삼각형 ABC의 넓이를 S라 하면

$S = \dfrac{1}{2} \times \overline{AB} \times \overline{AC} \times \sin(\angle BAC)$

$\quad = \dfrac{1}{2} \times 2 \times 3 \times \sin(\alpha + \beta)$

$\quad = 3\sin(\alpha + \beta)$

$\cos\alpha = \dfrac{7}{8}$이므로 $\sin\alpha = \dfrac{\sqrt{15}}{8}$

$\cos\beta = \dfrac{1}{4}$이므로 $\sin\beta = \dfrac{\sqrt{15}}{4}$

$\sin(\alpha + \beta) = \sin\alpha\cos\beta + \cos\alpha\sin\beta$

$\qquad\qquad = \dfrac{\sqrt{15}}{8} \times \dfrac{1}{4} + \dfrac{7}{8} \times \dfrac{\sqrt{15}}{4} = \dfrac{\sqrt{15}}{4}$

$\therefore S = 3\sin(\alpha + \beta) = \dfrac{3\sqrt{15}}{4}$

| 055 | 정답 ②

$\overline{AB} : \overline{BC} = 5:6$이므로 양수 k에 대하여
$\overline{AB} = 10k$, $\overline{BC} = 12k$라 하면 $\overline{OB} = 5k$이다.

$\angle CAO = \alpha$, $\angle DAO = \beta$ (단, $0 < \alpha < \dfrac{\pi}{2}$, $0 < \beta < \dfrac{\pi}{2}$)

라 하면 직각삼각형 ABC에서 $\tan\alpha = \dfrac{6}{5}$이고,

$\angle COB = 2\beta$이므로 직각삼각형 OBC에서

$\tan 2\beta = \dfrac{12}{5}$이다.

$\tan 2\beta = \dfrac{2\tan\beta}{1 - \tan^2\beta}$이므로 $\dfrac{2\tan\beta}{1 - \tan^2\beta} = \dfrac{12}{5}$에서

$6\tan^2\beta + 5\tan\beta - 6 = 0$, $(2\tan\beta + 3)(3\tan\beta - 2) = 0$

$\therefore \tan\beta = \dfrac{2}{3}$ $\left(\because 0 < \beta < \dfrac{\pi}{2} \right)$

이때 $\theta = \alpha - \beta$이므로

$$\tan\theta = \tan(\alpha - \beta) = \frac{\tan\alpha - \tan\beta}{1 + \tan\alpha\tan\beta}$$

$$= \frac{\dfrac{6}{5} - \dfrac{2}{3}}{1 + \dfrac{6}{5} \times \dfrac{2}{3}} = \frac{8}{27}$$

| 056 | 정답 ④

$\overline{DP} = x \ (0 < x < 1)$라 하면 직각삼각형 ADP에서

$$\tan(\angle DAP) = \frac{x}{2}$$

또한 직각삼각형 BCP에서 $\tan(\angle CBP) = \dfrac{1-x}{2}$이다.

이때 $\theta = \angle DAP + \angle CBP$이므로

$$\tan\theta = \tan(\angle DAP + \angle CBP)$$

$$= \frac{\dfrac{x}{2} + \dfrac{1-x}{2}}{1 - \dfrac{x}{2} \times \dfrac{1-x}{2}} = \frac{2}{x^2 - x + 4} = \frac{9}{17}$$

$9x^2 - 9x + 36 = 34$, $9x^2 - 9x + 2 = 0$,

$(3x-1)(3x-2) = 0$

$\therefore x = \dfrac{1}{3}$ 또는 $x = \dfrac{2}{3}$

따라서 $|\overline{CP} - \overline{DP}| = |2x - 1| = \dfrac{1}{3}$이다.

| 057 | 정답 21

$0 < \alpha < \dfrac{\pi}{2}$, $0 < \beta < \dfrac{\pi}{2}$이고

$\cos(\alpha + \beta) = -\dfrac{4}{\sqrt{65}} < 0$이므로 $\alpha + \beta$는 제2사분면의

각이다. 따라서

$$\sin(\alpha + \beta) = \sqrt{1 - \cos^2(\alpha + \beta)}$$

$$= \sqrt{1 - \frac{16}{65}} = \frac{7}{\sqrt{65}}$$

$\therefore \tan(\alpha + \beta) = \dfrac{\sin(\alpha + \beta)}{\cos(\alpha + \beta)} = -\dfrac{7}{4}$

한편, $\tan\alpha = m_1$, $\tan\beta = m_2$이므로

$$\tan(\alpha + \beta) = \frac{\tan\alpha + \tan\beta}{1 - \tan\alpha\tan\beta} = \frac{m_1 + m_2}{1 - m_1 m_2}$$

$$= \frac{m_1 + m_2}{1 - 3} = -\frac{7}{4}$$

따라서 $m_1 + m_2 = \dfrac{7}{2}$이므로

$6(m_1 + m_2) = 21$

| 058 | 정답 ⑤

세 점 A_n, B_n, C_n에 대하여

$\overline{OA_n} = \overline{OB_n} = \overline{OC_n} = \dfrac{1}{2^n}$이다.

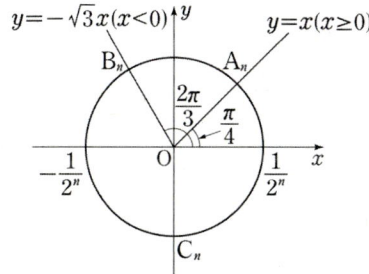

직선 OA_n, OB_n의 기울기가 각각 1, $-\sqrt{3}$이고

$\tan\dfrac{\pi}{4} = 1$, $\tan\dfrac{2\pi}{3} = -\sqrt{3}$이므로

$\angle A_n OB_n = \dfrac{2\pi}{3} - \dfrac{\pi}{4}$,

$\angle B_n OC_n = \dfrac{\pi}{3} + \dfrac{\pi}{2} = \dfrac{5\pi}{6}$,

$\angle C_n OA_n = \dfrac{\pi}{2} + \dfrac{\pi}{4} = \dfrac{3\pi}{4}$이다.

ㄱ. 삼각형 OA_1C_2의 넓이는

$$\frac{1}{2} \times \overline{OA_1} \times \overline{OC_2} \times \sin\frac{3\pi}{4} = \frac{1}{2} \times \frac{1}{2^1} \times \frac{1}{2^2} \times \frac{\sqrt{2}}{2}$$

$$= \frac{\sqrt{2}}{32}$$

이다. (참)

ㄴ. $\sin(\angle A_1 OB_2) = \sin\left(\dfrac{2\pi}{3} - \dfrac{\pi}{4}\right)$

$$= \sin\frac{2\pi}{3}\cos\frac{\pi}{4} - \cos\frac{2\pi}{3}\sin\frac{\pi}{4}$$

$$= \frac{\sqrt{3}}{2} \times \frac{\sqrt{2}}{2} - \left(-\frac{1}{2}\right) \times \frac{\sqrt{2}}{2}$$

$$= \frac{\sqrt{6} + \sqrt{2}}{4} \text{ (참)}$$

ㄷ. 삼각형 $A_n B_{n+1} C_{n+2}$의 넓이는

세 삼각형 $OA_n B_{n+1}$, $OB_{n+1} C_{n+2}$, $OC_{n+2} A_n$의

넓이의 합과 같다.

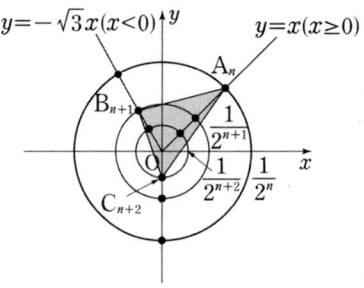

세 삼각형 $OA_n B_{n+1}$, $OB_{n+1} C_{n+2}$, $OC_{n+2} A_n$의

넓이는 각각

$$\frac{1}{2} \times \frac{1}{2^n} \times \frac{1}{2^{n+1}} \times \sin\left(\frac{2\pi}{3} - \frac{\pi}{4}\right)$$

$$= \frac{\sqrt{6} + \sqrt{2}}{16} \times \frac{1}{2^{2n}},$$

$$\frac{1}{2} \times \frac{1}{2^{n+1}} \times \frac{1}{2^{n+2}} \times \sin\frac{5\pi}{6} = \frac{1}{32} \times \frac{1}{2^{2n}}$$

$$\frac{1}{2} \times \frac{1}{2^{n+2}} \times \frac{1}{2^n} \times \sin\frac{3\pi}{4} = \frac{\sqrt{2}}{16} \times \frac{1}{2^{2n}}$$

이다.

따라서 삼각형 $A_n B_{n+1} C_{n+2}$의 넓이는

$$\frac{4\sqrt{2} + 1 + 2\sqrt{6}}{32} \times \frac{1}{4^n}$$이다.

$$\therefore \sum_{n=1}^{\infty} S_n = \frac{4\sqrt{2} + 1 + 2\sqrt{6}}{32} \sum_{n=1}^{\infty} \frac{1}{4^n}$$

$$= \frac{4\sqrt{2} + 1 + 2\sqrt{6}}{32} \times \frac{\frac{1}{4}}{1 - \frac{1}{4}}$$

$$= \frac{4\sqrt{2} + 1 + 2\sqrt{6}}{96} \ (\text{참})$$

따라서 옳은 것은 ㄱ, ㄴ, ㄷ이다.

| 059 | 정답 ②

함수 $f(x)$가 $x = 1$에서 미분가능하면
$x = 1$에서 연속이므로
$\lim\limits_{x \to 1} f(x) = f(1)$, 즉 $a\sin\pi + b = e^0 \Rightarrow b = 1$
또, $x = 1$에서의 미분계수 $f'(1)$이 존재하므로
좌미분계수와 우미분계수가 같다.

$$\lim_{h \to 0+} \frac{f(1+h) - f(1)}{h} = \lim_{h \to 0+} \frac{\{a\sin\pi(1+h) + 1\} - 1}{h}$$

$$= \lim_{h \to 0+} \frac{a\sin(\pi + \pi h)}{h}$$

$$= \lim_{h \to 0+} \frac{-a\sin\pi h}{h}$$

$$= \lim_{h \to 0+} \left\{(-a) \times \frac{\sin\pi h}{\pi h} \times \pi\right\}$$

$$= -a\pi$$

$$\lim_{h \to 0-} \frac{f(1+h) - f(1)}{h} = \lim_{h \to 0-} \frac{e^{1+h-1} - 1}{h}$$

$$= \lim_{h \to 0-} \frac{e^h - 1}{h} = 1$$

에서 $-a\pi = 1$이므로 $a = -\dfrac{1}{\pi}$

$$\therefore a + b = 1 - \frac{1}{\pi}$$

| 060 | 정답 ①

점 B에서 선분 AC에 내린 수선의 발을 H라 하면
$\overline{\mathrm{BH}} = \sin\theta$이므로 (삼각형 ABC의 넓이)$= \dfrac{1}{2}\sin\theta$

$\overline{\mathrm{BC}} = 2\sin\dfrac{\theta}{2}$이므로

(삼각형 ABC의 넓이)$= \dfrac{1}{2} \times r(\theta) \times \left(1 + 1 + 2\sin\dfrac{\theta}{2}\right)$

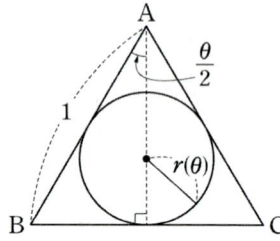

따라서 $r(\theta) = \dfrac{\sin\theta}{2\left(1 + \sin\dfrac{\theta}{2}\right)}$이므로

$$\lim_{\theta \to 0+} \frac{r(\theta)}{\theta} = \lim_{\theta \to 0+} \left\{\frac{\sin\theta}{\theta} \times \frac{1}{2\left(1 + \sin\dfrac{\theta}{2}\right)}\right\} = \frac{1}{2}$$

다른 풀이

삼각형 ABC의 내접원의 중심을 O라 하고
내접원의 중심에서 선분 AC에 내린 수선의 발을 H라
하자. 선분 BC의 중점을 M이라 하면
직각삼각형 AOH에서

$$\sin\frac{\theta}{2} = \frac{\overline{\mathrm{OH}}}{\overline{\mathrm{OA}}} = \frac{\overline{\mathrm{OH}}}{\overline{\mathrm{AM}} - \overline{\mathrm{OM}}} = \frac{r(\theta)}{\cos\dfrac{\theta}{2} - r(\theta)}$$이므로

$$r(\theta) = \frac{\sin\dfrac{\theta}{2}\cos\dfrac{\theta}{2}}{1 + \sin\dfrac{\theta}{2}} = \frac{\sin\theta}{2\left(1 + \sin\dfrac{\theta}{2}\right)}$$

$$\lim_{\theta \to 0+} \frac{r(\theta)}{\theta} = \lim_{\theta \to 0+} \left\{\frac{\sin\theta}{\theta} \times \frac{1}{2\left(1 + \sin\dfrac{\theta}{2}\right)}\right\} = \frac{1}{2}$$

| 061 | 정답 70

호 AC의 길이가 호 BD의 길이의 2배이므로
$\angle \mathrm{BAD} = \theta$일 때, $\angle \mathrm{ABC} = 2\theta$이다.
삼각형 ABC에서 $\angle \mathrm{ACB} = 90°$이므로
$\overline{\mathrm{AC}} = 2\sin(2\theta)$, $\overline{\mathrm{BC}} = 2\cos(2\theta)$

$$\therefore f(\theta) = \frac{2\sin(2\theta) \times 2\cos(2\theta)}{2} = 2\sin(2\theta)\cos(2\theta)$$

삼각형 ADB에서 $\angle \mathrm{ADB} = 90°$이므로
$\overline{\mathrm{BD}} = 2\sin\theta$

또 삼각형 BDE에서 $\angle BED = 3\theta$이므로

$$\overline{DE} = \frac{2\sin\theta}{\tan(3\theta)}$$

$$\therefore\ g(\theta) = \frac{1}{2} \times 2\sin\theta \times \frac{2\sin\theta}{\tan(3\theta)}$$

$$= \frac{2\sin^2\theta}{\tan(3\theta)}$$

$$\therefore\ \lim_{\theta \to 0+} \frac{g(\theta)}{f(\theta)} = \lim_{\theta \to 0+} \frac{\sin^2\theta}{\sin(2\theta)\cos(2\theta)\tan(3\theta)}$$

$$= \lim_{\theta \to 0+} \left\{ \left(\frac{\sin\theta}{\theta}\right)^2 \times \frac{2\theta}{\sin(2\theta)} \right.$$

$$\left. \times \frac{3\theta}{\tan(3\theta)} \times \frac{1}{6\cos(2\theta)} \right\}$$

$$= 1^2 \times 1 \times 1 \times \frac{1}{6} = \frac{1}{6}$$

따라서 $a = 6$, $b = 1$이므로
$10(a+b) = 10(6+1) = 70$

| 062 | 정답 50

두 직선 AD와 BC는 서로 평행하므로

두 직선 BC와 CQ가 이루는 각의 크기는 $\frac{\pi}{2}$이다.

이때, 사각형 ABCD는 마름모이므로

$\angle ABC = \theta$에서 $\angle CBD = \frac{\theta}{2}$

따라서 점 A에서 직선 BC에 내린 수선의 발을 A′이라 하면

$$\therefore\ \overline{PQ} = \frac{\overline{A'C}}{\cos\dfrac{\theta}{2}} \qquad \cdots\cdots \text{㉠}$$

한편, 직각삼각형 AA′B에서 $\overline{AB} = 1$이므로

$\overline{A'B} = \cos\theta$

또한 $\overline{BC} = 1$이므로 $\overline{A'C} = 1 - \cos\theta$이다.

따라서 ㉠에 의하여 $\overline{PQ} = \dfrac{1 - \cos\theta}{\cos\dfrac{\theta}{2}}$

$$\therefore\ \lim_{\theta \to 0+} \frac{\overline{PQ}}{\theta^2} = \lim_{\theta \to 0+} \left(\frac{1-\cos\theta}{\theta^2} \times \frac{1}{\cos\dfrac{\theta}{2}} \right)$$

$$= \frac{1}{2} \times 1 = \frac{1}{2}$$

$$\therefore\ 100a = 100 \times \frac{1}{2} = 50$$

다른 풀이

그림과 같이 점 A에서 대각선 BD에 내린 수선의 발을 M, 변 BC에 내린 수선의 발을 N이라 하면
두 직각삼각형 AMP, BNP는 서로 닮음이다.

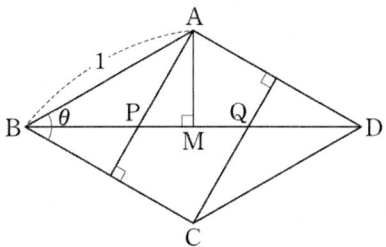

이때 $\overline{AB} = 1$, $\angle ABM = \dfrac{\theta}{2}$이므로

$\overline{AM} = \sin\dfrac{\theta}{2}$이고,

$\angle PBN = \angle PAM = \dfrac{\theta}{2}$이므로

$\overline{PM} = \sin\dfrac{\theta}{2}\tan\dfrac{\theta}{2}$이다.

점 M은 선분 PQ의 중점이므로

$\overline{PQ} = 2\overline{PM} = 2\sin\dfrac{\theta}{2}\tan\dfrac{\theta}{2}$이다.

$$\lim_{\theta \to 0+} \frac{\overline{PQ}}{\theta^2} = \lim_{\theta \to 0+} \left\{ \frac{1}{2} \times \frac{\sin\dfrac{\theta}{2}}{\dfrac{\theta}{2}} \times \frac{\tan\dfrac{\theta}{2}}{\dfrac{\theta}{2}} \right\}$$

$$= \frac{1}{2} \times 1 \times 1 = \frac{1}{2}$$

$$\therefore\ 100a = 100 \times \frac{1}{2} = 50$$

| 063 | 정답 ①

$\angle BOP = \alpha$라 하면 $\theta = \dfrac{\pi}{2} - \alpha$이다.

$\overline{OQ} = \cos\theta = \sin\alpha$이므로

$$S_1(\theta) = \frac{1}{2} \times \overline{OA} \times \overline{OQ} \times \sin\theta = \frac{1}{2}\sin\alpha\cos\alpha$$이고,

삼각형 BOR의 넓이는

$$\frac{1}{2} \times \overline{OB} \times \overline{OR} \times \sin\alpha = \frac{1}{2}\cos\alpha\sin\alpha$$이므로

$$S_2(\theta) = \frac{1}{2} \times 1^2 \times \alpha - \frac{1}{2}\cos\alpha\sin\alpha$$

$$= \frac{1}{2}(\alpha - \sin\alpha\cos\alpha)$$

이다. 따라서

$$\frac{S_2(\theta)}{S_1(\theta)} = \frac{\alpha - \sin\alpha\cos\alpha}{\sin\alpha\cos\alpha}$$

$$= \frac{1}{\dfrac{\sin\alpha}{\alpha} \times \cos\alpha} - 1$$

이므로

$$\therefore\ \lim_{\theta \to \frac{\pi}{2}-} \frac{S_2(\theta)}{S_1(\theta)} = \lim_{\alpha \to 0+} \left(\frac{1}{\dfrac{\sin\alpha}{\alpha} \times \cos\alpha} - 1 \right) = 0$$

서로 다른 두 호의 길이가 같으면 원주각의 크기도 서로
같으므로

$\stackrel{\frown}{BP} = \stackrel{\frown}{PQ} = \stackrel{\frown}{QR}$ 에서

$\angle BAP = \angle PAQ = \angle QAR$

$\Rightarrow \angle BAP = \angle PAQ = \angle QAR = \theta$, $\angle BAQ = 2\theta$

지름에 대한 원주각의 크기가 $\dfrac{\pi}{2}$ 이므로

$\angle AQB = \angle APB = \dfrac{\pi}{2}$

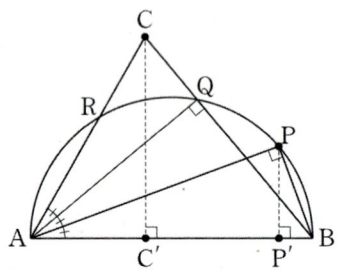

두 점 C, P에서 선분 AB에 내린 수선의 발을 각각

C′, P′이라 하면 $\dfrac{f(\theta)}{g(\theta)} = \dfrac{\overline{CC'}}{\overline{PP'}}$ 이다.

삼각형 ABP에서

$\dfrac{1}{2} \times \overline{AP} \times \overline{BP} = \dfrac{1}{2} \times 1 \times \overline{PP'}$

$\overline{AP} = \cos\theta$, $\overline{BP} = \sin\theta$ 이므로

$\Rightarrow \overline{PP'} = \sin\theta \cos\theta$

삼각형 ABC에서

$\dfrac{1}{2} \times \overline{BC} \times \overline{AQ} = \dfrac{1}{2} \times 1 \times \overline{CC'}$

$\overline{AQ} = \cos 2\theta$,

$\overline{BC} = \overline{BQ} + \overline{QC} = \sin 2\theta + \cos 2\theta \tan\theta$ 이므로

$\Rightarrow \overline{CC'} = \cos 2\theta (\sin 2\theta + \cos 2\theta \tan\theta)$

$\therefore \lim\limits_{\theta \to 0+} \dfrac{\overline{CC'}}{\overline{PP'}} = \lim\limits_{\theta \to 0+} \dfrac{\cos 2\theta (\sin 2\theta + \cos 2\theta \tan\theta)}{\sin\theta \cos\theta}$

$\qquad = \lim\limits_{\theta \to 0+} \left\{ \dfrac{\cos 2\theta}{\cos\theta} \times \dfrac{\theta}{\sin\theta} \right.$

$\qquad\qquad \left. \times \left(2 \times \dfrac{\sin 2\theta}{2\theta} + \cos 2\theta \times \dfrac{\tan\theta}{\theta} \right) \right\}$

$\qquad = 1 \times 1 \times (2 + 1) = 3$

다른 풀이

$\stackrel{\frown}{BP} = \stackrel{\frown}{PQ} = \stackrel{\frown}{QR}$ 에서

$\angle BAP = \angle PAQ = \angle QAR$

$\Rightarrow \angle BAP = \angle PAQ = \angle QAR = \theta$, $\angle BAQ = 2\theta$

지름에 대한 원주각의 크기가 $\dfrac{\pi}{2}$ 이므로

$\angle AQB = \angle APB = \dfrac{\pi}{2}$

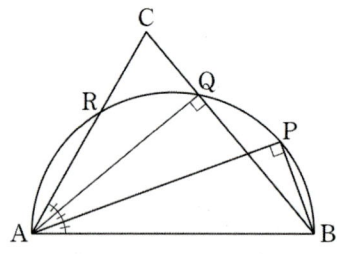

삼각형 ABC의 넓이는 두 삼각형 ABQ, ACQ의
넓이의 합과 같으므로

$f(\theta) = \dfrac{1}{2} \times \overline{AQ} \times \overline{BQ} + \dfrac{1}{2} \times \overline{AQ} \times \overline{CQ}$

$\qquad = \dfrac{1}{2} \times \cos 2\theta \times \sin 2\theta$

$\qquad\qquad + \dfrac{1}{2} \times \cos 2\theta \times (\cos 2\theta \times \tan\theta)$

$g(\theta) = \dfrac{1}{2} \times \overline{AP} \times \overline{BP} = \dfrac{1}{2} \times \cos\theta \times \sin\theta$

$\therefore \lim\limits_{\theta \to 0+} \dfrac{f(\theta)}{g(\theta)}$

$= \lim\limits_{\theta \to 0+} \dfrac{\dfrac{1}{2}\cos 2\theta \sin 2\theta + \dfrac{1}{2}\cos 2\theta \cos 2\theta \tan\theta}{\dfrac{1}{2}\cos\theta \sin\theta}$

$= \lim\limits_{\theta \to 0+} \left\{ \dfrac{\cos 2\theta}{\cos\theta} \times \dfrac{\theta}{\sin\theta} \right.$

$\qquad\qquad \left. \times \left(2 \times \dfrac{\sin 2\theta}{2\theta} + \cos 2\theta \times \dfrac{\tan\theta}{\theta} \right) \right\}$

$= 1 \times 1 \times (2 + 1) = 3$

| **065** | 정답 ④

$\angle DAR = \dfrac{\pi}{4} - \dfrac{\theta}{2}$ 이므로

$\overline{DR} = 2\tan\left(\dfrac{\pi}{4} - \dfrac{\theta}{2} \right)$

삼각형 ARD의 넓이는

$\dfrac{1}{2} \times 2 \times 2\tan\left(\dfrac{\pi}{4} - \dfrac{\theta}{2} \right) = 2\tan\left(\dfrac{\pi}{4} - \dfrac{\theta}{2} \right)$

두 삼각형 RDA와 RCQ는 닮음비가

$\overline{DR} : \overline{CR} = 2\tan\left(\dfrac{\pi}{4} - \dfrac{\theta}{2} \right) : \left\{ 2 - 2\tan\left(\dfrac{\pi}{4} - \dfrac{\theta}{2} \right) \right\}$

인 닮은 도형이므로

$S(\theta) = 2\tan\left(\dfrac{\pi}{4} - \dfrac{\theta}{2} \right) \times \dfrac{\left\{ 2 - 2\tan\left(\dfrac{\pi}{4} - \dfrac{\theta}{2} \right) \right\}^2}{4\tan^2\left(\dfrac{\pi}{4} - \dfrac{\theta}{2} \right)}$

$\qquad = \dfrac{2\left\{ 1 - \tan\left(\dfrac{\pi}{4} - \dfrac{\theta}{2} \right) \right\}^2}{\tan\left(\dfrac{\pi}{4} - \dfrac{\theta}{2} \right)}$

그런데 $\tan\left(\dfrac{\pi}{4}-\dfrac{\theta}{2}\right)=\dfrac{1-\tan\dfrac{\theta}{2}}{1+\tan\dfrac{\theta}{2}}$ 이므로

$$S(\theta)=\dfrac{8\tan^2\dfrac{\theta}{2}}{\left(1+\tan\dfrac{\theta}{2}\right)^2\tan\left(\dfrac{\pi}{4}-\dfrac{\theta}{2}\right)}$$

따라서

$$\lim_{\theta\to 0+}\dfrac{S(\theta)}{\theta^2}$$

$$=\lim_{\theta\to 0+}\dfrac{8\tan^2\dfrac{\theta}{2}}{\theta^2\left(1+\tan\dfrac{\theta}{2}\right)^2\tan\left(\dfrac{\pi}{4}-\dfrac{\theta}{2}\right)}$$

$$=\lim_{\theta\to 0+}\left\{\dfrac{\tan^2\dfrac{\theta}{2}}{\left(\dfrac{\theta}{2}\right)^2}\times\dfrac{2}{\left(1+\tan\dfrac{\theta}{2}\right)^2\tan\left(\dfrac{\pi}{4}-\dfrac{\theta}{2}\right)}\right\}$$

$$=1\times\dfrac{2}{(1+0)^2\times 1}=2$$

| 066 | 정답 ④

점 A의 좌표는 $(0,\ \tan 2t)$이고 점 B의 좌표는
$(t,\ \sin t)$이다.
따라서 두 점 A, B를 지나는 직선의 방정식은
$y=\dfrac{\sin t-\tan 2t}{t}x+\tan 2t$이다.

이 직선의 x절편의 값은 $\dfrac{t\times\tan 2t}{\tan 2t-\sin t}$이므로

$$f(t)=\dfrac{t\times\tan 2t}{\tan 2t-\sin t}$$

$$\therefore\ \lim_{t\to 0+}\dfrac{f(t)}{t}=\lim_{t\to 0+}\dfrac{\tan 2t}{\tan 2t-\sin t}$$

$$=\lim_{t\to 0+}\dfrac{\dfrac{\tan 2t}{t}}{\dfrac{\tan 2t}{t}-\dfrac{\sin t}{t}}=2$$

| 067 | 정답 ①

두 직선 OC와 DE가 만나는 점을 F라 하자.

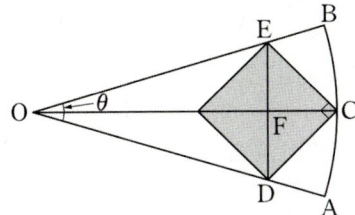

$\overline{CF}=x$라 하면 $\overline{EF}=x$이고 $\angle EOF=\dfrac{\theta}{2}$에서

$$\overline{OF}=\dfrac{x}{\tan\dfrac{\theta}{2}}$$

이때 $\overline{OF}+\overline{CF}=\overline{OC}=1$이므로

$$x+\dfrac{x}{\tan\dfrac{\theta}{2}}=1$$에서 $x=\dfrac{1}{\dfrac{1}{\tan\dfrac{\theta}{2}}+1}=\dfrac{\tan\dfrac{\theta}{2}}{\tan\dfrac{\theta}{2}+1}$

$$\therefore\ S(\theta)=4\times\dfrac{1}{2}\times\left(\dfrac{\tan\dfrac{\theta}{2}}{\tan\dfrac{\theta}{2}+1}\right)^2=\dfrac{2\tan^2\dfrac{\theta}{2}}{\left(\tan\dfrac{\theta}{2}+1\right)^2}$$

$$\therefore\ \lim_{\theta\to 0+}\dfrac{S(\theta)}{\theta^2}=\lim_{\theta\to 0+}\left\{\dfrac{1}{2}\times\left(\dfrac{\tan\dfrac{\theta}{2}}{\dfrac{\theta}{2}}\right)^2\times\dfrac{1}{\left(\tan\dfrac{\theta}{2}+1\right)^2}\right\}$$

$$=\dfrac{1}{2}\times 1^2\times 1=\dfrac{1}{2}$$

| 068 | 정답 ②

원점을 O라 하고 $A(-2,\ 0)$, $B(2,\ 0)$이라 하자.
직선 $y=\left(\tan\dfrac{\theta}{2}\right)x+2\tan\dfrac{\theta}{2}$는 점 A를 지나고,

x축과 이루는 예각의 크기가 $\dfrac{\theta}{2}$이므로

$\angle POB=2\angle PAB=\theta$이다.

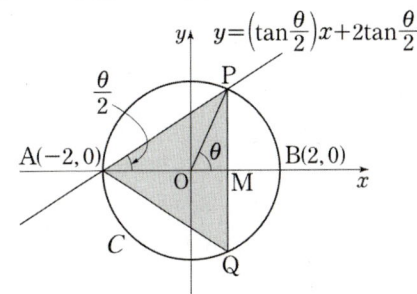

따라서 점 P의 좌표는 $(2\cos\theta,\ 2\sin\theta)$이고,
점 Q의 좌표는 $(2\cos\theta,\ -2\sin\theta)$이다.
선분 PQ의 중점을 M이라 하고
삼각형 PQR의 밑변을 선분 PQ라 하면 삼각형의 PQR의
넓이는 높이가 $\overline{AM}$일 때 최댓값을 갖는다.
따라서

$$S(\theta)=\dfrac{1}{2}\times\overline{PQ}\times\overline{AM}$$

$$=\dfrac{1}{2}\times 4\sin\theta\times(2+2\cos\theta)$$

$$=4\sin\theta(1+\cos\theta)$$

이므로

$S'(\theta) = 4\cos\theta(1+\cos\theta) - 4\sin^2\theta$이다.

$$\therefore S'\left(\frac{\pi}{6}\right) = 4 \times \frac{\sqrt{3}}{2} \times \left(1 + \frac{\sqrt{3}}{2}\right) - 4 \times \left(\frac{1}{2}\right)^2$$
$$= 2\sqrt{3} + 2$$

| 069 | 정답 ③

점 P에서 x축에 내린 수선의 발을 H라 하고 $\angle POQ = \theta$라 하자.

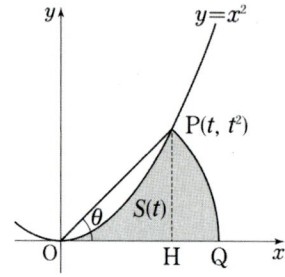

직각삼각형 OHP에서 $\overline{OP} = t\sqrt{1+t^2}$이므로 부채꼴 OPQ의 넓이는

$$\frac{1}{2} \times \overline{OP}^2 \times \theta = \frac{1}{2}(t^2+t^4)\theta$$

이때 선분 OP와 곡선 $y=x^2$으로 둘러싸인 부분의 넓이는

$$\frac{1}{2} \times t \times t^2 - \int_0^t x^2\,dx = \frac{1}{2}t^3 - \frac{1}{3}t^3 = \frac{1}{6}t^3$$

이므로 $S(t) = \frac{1}{2}(t^2+t^4)\theta - \frac{1}{6}t^3$이다.

한편, $\tan\theta = \frac{t^2}{t} = t$이므로

$$\sec^2\theta \times \frac{d\theta}{dt} = 1, \quad \frac{d\theta}{dt} = \cos^2\theta$$

$$S'(t) = (t+2t^3)\theta + \frac{1}{2}(t^2+t^4)\frac{d\theta}{dt} - \frac{1}{2}t^2$$
$$= (t+2t^3)\theta + \frac{1}{2}(t^2+t^4)\cos^2\theta - \frac{1}{2}t^2$$

이때 $t=1$이면 $\theta = \frac{\pi}{4}$이고 $\cos\theta = \frac{\sqrt{2}}{2}$이므로

$$S'(1) = 3 \times \frac{\pi}{4} + \frac{1}{2} \times 2 \times \frac{1}{2} - \frac{1}{2} = \frac{3}{4}\pi$$이다.

| 070 | 정답 ②

점 E에서 직선 BC에 내린 수선의 발을 E′이라 하고 $\overline{EE'} = x$라 하자.

이때 $\angle BCA = \frac{\pi}{4}$이므로 $\overline{CE'} = x$이고 $\overline{BE'} = 2-x$

따라서 직각삼각형 BE′E에서

$$\tan\theta = \frac{x}{2-x}, \quad (2-x)\tan\theta = x$$

$$2\tan\theta = (\tan\theta+1)x$$
$$\therefore x = \frac{2\tan\theta}{\tan\theta+1}$$

한편, 직각삼각형 EE′C에서 $\overline{CE} = \sqrt{2}x$이므로
$\overline{AE} = \sqrt{2}(2-x)$

또한 두 삼각형 ADC와 AFE는 서로 닮음이므로

$2\sqrt{2} : \sqrt{2}(2-x) = 1 : \overline{EF}$에서 $\overline{EF} = 1 - \frac{x}{2}$이다.

$$\therefore S(\theta) = \frac{1}{2} \times 2 \times \frac{2\tan\theta}{\tan\theta+1} \times \frac{2}{2+\left(1-\frac{x}{2}\right)}$$
$$= \frac{2\tan\theta}{\tan\theta+1} \times \frac{2}{3 - \frac{\tan\theta}{\tan\theta+1}}$$
$$= \frac{2\tan\theta}{\tan\theta+1} \times \frac{2(\tan\theta+1)}{2\tan\theta+3}$$
$$= \frac{4\tan\theta}{2\tan\theta+3}$$

$$\therefore \lim_{\theta \to 0+} \frac{S(\theta)}{\theta} = \lim_{\theta \to 0+} \frac{4\tan\theta}{\theta \times (2\tan\theta+3)}$$
$$= 4 \times \frac{1}{3} = \frac{4}{3}$$

4일차
본문 p.42~58

| SPEED CHECK |

071 ②	072 ③	073 ⑤	074 ②
075 ①	076 ③	077 ⑤	078 5
079 ⑤	080 ②	081 ②	082 ③
083 ④	084 ④	085 1	086 ④
087 6	088 4	089 ④	090 ③
091 ⑤	092 2	093 ④	094 13
095 ④	096 ②	097 ①	098 ③
099 41	100 ④	101 ①	102 95
103 ②			

| 071 | 정답 ②

$g(x) = \frac{f(x)}{e^{x-2}}$에서

$$g'(x) = \frac{f'(x)e^{x-2} - f(x)e^{x-2}}{(e^{x-2})^2} = \frac{f'(x) - f(x)}{e^{x-2}}$$이다.

실수 전체의 집합에서 미분가능한 함수 $f(x)$에 대하여

$\lim\limits_{x \to 2} \dfrac{f(x)-3}{x-2}=5$에서 극한값이 존재하고,

(분모)$\to 0$일 때 (분자)$\to 0$이므로

$f(2)=3$이고 $f'(2)=5$이다.

$\therefore g'(2) = \dfrac{f'(2)-f(2)}{e^0} = \dfrac{5-3}{1} = 2$

072 정답 ③

$f(2)=a$, $f(-2)=b$라 하면 조건 (가)에 의하여
$a>0$, $b>0$이다.

조건 (나)의 등식에 x 대신 2를 대입하면 $a-b=2$이고

조건 (다)의 등식에 x 대신 2를 대입하면 $a^2+b^2=20$이다.

$\begin{cases} a-b=2 \\ a^2+b^2=20 \end{cases}$을 연립하여 풀면 $a=4$, $b=2$이다.

$(\because a>0, b>0)$

조건 (나)의 등식의 양변을 x로 미분하면

$f'(x)+f'(-x)=1$ ⋯⋯㉠

조건 (다)의 등식의 양변을 x로 미분하면

$2f(x)f'(x)-2f(-x)f'(-x)=4x^3$ ⋯⋯㉡

㉠의 등식에 x 대신 2를 대입하면

$f'(2)+f'(-2)=1$이고

㉡의 등식에 x 대신 2를 대입하면

$8f'(2)-4f'(-2)=32$,

즉 $2f'(2)-f'(-2)=8$이다.

$\begin{cases} f'(2)+f'(-2)=1 \\ 2f'(2)-f'(-2)=8 \end{cases}$을 연립하여 풀면

$f'(2)=3$, $f'(-2)=-2$이다.

함수 $\sin\{\pi f(x)\}$의 도함수는

$\cos\{\pi f(x)\} \times \pi f'(x)$이므로

함수 $\sin\{\pi f(x)\}$의 $x=2$에서의 미분계수는

$\cos(4\pi) \times 3\pi = 3\pi$이다.

다른 풀이

조건 (나)에서 $f(-x)=f(x)-x$이므로

조건 (다)에서

$\{f(x)\}^2+\{f(x)-x\}^2 = x^4+4$이다.

$2\{f(x)\}^2-2xf(x)=x^4-x^2+4$ ⋯⋯㉠

㉠의 등식에 x 대신 2를 대입하면

$2\{f(2)\}^2-4f(2)-16=0$,

$\{f(2)+2\}\{f(2)-4\}=0 \Rightarrow f(2)=4$ ($\because$ 조건 (가))

㉠의 등식의 양변을 x로 미분하면

$4f(x)f'(x)-2f(x)-2xf'(x)=4x^3-2x$이고

여기에 x 대신 2를 대입하면

$4f(2)f'(2)-2f(2)-4f'(2)=28 \Rightarrow f'(2)=3$

함수 $\sin\{\pi f(x)\}$의 도함수는

$\cos\{\pi f(x)\} \times \pi f'(x)$이므로 함수 $\sin\{\pi f(x)\}$의

$x=2$에서의 미분계수는 $\cos(4\pi) \times 3\pi = 3\pi$이다.

073 정답 ⑤

$\lim\limits_{x \to 1} \dfrac{g(f(x))-e}{x-1}=0$에서 (분모)$\to 0$이므로

(분자)$\to 0$이다.

따라서 $g(f(1))=g(0)=e$이고, $g(0)=f(0)e=e$에서
$f(0)=1$이다.

또한

$\lim\limits_{x \to 1} \dfrac{g(f(x))-e}{x-1} = \lim\limits_{x \to 1} \dfrac{g(f(x))-g(f(1))}{x-1}$

$= g'(f(1))f'(1)$

$= g'(0)f'(1) = 0$

이고,

$g'(x)=e^{1-x}\{f'(x)-f(x)\}$이므로

$g'(0)=e\{f'(0)-f(0)\}=e\{f'(0)-1\}$에서

$g'(0)f'(1)=e\{f'(0)-1\}f'(1)=0$이다.

따라서 $f'(0)=1$ 또는 $f'(1)=0$이다.

이때, 함수 $f(x)$가 최고차항의 계수가 양수인

이차함수이므로

$f(x)=ax^2+bx+c$ $(a>0)$라 하면

$f(1)=0$, $f(0)=1$에서 $c=1$, $b=-a-1$이므로

$f(x)=ax^2-(a+1)x+1$이고,

$f'(x)=2ax-a-1$이다.

이때, $f'(0)=1$이면 $-a-1=1$에서 $a=-2$이므로

모순이다.

$f'(1)=0$이면 $a-1=0$에서 $a=1$이므로

$f(x)=x^2-2x+1$이다.

$\therefore f(4)=16-8+1=9$

074 정답 ②

$\dfrac{dx}{d\theta}=-\sin\theta\cos\theta-(1+\cos\theta)\sin\theta=-\sin\theta(1+2\cos\theta)$

$\dfrac{dy}{d\theta}=-\sin^2\theta+(1+\cos\theta)\cos\theta=2\cos^2\theta+\cos\theta-1$

$\therefore \dfrac{dy}{dx} = \dfrac{\dfrac{dy}{d\theta}}{\dfrac{dx}{d\theta}} = \dfrac{2\cos^2\theta+\cos\theta-1}{-\sin\theta(1+2\cos\theta)}$

$= \dfrac{(2\cos\theta-1)(\cos\theta+1)}{-\sin\theta(1+2\cos\theta)}$

따라서 $\dfrac{dy}{dx}$의 값이 0이 되기 위해서는

$(2\cos\theta-1)(\cos\theta+1)=0$

이므로 $\cos\theta=\dfrac{1}{2}$ 또는 $\cos\theta=-1$

$\therefore \theta=\dfrac{\pi}{3}$ $(\because 0<\theta<\pi)$

075 정답 ①

$2x^2+2xy-y^2=k$의 양변에 $x=1$을 대입하여 정리하면
$y^2-2y+k-2=0$
이 이차방정식의 두 실근을 α, β라 하면
근과 계수의 관계에서 $\alpha+\beta=2$, $\alpha\beta=k-2$
이때 $P(1, \alpha)$, $Q(1, \beta)$
$2x^2+2xy-y^2=k$의 양변을 x에 대하여 미분하면
$4x+2y+2xy'-2yy'=0$
$\therefore y'=-\dfrac{2x+y}{x-y}$ (단, $x-y \neq 0$)

$P(1, \alpha)$에서의 접선의 기울기는 $-\dfrac{2+\alpha}{1-\alpha}$

$Q(1, \beta)$에서의 접선의 기울기는 $-\dfrac{2+\beta}{1-\beta}$

두 접선이 서로 수직이므로 기울기의 곱은 -1이다.

$\left(-\dfrac{2+\alpha}{1-\alpha}\right)\left(-\dfrac{2+\beta}{1-\beta}\right)=-1$

$(2+\alpha)(2+\beta)=-(1-\alpha)(1-\beta)$

$4+2(\alpha+\beta)+\alpha\beta=-1+(\alpha+\beta)-\alpha\beta$

$4+4+(k-2)=-1+2-(k-2)$

$\therefore k=-\dfrac{3}{2}$

076 정답 ③

실수 전체의 집합에서 미분가능한 두 함수 $f(x)$, $g(x)$는
서로 역함수 관계이고
$f(1)=2$, $f'(1)=3$이라 주어졌으므로
$g(2)=1$, $g'(2)=\dfrac{1}{f'(1)}=\dfrac{1}{3}$이다.
또한 $h(x)=xg(x)$에서
$h'(x)=g(x)+xg'(x)$이므로
$\therefore h'(2)=g(2)+2g'(2)$
$\qquad =1+\dfrac{2}{f'(1)}$
$\qquad =1+\dfrac{2}{3}=\dfrac{5}{3}$

077 정답 ⑤

$\lim\limits_{x\to-1}\dfrac{g(x)+1}{x+1}=\dfrac{1}{4}$에서 $x\to-1$일 때, (분모)$\to 0$이고
수렴하므로 (분자)$\to 0$이다.
$\lim\limits_{x\to-1}\{g(x)+1\}=0$에서 $g(-1)=-1$이고,
역함수의 정의에 의하여 $f(-1)=-1$이므로

$f(-1)=-1-a+b=-1$에서
$a=b$ ⋯⋯㉠
$\lim\limits_{x\to-1}\dfrac{g(x)+1}{x+1}=\lim\limits_{x\to-1}\dfrac{g(x)-g(-1)}{x-(-1)}=g'(-1)=\dfrac{1}{4}$
이므로
$f'(-1)=\dfrac{1}{g'(f(-1))}=\dfrac{1}{g'(-1)}=4$
$f'(x)=3x^2+a$에서
$f'(-1)=3+a=4$
$\therefore a=1$, $b=1$ ($\because$ ㉠)
$\therefore f(x)=x^3+x+1$
$\therefore f(3)=27+3+1=31$

078 정답 5

조건 (가)에서 $\lim\limits_{x\to 0}\dfrac{f(x)-1}{x}=2$이고
$x\to 0$일 때 (분모)$\to 0$이므로 (분자)$\to 0$이다.
따라서 $f(0)=1$ ⋯⋯㉠
$\lim\limits_{x\to 0}\dfrac{f(x)-1}{x}=\lim\limits_{x\to 0}\dfrac{f(x)-f(0)}{x-0}=f'(0)=2$ ⋯⋯㉡
한편 $g(x)=\{f(x)\}^2+\{f'(x)\}^2$이므로
$g'(x)=2f(x)f'(x)+2f'(x)f''(x)$
$\qquad =2f'(x)\{f(x)+f''(x)\}$
조건 (나)에 의하여 $g'(x)=0$이다.
따라서 함수 $g(x)$는 상수함수이다.
$g(0)=\{f(0)\}^2+\{f'(0)\}^2=5$ ($\because$ ㉠, ㉡)
$\Rightarrow g(x)=5$
$\therefore g(10)=5$

079 정답 ⑤

함수 $g(x)=x^3+x$에 대하여 $g'(x)=3x^2+1$이고
모든 실수 x에 대하여 $g'(x)=3x^2+1>0$이므로
함수 $g(x)=x^3+x$는 실수 전체의 집합에서 증가한다.
따라서 함수 $g(x)=x^3+x$는 역함수가 존재한다.
점 P의 좌표를 $(h(t), t)$라 하면 점 P는 함수 $y=g(x)$의
그래프 위의 점이므로 $t=g(h(t))$이다.
즉, $h(t)=g^{-1}(t)$이므로 $f(t)=\left|tg^{-1}(t)\right|$이다.
$t>0$일 때 $g^{-1}(t)>0$이므로 $f(t)=tg^{-1}(t)$
$g(2)=10$, $g'(2)=13$에서
$f'(10)=g^{-1}(10)+10(g^{-1})'(10)$
$\qquad =g^{-1}(10)+10\times\dfrac{1}{g'(2)}$
$\qquad =2+\dfrac{10}{13}=\dfrac{36}{13}$

080 정답 ②

$f(x) = \ln(2+\tan x)\,\left(-\frac{\pi}{3} < x < \frac{\pi}{3}\right)$에서

$f'(x) = \dfrac{\sec^2 x}{2+\tan x}\,\left(-\frac{\pi}{3} < x < \frac{\pi}{3}\right)$이다.

한편 방정식 $f(x)=0$, 즉 $2+\tan x=1$에서

$x = -\dfrac{\pi}{4}$이므로

$f\left(-\dfrac{\pi}{4}\right)=0$이고 $g(0) = -\dfrac{\pi}{4}$이다.

따라서

$g'(0) = \dfrac{1}{f'(g(0))} = \dfrac{1}{f'\left(-\frac{\pi}{4}\right)} = \dfrac{2+(-1)}{2} = \dfrac{1}{2}$이다.

따라서 곡선 $y=g(x)$ 위의 점 $\left(0, -\dfrac{\pi}{4}\right)$에서의 접선의

방정식은 $y=\dfrac{1}{2}x - \dfrac{\pi}{4}$이므로 이 직선의 x절편은

$\dfrac{\pi}{2}$이다.

081 정답 ②

$f(x) = \cos 5x$로 놓으면 $f'(x) = -5\sin 5x$이므로
점 $(t, \cos 5t)$에서의 접선의 기울기는
$f'(t) = -5\sin 5t$
따라서 점 $(t, \cos 5t)$를 지나고 이 점에서의 접선과
수직인 직선의 방정식은

$y - \cos 5t = \dfrac{1}{5\sin 5t}(x-t)$

$y = \dfrac{1}{5\sin 5t}x - \dfrac{t}{5\sin 5t} + \cos 5t$에서

$g(t) = \cos 5t - \dfrac{t}{5\sin 5t}$이므로

$g'(t) = -5\sin 5t - \dfrac{1}{5} \times \dfrac{\sin 5t - t \times 5\cos 5t}{\sin^2 5t}$

$\therefore g'\left(\dfrac{\pi}{2}\right) = -5 - \dfrac{1}{5} \times \dfrac{1 - \frac{\pi}{2} \times 5 \times 0}{1^2} = -\dfrac{26}{5}$

082 정답 ③

$x=0$에서 $2\sin\left(\dfrac{\pi}{2}t\right)=0$이므로 $t=2$ $(\because 0 < t \le 3)$

따라서 $a = 4\sin\left(\dfrac{\pi}{3} \times 2\right) = 2\sqrt{3}$이다.

$x = 2\sin\left(\dfrac{\pi}{2}t\right)$이므로 $\dfrac{dx}{dt} = \pi\cos\left(\dfrac{\pi}{2}t\right)$

$y = 4\sin\left(\dfrac{\pi}{3}t\right)$이므로 $\dfrac{dy}{dt} = \dfrac{4}{3}\pi\cos\left(\dfrac{\pi}{3}t\right)$

$\Rightarrow \dfrac{dy}{dx} = \dfrac{\frac{dy}{dt}}{\frac{dx}{dt}} = \dfrac{4\cos\left(\frac{\pi}{3}t\right)}{3\cos\left(\frac{\pi}{2}t\right)}$

따라서 $t=2$일 때, $\dfrac{dy}{dx} = \dfrac{2}{3}$이므로

곡선 C 위의 점 $(0, 2\sqrt{3})$에서의 접선의 방정식은

$y = \dfrac{2}{3}x + 2\sqrt{3}$이다.

$\therefore a \times m \times n = 2\sqrt{3} \times \dfrac{2}{3} \times 2\sqrt{3} = 8$

083 정답 ④

함수 $f(x)$가 미분가능하므로 $x=0$에서 연속이다.

$\lim\limits_{x \to 0}\dfrac{f(x)+2}{x} = 3$에서

(분모)$\to 0$이므로 (분자)$\to 0$이다.

$\lim\limits_{x \to 0}\{f(x)+2\} = f(0)+2 = 0$

$\Rightarrow f(0) = -2$

$\lim\limits_{x \to 0}\dfrac{f(x)+2}{x} = \lim\limits_{x \to 0}\dfrac{f(x)-f(0)}{x}$

$\qquad\qquad\qquad\quad = f'(0) = 3$

또, $g(x) = f(2x)\cos x^2$이라 하면

$g(0) = f(0) = -2$이고 함수 $g(x)$가 미분가능하므로

$g'(x) = 2f'(2x)\cos x^2 - 2xf(2x)\sin x^2$

$\Rightarrow g'(0) = 2f'(0) = 6$

따라서 곡선 $y=g(x)$ 위의 x좌표가 0인 점에서의

접선의 방정식은 $y = 6x-2$

$\Rightarrow a = 6,\ b = -2$

$\therefore a+b = 4$

084 정답 ④

$y = \ln x$에서 $y' = \dfrac{1}{x}$이므로 점 $(e, 1)$에서의 접선 l의

방정식은

$y = \dfrac{1}{e}(x-e)+1 = \dfrac{1}{e}x$ $\qquad\qquad$ ……㉠

직선 l과 곡선 $y = -\dfrac{1}{x} - k$가 한 점에서만 만나려면

직선 l이 곡선 $y = -\dfrac{1}{x} - k$와 접해야 한다.

$y = -\dfrac{1}{x} - k$에서 $y' = \dfrac{1}{x^2}$이므로 $\dfrac{1}{x^2} = \dfrac{1}{e}$이다.

$\Rightarrow x = \pm\sqrt{e}$

이때, 직선 l과 곡선 $y=-\dfrac{1}{x}-k$의 접점이 제3사분면에 존재하므로 $x=-\sqrt{e}$이다.

따라서 접점의 좌표는 $\left(-\sqrt{e},\ -\dfrac{1}{\sqrt{e}}\right)$이다. ($\because$ ㉠)

이를 곡선 $y=-\dfrac{1}{x}-k$의 방정식에 대입하여 정리하면

$\therefore\ k=\dfrac{2}{\sqrt{e}}$

다른 풀이

곡선 $y=\ln x$ 위의 점 $(e,\ 1)$에서의 접선의 방정식이 $y=\dfrac{1}{e}x$이므로 x에 대한 방정식 $\dfrac{1}{e}x=-\dfrac{1}{x}-k$,

즉 $x^2+kex+e=0$이 중근(음의 실근)을 가지면 된다.
이 이차방정식의 판별식을 D라 하면

$D=k^2e^2-4e=0$

$\therefore\ k=\dfrac{2}{\sqrt{e}}$ ($\because\ x=-\sqrt{e}<0$)

| 085 | 정답 1

$f(x)=e^x$이라 하면 $f'(x)=e^x$이므로
곡선 $y=f(x)$ 위의 점 $A_1(a_1,\ e^{a_1})$에서의 접선의 방정식은
$y=f'(a_1)(x-a_1)+e^{a_1}$, 즉 $y=e^{a_1}(x-a_1)+e^{a_1}$이다.
조건 (가)에 의하여 이 직선이 원점을 지나므로
$0=e^{a_1}(0-a_1)+e^{a_1}$에서 $a_1=1$이다. $\qquad$ ……㉠
한편 곡선 $y=f(x)$ 위의 점 $A_{n+1}(a_{n+1},\ e^{a_{n+1}})$
에서의 접선의 방정식은
$y=f'(a_{n+1})(x-a_{n+1})+e^{a_{n+1}}$, 즉
$y=e^{a_{n+1}}(x-a_{n+1})+e^{a_{n+1}}$이다.
조건 (나)에 의하여 이 직선이 점 $(a_n,\ 0)$을 지나므로
$0=e^{a_{n+1}}(a_n-a_{n+1})+e^{a_{n+1}}$에서
$a_{n+1}=a_n+1$이다. $\qquad$ ……㉡

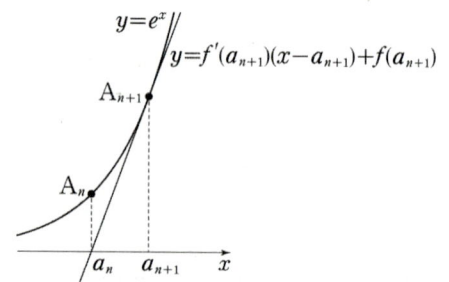

㉠, ㉡에 의하여 수열 $\{a_n\}$의 일반항은 $a_n=n$이다.
따라서 곡선 $y=e^x$ 위의 점 $A_n(n,\ e^n)$에서의 접선의
기울기는 $b_n=e^n$이다.

$\therefore\ \displaystyle\lim_{n\to\infty}e^{a_n}\{\ln(b_n+1)-\ln b_n\}=\lim_{n\to\infty}e^{a_n}\ln\left(1+\dfrac{1}{b_n}\right)$

$\qquad\qquad\qquad\qquad\qquad =\lim_{n\to\infty}e^n\ln\left(1+\dfrac{1}{e^n}\right)$

$\qquad\qquad\qquad\qquad\qquad =\lim_{n\to\infty}\ln\left(1+\dfrac{1}{e^n}\right)^{e^n}$

$\qquad\qquad\qquad\qquad\qquad =\ln e=1$

| 086 | 정답 ④

직사각형의 가로의 길이를 t라 하면 세로의 길이는
$\log_{\frac{1}{2}}t-\log_2 t=-2\log_2 t\ (0<t<1)$이다.
따라서 직사각형의 넓이 $S(t)$는
$S(t)=-2t\log_2 t$

$S'(t)=-2\log_2 t-\dfrac{2t}{t\ln 2}$

$\qquad =-\dfrac{2\ln t}{\ln 2}-\dfrac{2}{\ln 2}=-\dfrac{2\ln t+2}{\ln 2}$

$S'(t)=0$에서 $2\ln t=-2$, $t=\dfrac{1}{e}$

t	0	$\cdots$	$\dfrac{1}{e}$	$\cdots$	1
$S'(t)$		$+$	0	$-$	
$S(t)$		$\nearrow$	$\dfrac{2}{e}\log_2 e$	$\searrow$	

따라서 넓이의 최댓값은 $\dfrac{2}{e}\log_2 e$이다.

| 087 | 정답 6

$t>1$에 대하여

$\dfrac{dx}{dt}=\dfrac{1}{2\sqrt{t}}-\dfrac{1}{2t\sqrt{t}}=\dfrac{t-1}{2t\sqrt{t}}$, $\dfrac{dy}{dt}=\dfrac{3}{2}\sqrt{t}$이므로

$\dfrac{dy}{dx}=\dfrac{\dfrac{dy}{dt}}{\dfrac{dx}{dt}}=\dfrac{\dfrac{3}{2}\sqrt{t}}{\dfrac{t-1}{2t\sqrt{t}}}=\dfrac{3t^2}{t-1}$

$f(t)=\dfrac{t^2}{t-1}\ (t>1)$이라 하면

$f'(t)=\dfrac{2t\times(t-1)-t^2\times 1}{(t-1)^2}=\dfrac{t(t-2)}{(t-1)^2}$이므로

함수 $f(t)$는 $t=2$에서 최솟값을 갖는다.
따라서 이 매개변수로 나타내어진 함수의 그래프 위를
움직이는 점 $P\left(\sqrt{2}+\dfrac{1}{\sqrt{2}},\ 2\sqrt{2}\right)$에서의 접선의
기울기가 최소이다.

$a=\dfrac{3}{2}\sqrt{2}$, $b=2\sqrt{2}$이므로 $ab=6$이다.

088 | 정답 ④

$y' = \cos x$이므로 곡선 $y = \sin x$ 위의 점
$P(\theta, \sin\theta)$에서의 접선의 방정식은
$y - \sin\theta = \cos\theta(x - \theta)$
$\Rightarrow y = x\cos\theta - \theta\cos\theta + \sin\theta$
$x = 0$을 대입하면 $y = -\theta\cos\theta + \sin\theta$
$x = \dfrac{\pi}{2}$를 대입하면 $y = \dfrac{\pi}{2}\cos\theta - \theta\cos\theta + \sin\theta$
사다리꼴의 넓이를 $S(\theta)$라 하면
$S(\theta) = \dfrac{1}{2}\Big\{(-\theta\cos\theta + \sin\theta)$
$\qquad\qquad + \Big(\dfrac{\pi}{2}\cos\theta - \theta\cos\theta + \sin\theta\Big)\Big\} \times \dfrac{\pi}{2}$
$\qquad = \dfrac{\pi^2}{8}\cos\theta + \dfrac{\pi}{2}(\sin\theta - \theta\cos\theta)$
$S'(\theta) = -\dfrac{\pi^2}{8}\sin\theta + \dfrac{\pi}{2}(\cos\theta - \cos\theta + \theta\sin\theta)$
$\qquad = -\dfrac{\pi^2}{8}\sin\theta + \dfrac{\pi}{2}\theta\sin\theta = \dfrac{\pi}{2}\Big(\theta - \dfrac{\pi}{4}\Big)\sin\theta$
$S'(\theta) = 0$에서 $\theta = \dfrac{\pi}{4}$ $\Big(\because 0 < \theta < \dfrac{\pi}{2}\Big)$

$0 < \theta < \dfrac{\pi}{4}$일 때 $S'(\theta) < 0$이고

$\dfrac{\pi}{4} < \theta < \dfrac{\pi}{2}$일 때 $S'(\theta) > 0$이므로

$\theta = \dfrac{\pi}{4}$일 때 극소이면서 최소이다.

$\therefore k = \dfrac{\pi}{4} \Rightarrow \dfrac{\pi}{k} = 4$

089 | 정답 ④

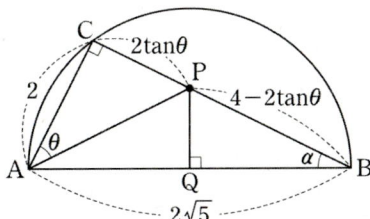

위의 그림에서 $\angle ACB = \dfrac{\pi}{2}$이므로
$\overline{CP} = 2\tan\theta$, $\overline{BC} = 4$
$\Rightarrow \overline{PB} = 4 - 2\tan\theta$

$\angle ABC = \alpha$로 놓으면 $\sin\alpha = \dfrac{\sqrt{5}}{5}$, $\cos\alpha = \dfrac{2\sqrt{5}}{5}$

한편, 직각삼각형 ACP에서 $\overline{AP} = \dfrac{2}{\cos\theta}$ ⋯⋯ ㉠

$\overline{PQ} = \overline{BP} \times \sin\alpha = \dfrac{4\sqrt{5}}{5} - \dfrac{2\sqrt{5}}{5}\tan\theta$ ⋯⋯ ㉡

㉠, ㉡에 의해
$\overline{AP} + \overline{PQ} = \dfrac{2}{\cos\theta} + \dfrac{4\sqrt{5}}{5} - \dfrac{2\sqrt{5}}{5}\tan\theta = f(\theta)$
이 식을 θ에 대하여 미분하면
$f'(\theta) = 2 \times \sec\theta \times \tan\theta - \dfrac{2\sqrt{5}}{5}\sec^2\theta$
$\qquad = 2\sec\theta\Big(\tan\theta - \dfrac{\sqrt{5}}{5}\sec\theta\Big)$
$\qquad = \dfrac{2}{\cos\theta} \times \dfrac{5\sin\theta - \sqrt{5}}{5\cos\theta}$
$f'(\theta) = 0$에서 $\sin\theta = \dfrac{\sqrt{5}}{5}$

따라서 $\sin\theta = \dfrac{\sqrt{5}}{5}$일 때
$\overline{AP} + \overline{PQ}$는 극소이면서 최소이다.
$\therefore \sin 2\theta = 2 \times \sin\theta \times \cos\theta$
$\qquad\qquad = 2 \times \dfrac{\sqrt{5}}{5} \times \dfrac{2\sqrt{5}}{5}$
$\qquad\qquad = \dfrac{4}{5}$ $\Big(\because 0 < \theta < \dfrac{\pi}{2}\Big)$

090 | 정답 ③

삼각형 APB의 넓이가 최대 또는 최소이려면
곡선 위의 점 P가 직선 AB로부터 가장 멀거나,
가장 가까워야 하므로 점 P가 구간의 양끝점이거나
아니면 점 P에서의 접선의 기울기가 직선 AB의 기울기와
같아야 한다.
삼각형 APB의 넓이를 선분 AB의 길이를 밑변,
직선 AB와 점 P 사이의 거리를 높이로 하여 식을
세워보자.
선분 AB의 길이는 $\sqrt{5}$이고, 직선 AB의 방정식은
$x + 2y - 2 = 0$이므로 점 $P(t, \cos t + 1)$이라고 하면,
구하는 넓이 $S(t)$는
$S(t) = \dfrac{1}{2} \times \sqrt{5} \times \dfrac{|t + 2\cos t|}{\sqrt{5}}$
$0 \le t \le \pi$인 모든 t에 대하여 $t + 2\cos t > 0$ ⋯⋯ **TIP**
이므로
$S(t) = \dfrac{1}{2} \times (t + 2\cos t)$
$S'(t) = \dfrac{1}{2}(1 - 2\sin t) = 0 \Rightarrow t = \dfrac{\pi}{6}, \dfrac{5}{6}\pi$
$0 \le t \le \pi$에서
$t = \dfrac{\pi}{6}$일 때 $S(t)$는 극대이고
$S\Big(\dfrac{\pi}{6}\Big) = \dfrac{1}{2}\Big(\dfrac{\pi}{6} + \sqrt{3}\Big)$
$t = \dfrac{5}{6}\pi$일 때 $S(t)$는 극소이고

$S\left(\dfrac{5}{6}\pi\right)=\dfrac{1}{2}\left(\dfrac{5}{6}\pi-\sqrt{3}\right)$

$t=0$일 때 $S(0)=1$,

$t=\pi$일 때 $S(\pi)=\dfrac{\pi}{2}-1$이다.

$S(0)>S(\pi)$이므로 TIP 의 함수 $y=f(t)$의 그래프 개형을 참고하면

함수 $S(t)$의 최댓값은 $M=\dfrac{1}{2}\left(\dfrac{\pi}{6}+\sqrt{3}\right)$

함수 $S(t)$의 최솟값은 $m=\dfrac{1}{2}\left(\dfrac{5}{6}\pi-\sqrt{3}\right)$

$\therefore\ 5M-m=5\times\left(\dfrac{\pi}{12}+\dfrac{\sqrt{3}}{2}\right)-\left(\dfrac{5}{12}\pi-\dfrac{\sqrt{3}}{2}\right)=3\sqrt{3}$

TIP

$0\le t\le\pi$인 모든 t에 대하여 $t+2\cos t>0$임을 확인해 보자.

$f(t)=t+2\cos t$라 할 때, $0\le t\le\pi$인 모든 t에 대하여 $f(t)>0$인지 확인하면 된다.

$f'(t)=1-2\sin t=0 \Rightarrow t=\dfrac{\pi}{6},\ \dfrac{5}{6}\pi$

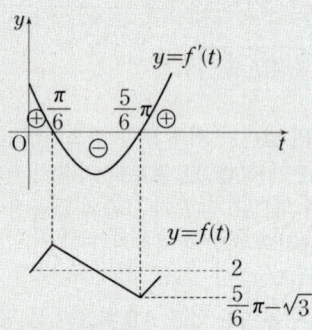

이때, $\dfrac{5}{6}\pi-\sqrt{3}>0$인지 확인해 보면

$\dfrac{5}{6}\pi>\sqrt{3}$, $5\pi>6\sqrt{3}$, $5\pi>15>6\sqrt{3}$이

성립하므로 $\dfrac{5}{6}\pi-\sqrt{3}>0$가 맞음을 알 수 있다.

따라서 $0\le t\le\pi$인 모든 t에 대하여 $f(t)>0$, 즉 $t+2\cos t>0$을 만족한다.

|091| 정답 ⑤

ㄱ. 중심각의 크기가 x이고 반지름의 길이가 $g(x)$인 부채꼴의 호의 길이가 $f(x)$이므로

$\quad f(x)=xg(x)$ ······㉠

$\quad f'(x)=g(x)+xg'(x)$

$\quad$함수 $g(x)$가 $x=\alpha$에서 극값을 가지므로 $g'(\alpha)=0$

$\quad\therefore\ f'(\alpha)=g(\alpha)$ (참)

ㄴ. ㉠에서 $g(x)=\dfrac{f(x)}{x}$

$\quad g'(x)=\dfrac{f'(x)x-f(x)}{x^2}=0$일 때 함수 $g(x)$가

극값을 가지므로

극값을 가지는 점의 x좌표를 t라 할 때

$f'(t)t-f(t)=0$, $f'(t)=\dfrac{f(t)}{t}$이므로

곡선 $y=f(x)$ 위의 점 $(t,\ f(t))$에서의 접선의 기울기와 원점과 점 $(t,\ f(t))$를 이은 직선의 기울기가 같다.

또한 함수 $f(x)=\sin 2x+2$의 주기는 $\dfrac{2\pi}{2}=\pi$이므로

함수 $f(x)$의 그래프와 α, β, γ의 위치는 다음 그림과 같다.

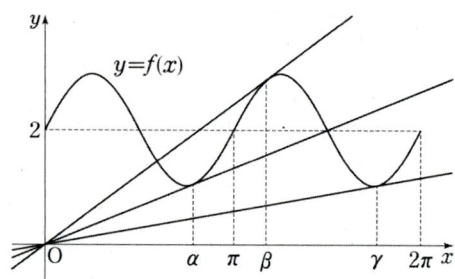

$f(x)=\sin 2x+2$에서 $f'(x)=2\cos 2x$이고

$f'(\beta)>f'(\alpha)>f'(\gamma)$이므로

$\cos 2\beta>\cos 2\alpha>\cos 2\gamma$ (참)

ㄷ. ㄴ의 그래프에서 $f'(\alpha)>f'(\gamma)$이고

주기가 π인 함수 $y=f(x)$는 $\dfrac{3}{4}\pi<x<\pi$,

$\dfrac{7}{4}\pi<x<2\pi$인 구간에서 증가하고 아래로

볼록하므로 $f(\alpha)>f(\gamma)$이다.

따라서 $\pi-\alpha<2\pi-\gamma$이므로 $\gamma-\alpha<\pi$이다. (참)

따라서 옳은 것은 ㄱ, ㄴ, ㄷ이다.

|092| 정답 2

사각형 OBAC의 넓이가 $f(t)=t\cos t$이므로

$f'(t)=\cos t-t\sin t=t\cos t\left(\dfrac{1}{t}-\tan t\right)$이다.

이때 $0<t<\dfrac{\pi}{2}$에서 $t\cos t>0$이므로

$\dfrac{1}{t}=\tan t$를 만족하는 $t=\alpha$라 하면 (단, $0<\alpha<\dfrac{\pi}{2}$)

$t=\alpha$의 좌우에서 $f'(t)$의 부호가 양에서 음으로 바뀌므로

함수 $y=f(t)$는 $t=\alpha$에서 극대이자 최대이다.

즉, $\dfrac{1}{\alpha}=\tan\alpha$이다. ······㉠

이때 곡선 $y=\cos x$ 위의 점 $A(\alpha,\ \cos\alpha)$에서의 접선의 방정식은
$$y=-\sin\alpha(x-\alpha)+\cos\alpha$$
$$=-(\sin\alpha)x+\alpha\sin\alpha+\cos\alpha$$
이다.
이 직선이 x축과 만나는 점 D의 x좌표는
$$x=\frac{\alpha\sin\alpha+\cos\alpha}{\sin\alpha}=\alpha+\frac{1}{\tan\alpha}$$
$$=2\alpha\ (\because\ \bigcirc)$$
$$\therefore\ \frac{\overline{\text{OD}}}{\overline{\text{OB}}}=\frac{2\alpha}{\alpha}=2$$

093 정답 ④

$f(x)=(x^2+ax+b)e^x+c$에서
$f'(x)=\{x^2+(a+2)x+a+b\}e^x$이다.
함수 $g(t)$는 두 점 $(0,\ f(0))$, $(t,\ f(t))$를 지나는 직선의 기울기이고,
함수 $h(t)$는 두 점 $(0,\ 0)$, $(t,\ f(t))$를 지나는 직선의 기울기이다.
따라서 방정식 $x^2+(a+2)+a+b=0$의 판별식을 D라 할 때 $D\le 0$이면 함수 $f(x)$는 증가하므로 함수 $g(t)$는 음수가 될 수 없다.
따라서 조건 (가)를 만족시키려면 $D>0$이어야 하므로 함수 $f(x)$는 극대, 극소를 갖고,
점 $(0,\ f(0))$에서 곡선 $y=f(x)$에 그은 접선의 접점이 $(1,\ f(1))$이고, 접선의 기울기가 $-e$이어야 한다.

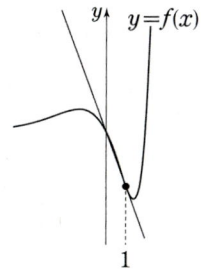

따라서 $\dfrac{f(1)-f(0)}{1}=-e$에서
$(a+b+1)e-b=-e$이고 $\cdots\cdots\bigcirc$
$f'(1)=-e$에서 $2a+b+3=-1$이다. $\cdots\cdots\bigcirc$
$\bigcirc$의 $b=-2a-4$를 $\bigcirc$에 대입하면
$(-a-3)e+2a+4=-e$에서 $a(2-e)=2(e-2)$이므로 $a=-2$이다.
이를 다시 $\bigcirc$에 대입하면 $b=0$이다.
즉, $f(x)=(x^2-2x)e^x+c$이고
$f'(x)=(x^2-2)e^x$이다.
조건 (나)를 만족시키려면
점 $(0,\ 0)$에서 곡선 $y=f(x)$에 그은 접선의 접점이 $(2,\ f(2))$이어야 한다.

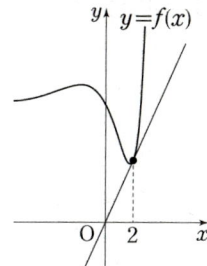

따라서
$\dfrac{f(2)}{2}=f'(2)$에서 $\dfrac{c}{2}=2e^2$, 즉 $c=4e^2$이므로
$f(x)=(x^2-2x)e^x+4e^2$이다.
$\therefore\ f(2)=4e^2$

094 정답 13

$x\ge 0$일 때, $f(x)=ax^2e^{-x}-b$에서
$f'(x)=a(2x-x^2)e^{-x}$
$f'(x)=0$에서 $x=0$ 또는 $x=2$
$a>0$이므로 함수 $f(x)$의 증가와 감소를 표로 나타내면 다음과 같다.

x	0	$\cdots$	2	$\cdots$
$f'(x)$	0	$+$	0	$-$
$f(x)$		$\nearrow$		$\searrow$

$b>0$이므로 함수 $y=f(x)$의 그래프는 [그림 1]과 같다.

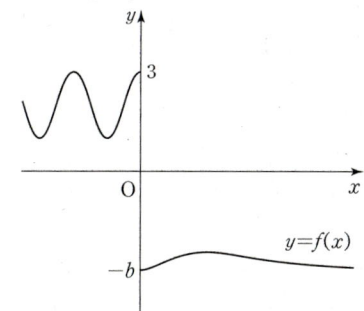

[그림 1]

함수 $|f(x)|$가 실수 전체의 집합에서 미분가능하려면 연속이어야 하므로 [그림 2]와 같이
$3=-(-b)$
$\therefore\ b=3$

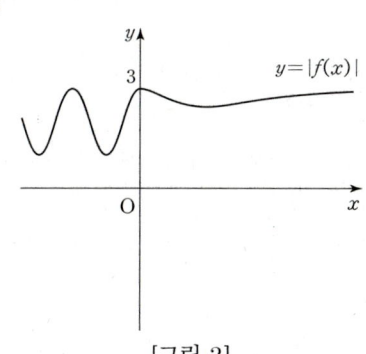

[그림 2]

함수 $|f(x)|$가 실수 전체의 집합에서 미분가능하려면
$x \geq 0$에서 함수 $f(x)$의 극댓값이 0 이하이어야 한다.
즉, $f(2) = 4ae^{-2} - 3 \leq 0$

$\therefore a \leq \dfrac{3}{4}e^2$

따라서 $ab \leq \dfrac{9}{4}e^2$에서 ab의 최댓값은 $\dfrac{9}{4}e^2$이다.

$\therefore p + q = 13$

| 095 | 정답 ④

ㄱ. $f'(x) = \dfrac{e^x(x-1) - e^x}{(x-1)^2} = \dfrac{e^x(x-2)}{(x-1)^2}$

$\displaystyle\lim_{x\to\infty} f(x) = \infty$, $\displaystyle\lim_{x\to-\infty} f(x) = 0$,

$\displaystyle\lim_{x\to 1+} f(x) = \infty$, $\displaystyle\lim_{x\to 1-} f(x) = -\infty$이므로

함수 $y = f(x)$의 그래프의 개형은 그림과 같고,
$x = 2$에서 극솟값을 갖는다. (참)

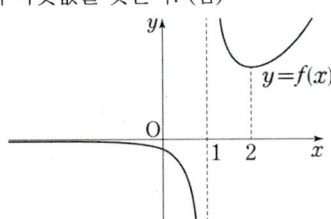

ㄴ. $f''(x) = \dfrac{e^x(x^2 - 4x + 5)}{(x-1)^3}$이다.

$x \neq 1$이고 $x^2 - 4x + 5 > 0$이므로
곡선 $y = f(x)$의 변곡점은 없다. (거짓)

ㄷ. $e > 2$이므로 다음 그림과 같이 곡선 $y = |f(x)|$와
$y = f(e)$의 교점이 3개임을 확인할 수 있다. (참)

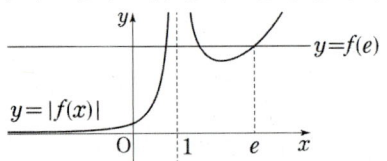

따라서 옳은 것은 ㄱ, ㄷ이다.

| 096 | 정답 ②

$f(x) = \left(\dfrac{e}{x^n} - 1\right)\ln x = (ex^{-n} - 1)\ln x$에서

$f'(x) = -nex^{-n-1} \times \ln x + (ex^{-n} - 1) \times \dfrac{1}{x}$

$\qquad = -x^{-n-1}(ne\ln x + x^n - e)$

이다.

ㄱ. $f'(e^{\frac{1}{n}}) = -e^{-\frac{n+1}{n}}\left(ne \times \dfrac{1}{n} + e - e\right) = -e^{-\frac{1}{n}}$

이므로

$\displaystyle\lim_{n\to\infty} f'(e^{\frac{1}{n}}) = \lim_{n\to\infty}(-e^{-\frac{1}{n}})$

$\qquad\qquad\qquad = -e^0 = -1$ (참)

ㄴ. $f'(x) = -x^{-n-1}(ne\ln x + x^n - e)$에서

함수 $y = f'(x)$는 닫힌구간 $[1, e^{\frac{1}{n}}]$에서 연속이고

$f'(1) = e - 1 > 0$, $f'(e^{\frac{1}{n}}) = -e^{-\frac{1}{n}} < 0$이므로

사잇값 정리에 의하여 $f'(c) = 0$인 c가 1과 $e^{\frac{1}{n}}$ 사이에
적어도 하나 존재한다.

즉, 방정식 $f'(x) = 0$의 해는 열린구간 $(1, e^{\frac{1}{n}})$에
적어도 하나 존재한다. (참)

ㄷ. ㄴ에서 구한 방정식 $f'(x) = 0$의 해를 α라 하면
$x = \alpha$는 두 곡선 $y = ne\ln x$와 $y = -x^n + e$의 교점의
x좌표와 같다.
즉 $x > 0$일 때 곡선 $y = ne\ln x$는 증가하고
곡선 $y = -x^n + e$는 감소하면서 $x = \alpha$인 점에서
만나므로 $0 < x < \alpha$에서 $ne\ln x < -x^n + e$이고,
$x > \alpha$에서 $ne\ln x > -x^n + e$가 성립한다.
따라서 $0 < x < \alpha$에서 $f'(x) > 0$이고, $x > \alpha$에서
$f'(x) < 0$이므로 ($\because$ $x > 0$에서 $-x^{-n-1} < 0$)
함수 $f(x)$는 $x = \alpha$에서 극댓값만을 갖는다. (거짓)

따라서 옳은 것은 ㄱ, ㄴ이다.

| 097 | 정답 ①

$f(x) = \begin{cases} 1 & (0 \leq x < 1) \\ -x + 2 & (1 \leq x < 2) \\ x - 2 & (2 \leq x \leq 4) \end{cases}$ 이고,

$g(t) = \sqrt{t^2 + \{f(t)\}^2}$ 이므로

$g(t) = \begin{cases} \sqrt{t^2 + 1} & (0 \leq t < 1) \\ \sqrt{2(t-1)^2 + 2} & (1 \leq t \leq 4) \end{cases}$

($\because$ $1 \leq t \leq 4$일 때,

$\qquad g(t) = \sqrt{t^2 + |t-2|^2}$

$\qquad\quad = \sqrt{2t^2 - 4t + 4}$

$\qquad\quad = \sqrt{2(t-1)^2 + 2}$

$g'(t) = \begin{cases} \dfrac{t}{\sqrt{t^2 + 1}} & (0 < t < 1) \\ \dfrac{\sqrt{2}(t-1)}{\sqrt{(t-1)^2 + 1}} & (1 < t < 4) \end{cases}$

ㄱ. $g'(2) = \dfrac{\sqrt{2}(2-1)}{\sqrt{(2-1)^2 + 1}} = 1$ (참)

ㄴ. $g(t)$에서 $t=1$을 기준으로

$\quad p(t)=\sqrt{t^2+1}\,,$

$\quad q(t)=\sqrt{2(t-1)^2+2}$ 라고 하면

$\quad p(1)=\sqrt{2}=q(1)$

$\quad p'(1)=\dfrac{\sqrt{2}}{2}\neq 0=q'(1)$

따라서 $g(t)$는 $t=1$에서 연속이지만
미분가능하지 않다. (거짓)

ㄷ. 닫힌구간 $[0,\,4]$에서 함수 $g(t)$는 연속이고
$0<t<1$, $1<t<4$ 에서 $g'(t)>0$이므로
닫힌구간 $[0,\,4]$에서 함수 $g(t)$는 증가한다.
따라서 닫힌구간 $[0,\,4]$에서 함수 $g(t)$는
일대일함수이다.
$g(0)=1$, $g(4)=2\sqrt{5}$ 이므로
t에 대한 방정식 $g(t)=k$는 $1\leq k\leq 2\sqrt{5}$ 인
모든 실수 k에 대하여 오직 하나의 실근을 갖는다.

(거짓)

따라서 옳은 것은 ㄱ뿐이다.

| 098 | 정답 ③

함수 $y=f(x)$ 위의 점 $(a,\,f(a))$에서의 접선의 방정식이
$y=f'(a)(x-a)+f(a)$이므로
x에 대한 방정식 $f'(a)(x-a)+f(a)=f(x)$의 실근의
개수가 1이 되려면 함수 $y=f(x)$의 그래프와
함수 $y=f(x)$ 위의 점 $(a,\,f(a))$에서의 접선은
접점 $(a,\,f(a))$ 이외의 교점을 갖지 않아야 한다.

$f(x)=\dfrac{x^2}{\ln x}$에서

$f'(x)=\dfrac{x(2\ln x-1)}{(\ln x)^2}$

$f''(x)=\dfrac{2(\ln x)^2-3\ln x+2}{(\ln x)^3}$

이다.

$f'(x)=0$에서 $x=\sqrt{e}$ 이고, 1이 아닌 모든 양수 x에
대하여 $2(\ln x)^2-3\ln x+2>0$, $0<x<1$일 때
$(\ln x)^3<0$, $x>1$일 때 $(\ln x)^3>0$이므로 함수 $f(x)$의
증가와 감소 및 볼록성을 표로 나타내면 다음과 같다.

x	(0)	$\cdots$	(1)	$\cdots$	$\sqrt{e}$	$\cdots$
$f'(x)$		$-$		$-$	0	$+$
$f''(x)$		$-$		$+$	$+$	$+$
$f(x)$		$\searrow$		$\searrow$	극소	$\nearrow$

또한,

$\lim\limits_{x\to 0+}f(x)=0$, $\lim\limits_{x\to 1-}f(x)=-\infty$, $\lim\limits_{x\to 1+}f(x)=\infty$

이므로 함수 $y=f(x)$의 그래프는 그림과 같다.

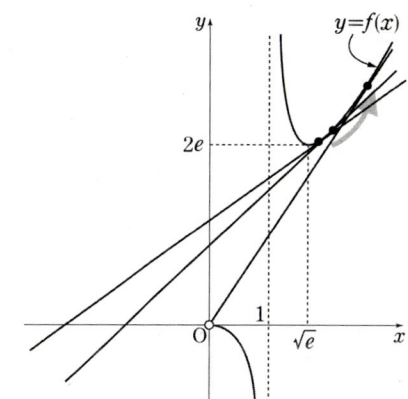

함수 $f(x)=\dfrac{x^2}{\ln x}$ 위의 점 $(a,\,f(a))$에서의 접선은

접점 $(a,\,f(a))$ 이외의 교점을 갖지 않으므로
접선 $y=f'(a)(x-a)+f(a)$가 x축과 만나는 점의
x좌표가 0보다 작거나 같아야 한다.
이때 a의 최댓값은 접선 $y=f'(a)(x-a)+f(a)$가
x축과 만나는 점이 원점 $(0,\,0)$을 지날 때이다.

$\dfrac{f(a)-0}{a-0}=f'(a)$에서

$\dfrac{\dfrac{a^2}{\ln a}}{a}=\dfrac{a(2\ln a-1)}{(\ln a)^2}$

$\Rightarrow \ln a=1$

따라서 a의 최댓값은 e이다.

| 099 | 정답 41

$f(x)=ax^2+bx+c$ (단, a, b, c는 상수이고 $a\neq 0$)
라 하면
$g(x)=(ax^2+bx+c)e^x$이고
$g'(x)=(2ax+b)e^x+(ax^2+bx+c)e^x$

$\qquad =\{ax^2+(2a+b)x+(b+c)\}e^x$

조건 (가)에서 $g'(x)=0$의 두 근이 -1, 2이므로

(두 근의 합)$=-2-\dfrac{b}{a}=1$

$\Rightarrow b=-3a$

(두 근의 곱)$=\dfrac{b}{a}+\dfrac{c}{a}=-3+\dfrac{c}{a}=-2$

$\Rightarrow c=a$

$\therefore g(x)=a(x^2-3x+1)e^x$

(i) $a>0$일 때,

$\quad \lim\limits_{x\to -\infty}g(x)=0$, $\lim\limits_{x\to \infty}g(x)=\infty$이고

극댓값 $g(-1)=\dfrac{5a}{e}$, 극솟값 $g(2)=-ae^2$이므로

함수 $y=g(x)$의 그래프는 다음과 같고 조건 (나)를
만족시킬 수 없다.

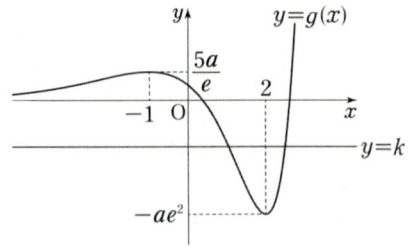

(ii) $a < 0$일 때,

$$\lim_{x \to -\infty} g(x) = 0, \ \lim_{x \to \infty} g(x) = -\infty$$이고

극솟값 $g(-1) = \dfrac{5a}{e}$, 극댓값 $g(2) = -ae^2$이므로

함수 $y = g(x)$의 그래프는 다음과 같고 조건 (나)를
만족시키려면 $-ae^2 = e^3$이다.

$$\therefore \ a = -e$$

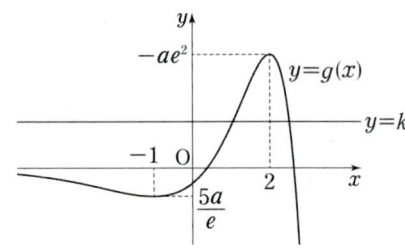

따라서
$$g(x) = -e(x^2 - 3x + 1)e^x$$
$$= -(x^2 - 3x + 1)e^{x+1}$$
이고
$$g(-5) \times g(3) = (-41e^{-4}) \times (-e^4) = 41$$

100   정답 ④

ㄱ. 모든 양의 실수 x에 대하여 조건 (가)에서
$f(x) - 1 \neq 0$이므로 조건 (나)에서 $f'(x) > 0$이다.
  ⋯⋯ ㉠

따라서 함수 $f(x)$는 구간 $(0, \infty)$에서 증가하므로
$f(1) < f(2)$, 즉 $0 < f(2)$이다.
또한 함수 $f(x)$는 구간 $(0, \infty)$에서 연속이고
$f(k) = 1$인 양의 실수 k가 존재하지 않으므로
모든 양의 실수 x에 대하여 $f(x) < 1$이다. ⋯⋯ ㉡
$$\therefore \ 0 < f(2) < 1 \ (참)$$

ㄴ. $x > 0$에서 함수 $f(x)$는 미분가능하므로
함수 $\{f(x) - 1\}^2$도 미분가능하다.
즉 $x > 0$에서 함수 $f'(x)$는 미분가능하고,
$f''(x) = 2\{f(x) - 1\}f'(x)$이다.
이때 ㉠, ㉡에 의하여 $x > 0$에서 $f''(x) < 0$이므로
곡선 $y = f(x)$는 위로 볼록하다.   ⋯⋯ ㉢
따라서 함수 $f(x)$의 볼록성이 변하지 않으므로
곡선 $y = f(x)$의 변곡점은 존재하지 않는다. (거짓)

ㄷ. $f(1) = 0$이므로 조건 (나)에 의하여 $f'(1) = 1$이다.

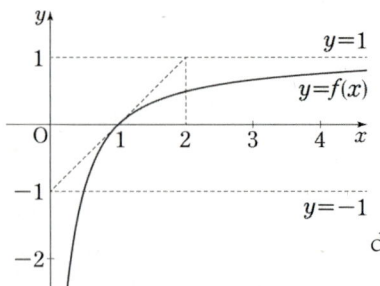

이때 ㉠, ㉢에 의하여 $0 < x < 1$에서 곡선 $y = f(x)$는
직선 $y = -1$과 반드시 만난다.
따라서 $f(a) = -1$을 만족시키는 양의 실수 a가
존재한다. (참)
따라서 옳은 것은 ㄱ, ㄷ이다.

101   정답 ①

$x > 0$에서 $f(x) = 2x^3 - x^2 + a - \ln x^4$이라 하자.
$f'(x) = 6x^2 - 2x - \dfrac{4}{x} = 0$에서

$6x^3 - 2x^2 - 4 = (x-1)(6x^2 + 4x + 4) = 0$
함수 $f(x)$는 $x = 1$에서 극소이자 최소이므로 부등식
$f(x) \geq 0$이 항상 성립하려면 $f(1) \geq 0$이어야 한다.
$f(1) = 1 + a \geq 0, \ a \geq -1$
따라서 실수 a의 최솟값은 -1이다.

102   정답 95

$\dfrac{dx}{dt} = 2t, \ \dfrac{dy}{dt} = 3t^2 - 6t - 24$

평면 위를 움직이며 점 P의 속도가 x축과 나란한 방향일
때는 y축 방향의 위치에 변화가 없을 때임을 알 수 있고,

이는 $\dfrac{dy}{dt} = 0$일 때이다.

즉, $3t^2 - 6t - 24 = 0$에서 $3(t-4)(t+2) = 0$
$\Rightarrow t = 4 \ (\because \ t \geq 0)$
이때 점 P의 좌표는 $(16, -79)$이므로
$a - b = 95$이다.

103   정답 ②

점 P의 위치를 (x, x^2)이라 하면
점 P의 속도는 $\left(\dfrac{dx}{dt}, \ 2x\dfrac{dx}{dt} \right)$이다.
점 P의 속력이 2로 일정하므로
$\left(\dfrac{dx}{dt} \right)^2 + 4x^2\left(\dfrac{dx}{dt} \right)^2 = \left(\dfrac{dx}{dt} \right)^2(1 + 4x^2) = 4$이다.

즉, $\dfrac{dx}{dt} = \dfrac{2}{\sqrt{1 + 4x^2}}$이다.

따라서 $x = \sqrt{2}$일 때 점 Q의 속력은 $\dfrac{2}{\sqrt{9}} = \dfrac{2}{3}$이다.

Ⅲ

적분법

| 104 | 정답 ④

조건 (나)에서 $\dfrac{f'(x)}{f(x)} = \dfrac{1 + \sqrt{x}}{\sqrt{x}} = \dfrac{1}{\sqrt{x}} + 1$

양변을 각각 부정적분하면

$\displaystyle\int \dfrac{f'(x)}{f(x)} dx = \ln f(x) + C_1$ (단, C_1은 적분상수)

$\displaystyle\int \left(1 + \dfrac{1}{\sqrt{x}}\right) dx = \int (1 + x^{-\frac{1}{2}}) dx$

$\qquad\qquad\qquad\quad = x + 2\sqrt{x} + C_2$ (단, C_2는 적분상수)

이므로

$\ln f(x) = x + 2\sqrt{x} + C$ (단, $C = C_2 - C_1$)

$f(x) = e^{x + 2\sqrt{x} + C}$

$\Rightarrow f(4) = e^{8+C}, \ f(25) = e^{35+C}$

$\therefore \dfrac{f(25)}{f(4)} = e^{35+C-(8+C)} = e^{27}$

| 105 | 정답 ⑤

ㄱ. $f(x) + f(-x) = \dfrac{1}{1+e^x} + \dfrac{1}{1+e^{-x}}$

$\qquad\qquad\qquad = \dfrac{1}{1+e^x} + \dfrac{e^x}{e^x+1} = \dfrac{1+e^x}{1+e^x} = 1$ (참)

ㄴ. $\displaystyle\int_0^1 f(-x)dx = \int_0^1 \dfrac{1}{1+e^{-x}}dx = \int_0^1 \dfrac{e^x}{e^x+1}dx$

$\qquad\qquad\quad = \Big[\ln(e^x+1)\Big]_0^1 = \ln(e+1) - \ln 2$

$\qquad\qquad\quad = \ln\dfrac{e+1}{2}$ (참)

ㄷ. ㄱ에서 $f(x) + f(-x) = 1$이므로

$\qquad \displaystyle\int_0^1 \{f(x) + f(-x)\}dx = \int_0^1 1dx$

즉, $\displaystyle\int_0^1 f(x)dx + \int_0^1 f(-x)dx = \Big[x\Big]_0^1 = 1$

$$\therefore \int_0^1 f(x)dx = 1 - \int_0^1 f(-x)dx$$

$$= 1 - \ln\frac{e+1}{2} \ (\because \ \text{ㄴ})$$

$$= \ln\frac{2e}{e+1} \ (\text{참})$$

따라서 ㄱ, ㄴ, ㄷ 모두 옳다.

| 106 | 정답 ④

$f(-x) = e^{-x} + e^x = f(x)$이므로
함수 $y = f(x)$의 그래프는 y축 대칭이다.
$xf(x) = g(x)$라 하면
$g(-x) = -x(e^{-x} + e^x) = -xf(x) = -g(x)$이므로
함수 $y = g(x)$의 그래프는 원점 대칭이다.
따라서

$$\int_{-1}^1 f(x)dx + \int_{-2}^2 xf(x)dx$$

$$= 2\int_0^1 f(x)dx + 0 = 2\int_0^1 (e^x + e^{-x})dx$$

$$= 2\Big[e^x - e^{-x}\Big]_0^1 = 2\Big(e - \frac{1}{e}\Big) = 2e - \frac{2}{e}$$

| 107 | 정답 ④

조건 (가)에 의하여 구간 $(0, 1)$에서 함수 $y = f(x)$의
그래프는 위로 볼록하거나 직선 형태이다. ······㉠
조건 (나)에 의하여 구간 $(1, 2)$에서 $f'(x) = 2x - 3$이고
함수 $f(x)$는 실수 전체의 집합에서 미분가능하므로
$f'(1) = -1$이다.
따라서 아래 그림과 같이
$0 \le x \le 1$에서 $f(x) = -x + 1$일 때,
$\int_0^2 f(x)dx$가 최댓값을 가진다. ($\because$ ㉠)

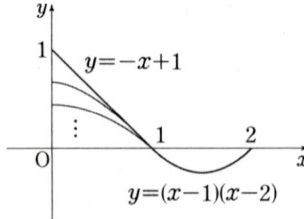

구하는 답은

$$\int_0^1 (-x+1)dx + \int_1^2 (x^2 - 3x + 2)dx$$

$$= \frac{1}{2} + \Big(-\frac{1}{6}\Big) = \frac{1}{3}$$

| 108 | 정답 10

$$\int_{-\alpha}^{\alpha} \frac{f(x)}{1+e^x}dx$$

$$= \int_{-\alpha}^0 \frac{f(x)}{1+e^x}dx + \int_0^{\alpha} \frac{f(x)}{1+e^x}dx$$

$$= \int_{-\alpha}^0 \frac{f(-x)}{1+e^x}dx + \int_0^{\alpha} \frac{f(x)}{1+e^x}dx$$

$$= \int_{\alpha}^0 \frac{-f(t)}{1+e^{-t}}dt + \int_0^{\alpha} \frac{f(x)}{1+e^x}dx \ (\because \ -x = t\text{로 치환})$$

$$= \int_0^{\alpha} \frac{f(t)e^t}{e^t+1}dt + \int_0^{\alpha} \frac{f(x)}{1+e^x}dx$$

$$= \int_0^{\alpha} \frac{f(x)(1+e^x)}{1+e^x}dx = \int_0^{\alpha} f(x)dx \ (\because \ 1+e^x \ne 0)$$

$$= 10$$

| 109 | 정답 ①

$0 \le x < 1$일 때 $f(x) = e^x - 1$이므로
$1 \le x < 2$일 때

$$f(x) = -e^{x-1} + 1 + e - 1 = e - e^{x-1} \quad \cdots\cdots \boxed{\text{TIP}}$$

$2 \le x < 3$일 때 $f(x) = e^{x-2} - e + e - 1 = e^{x-2} - 1$
따라서 구간 $[0, 3]$에서 $y = f(x)$의 그래프는 다음과 같다.

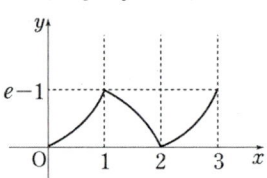

$$\int_0^1 f(x)dx = \Big[e^x - x\Big]_0^1$$

$$= e - 1 - 1 + 0 = e - 2$$

이므로

$$\int_0^3 f(x)dx = (e-2) + 1 \times (e-1)$$

$$= 2e - 3$$

> **TIP**
>
> $0 \le x < 1$ 일 때 $f(x) = e^x - 1$ 이고
>
> $$f(x+1) = -f(x) + e - 1$$
> $$= -(e^x - 1) + e - 1$$
> $$= -e^x + e \ (0 \le x < 1)$$
>
> 이다.
> $y = f(x+1) \ (0 \le x < 1)$의 그래프를 x축의 양의
> 방향으로 1만큼 평행이동하면
> $f((x-1)+1) = -e^{x-1} + e \ (0 \le x - 1 < 1)$

즉 $f(x)=e-e^{x-1}$ $(1\le x<2)$이다.

$1\le x<2$일 때, $f(x)=e-e^{x-1}$이고

$$f(x+1)=-f(x)+e-1$$
$$=-(e-e^{x-1})+e-1$$
$$=e^{x-1}-1 \ (1\le x<2)$$

이다.

$y=f(x+1)$ $(1\le x<2)$의 그래프를 x축의 양의
방향으로 1만큼 평행이동하면

$$f((x-1)+1)=e^{(x-1)-1}-1 \ (1\le x-1<2)$$

즉 $f(x)=e^{x-2}-1$ $(2\le x<3)$이다.

| 110 |─ 정답 60

$f(0)=0$이므로

$$\int_0^{f(0)}\frac{t}{6t^2+1}dt=\int_0^0\frac{t}{6t^2+1}dt$$
$$=\ln\sqrt[6]{0^2+k}=0$$

$\therefore k=1$

이때

$$\int_0^{f(x)}\frac{t}{6t^2+1}dt=\int_0^{f(x)}\left\{\frac{1}{12}\times\frac{(6t^2+1)'}{6t^2+1}\right\}dt$$
$$=\left[\frac{1}{12}\ln(6t^2+1)\right]_0^{f(x)}$$
$$=\frac{1}{12}\ln[6\{f(x)\}^2+1]$$

이므로 조건 (나)에서

$$\frac{1}{12}\ln[6\{f(x)\}^2+1]=\frac{1}{6}\ln(x^2+1)$$

$$\ln[6\{f(x)\}^2+1]=2\ln(x^2+1)$$

$$6\{f(x)\}^2+1=(x^2+1)^2$$

$\therefore 6\{f(x)\}^2=x^4+2x^2$ ……㉠

$f(\alpha)=\alpha$이므로 ㉠의 양변에 $x=\alpha$를 대입하면

$6\{f(\alpha)\}^2=\alpha^4+2\alpha^2$에서

$6\alpha^2=\alpha^4+2\alpha^2$

$\therefore \alpha=2 \ (\because \alpha>0)$

한편, ㉠의 양변을 x에 대하여 미분하면

$12f(x)f'(x)=4x^3+4x$ ……㉡

이때 $x>0$에서 $f(x)\ge0$이므로

$f'(x)>0$

따라서 함수 $f(x)$의 역함수 $g(x)$가 존재한다.

㉡의 양변에 $x=2$를 대입하면

$12f(2)f'(2)=32+8$, $12\times2\times f'(2)=40$

$\therefore f'(2)=\frac{5}{3}$

이때 $f(2)=2$에서 $g(2)=2$이므로 역함수의 미분법에
의해

$$g'(2)=\frac{1}{f'(g(2))}=\frac{1}{f'(2)}=\frac{3}{5}$$

$$\therefore 100\times g'(2)=100\times\frac{3}{5}=60$$

| 111 |─ 정답 ④

$\sin x=t$라 하면 $\cos x\,dx=dt$이므로

$$f(x)=\int\sin^2 x\cos x\,dx$$
$$=\int t^2 dt=\frac{1}{3}t^3+C$$
$$=\frac{1}{3}\sin^3 x+C \ (단, C는 적분상수)$$

$f\left(\frac{\pi}{2}\right)=\frac{1}{3}+C=1$이므로 $C=\frac{2}{3}$

$$\Rightarrow f(x)=\frac{1}{3}\sin^3 x+\frac{2}{3}$$

$$\therefore f(0)=\frac{2}{3}$$

| 112 |─ 정답 ①

$3x-3=t$라 치환하면 $3dx=dt$이므로

$$\int_1^2 f(3x-3)dx=\frac{1}{3}\int_0^3 f(t)\,dt$$

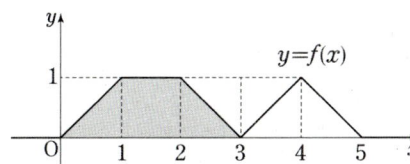

$\int_0^3 f(t)\,dt$의 값은 위 그림에서 어두운 부분의 넓이와

같으므로 $\int_0^3 f(t)dt=2$이다.

$$\therefore \frac{1}{3}\int_0^3 f(t)dt=\frac{2}{3}$$

| 113 |─ 정답 ②

$$S_1=\int_{-2}^2 f(x)dx=2\int_0^2 f(x)dx \quad ……㉠$$

$$S_2=-\int_2^4 f(x)dx \quad ……㉡$$

$x^2=t$라 하면 $2x\,dx=dt$이므로

$$\int_0^2 xf(x^2)dx=\frac{1}{2}\int_0^4 f(t)dt$$

①에서 $\int_0^2 f(x)dx = \dfrac{S_1}{2}$,

ⓒ에서 $\int_2^4 f(x)dx = -S_2$이므로

$$\frac{1}{2}\int_0^4 f(t)dt = \frac{1}{2}\left\{\int_0^2 f(t)dt + \int_2^4 f(t)dt\right\}$$
$$= \frac{1}{2}\left(\frac{S_1}{2} - S_2\right) = \frac{S_1 - 2S_2}{4}$$

| 114 | 정답 ①

$\ln x = t$라 하면 $x = e$일 때 $t = 1$, $x = e^e$일 때
$t = e$이고 $\dfrac{dt}{dx} = \dfrac{1}{x}$이므로

$$\int_e^{e^e} \frac{\ln(\ln x)}{x(\ln x)^2}dx = \int_1^e \frac{\ln t}{t^2}dt$$

이때 부분적분법에 의하여

$$\int_1^e \frac{\ln t}{t^2}dt = \left[-\frac{\ln t}{t}\right]_1^e + \int_1^e \frac{1}{t^2}dt$$
$$= -\frac{1}{e} + \left[-\frac{1}{t}\right]_1^e = 1 - \frac{2}{e}$$

$$\therefore \int_e^{e^e} \frac{\ln(\ln x)}{x(\ln x)^2}dx = \int_1^e \frac{\ln t}{t^2}dt = 1 - \frac{2}{e}$$

| 115 | 정답 3

$$\int_0^1 xf''(x)dx = \left[xf'(x)\right]_0^1 - \int_0^1 f'(x)dx$$
$$= f'(1) - \{f(1) - f(0)\}$$
$$= f'(1) - 3 = 0$$
$$\therefore f'(1) = 3$$

| 116 | 정답 ④

$$\int_0^1 (e^x - ax)^2 dx$$
$$= \int_0^1 (e^{2x} - 2axe^x + a^2x^2)dx$$
$$= \int_0^1 (e^{2x} + a^2x^2)dx - 2a\int_0^1 xe^x dx \qquad \cdots\cdots ㉠$$

$$\int_0^1 xe^x dx = \left[xe^x\right]_0^1 - \int_0^1 e^x dx$$
$$= e - \left[e^x\right]_0^1 = e - (e-1) = 1 \qquad \cdots\cdots ㉡$$

㉡을 ㉠에 대입하면

$$\int_0^1 (e^x - ax)^2 dx = \int_0^1 (e^{2x} + a^2x^2)dx - 2a$$
$$= \left[\frac{1}{2}e^{2x} + \frac{a^2}{3}x^3\right]_0^1 - 2a$$
$$= \frac{1}{2}e^2 + \frac{a^2}{3} - \frac{1}{2} - 2a$$
$$= \frac{1}{3}(a-3)^2 + \frac{1}{2}e^2 - \frac{7}{2}$$

따라서 $a = 3$일 때 주어진 정적분의 값이 최소이다.

| 117 | 정답 ③

$$\int_1^2 \frac{f'(x)}{x}dx = \left[\frac{f(x)}{x}\right]_1^2 + \int_1^2 \frac{f(x)}{x^2}dx$$

조건 (나)에 의해서 $\dfrac{f(x)}{x^2} = -f'(x)$이므로

$$\int_1^2 \{-f'(x)\}dx = f(1) - f(2)$$

$$\int_1^2 \frac{f'(x)}{x}dx = \frac{f(2)}{2} - f(1) + f(1) - f(2) = -\frac{f(2)}{2}$$

조건 (가)에 의해서 $f(2) = 2$이므로

$$\int_1^2 \frac{f'(x)}{x}dx = -1$$

다른 풀이

조건 (나)에 의하여 $\dfrac{f'(x)}{f(x)} = -\dfrac{1}{x^2}$이므로

$\ln|f(x)| = \dfrac{1}{x} + C$이다.

$|f(x)| = e^{\frac{1}{x} + C}$이고

조건 (나)에 의하여 $|f(2)| = e^C \times e^{\frac{1}{2}} = 2$이므로

$$e^C = \frac{2}{\sqrt{e}}$$

$$\therefore f(x) = \frac{2}{\sqrt{e}}e^{\frac{1}{x}}$$

$\dfrac{f'(x)}{x} = -\dfrac{f(x)}{x^3}$이므로 ($\because$ 조건 (나))

$\dfrac{f'(x)}{x} = -\dfrac{2}{x^3\sqrt{e}} \times e^{\frac{1}{x}}$이다.

$\dfrac{1}{x} = t$로 치환하면 $-\dfrac{1}{x^2}dx = dt$이므로

$$\int_1^2 \frac{f'(x)}{x}dx = \int_1^{\frac{1}{2}} \frac{2t}{\sqrt{e}}e^t dt = \frac{2}{\sqrt{e}}\int_1^{\frac{1}{2}} te^t dt$$
$$= \frac{2}{\sqrt{e}}\left[(t-1)\times e^t\right]_1^{\frac{1}{2}} = -1$$

| 118 | 정답 ②

$\sqrt{x}=t$라고 하면

$\dfrac{1}{2\sqrt{x}}dx=dt$이므로 $dx=2tdt$

$$\int_0^{e^2} f'(\sqrt{x})dx = 2\int_0^e tf'(t)dt$$
$$= 2\Big[tf(t)\Big]_0^e - 2\int_0^e f(t)dt$$
$$= 2ef(e) - 2\int_0^e f(t)dt$$

$$\therefore \int_0^e f(x)dx = \dfrac{e^2}{2}$$

| 119 | 정답 ①

$F(x)=xf(x)+(x^2-2x+2)e^x$ ······㉠

㉠의 양변을 x에 대하여 미분하면

$f(x)=f(x)+xf'(x)+(2x-2)e^x+(x^2-2x+2)e^x$

$xf'(x)=-x^2e^x$

$\therefore\ f'(x)=-xe^x\ (\because\ x>0)$

$$f(x)=\int f'(x)dx$$
$$=\int(-xe^x)dx$$
$$=-xe^x+\int e^x dx$$
$$=-xe^x+e^x+C\ (단,\ C는\ 적분상수)$$

㉠의 양변에 $x=1$을 대입하면

$F(1)=f(1)+e=-e\ (\because\ (가))$

$f(1)=-2e=C$이므로

$f(x)=(1-x)e^x-2e$

$\therefore\ f(2)=-e^2-2e$

| 120 | 정답 ②

(가)에서 $\dfrac{1}{n}=h$라 하면

$$\lim_{n\to\infty}n\Big\{f\Big(x+\dfrac{1}{n}\Big)-f\Big(x-\dfrac{1}{n}\Big)\Big\}$$
$$=\lim_{h\to0+}\dfrac{f(x+h)-f(x-h)}{h}$$
$$=2f'(x)=2e^x\cos x$$

$\therefore\ f'(x)=e^x\cos x$

$\displaystyle\int e^x\cos xdx=e^x\cos x+\int e^x\sin xdx$ ······㉠

$\displaystyle\int e^x\sin xdx=e^x\sin x-\int e^x\cos xdx$ ······㉡

㉠, ㉡에 의해

$$2\int e^x\cos xdx=e^x(\sin x+\cos x)$$

$$\therefore\ f(x)=\int e^x\cos xdx$$
$$=\dfrac{e^x}{2}(\sin x+\cos x)+C\ (단,\ C는\ 적분상수)$$

(나)에서 $\displaystyle\lim_{x\to0}f(x)=f(0)=\dfrac{1}{2}+C=1 \Rightarrow C=\dfrac{1}{2}$

$\therefore\ f(x)=\dfrac{e^x}{2}(\sin x+\cos x)+\dfrac{1}{2}$

$\therefore\ f(\pi)=\dfrac{e^\pi}{2}\times(-1)+\dfrac{1}{2}=\dfrac{1-e^\pi}{2}$

| 121 | 정답 20

함수 $f(x)$는 양의 실수 전체의 집합에서 미분가능하고

$\dfrac{1}{x}>0$이므로

$$\lim_{h\to0}\dfrac{f\Big(\dfrac{1}{x}-h\Big)-f\Big(\dfrac{1}{x}\Big)}{h}=-\lim_{h\to0}\dfrac{f\Big(\dfrac{1}{x}-h\Big)-f\Big(\dfrac{1}{x}\Big)}{-h}$$
$$=-f'\Big(\dfrac{1}{x}\Big)=\ln x$$

이때 $\dfrac{1}{x}=t\ (t>0)$이라 하면

$-f'(t)=\ln\dfrac{1}{t}=-\ln t$

$\therefore\ f'(t)=\ln t$

따라서 부분적분법에 의해

$$f(t)=\int\ln t\,dt=t\ln t-\int 1\,dt=t\ln t-t+C$$
$$(단,\ C는\ 적분상수)$$

이때 $f(1)=10$이므로 $-1+C=10$에서

$C=11$

따라서 $f(t)=t\ln t-t+11$이므로

$$f(e^{10})=e^{10}\ln e^{10}-e^{10}+11$$
$$=10e^{10}-e^{10}+11$$
$$=9e^{10}+11$$

$\therefore\ p+q=9+11=20$

| 122 | 정답 ③

$\displaystyle\int_{-1}^0 f(t)dt=a$로 놓으면 $f(x)=e^{-x}-a$이다.

$$\int_{-1}^0 f(t)dt=\int_{-1}^0(e^{-t}-a)dt=\Big[-e^{-t}-at\Big]_{-1}^0$$
$$=(-e^0-0)-(-e^1+a)$$
$$=-1+e-a=a$$

$$\therefore \ a = \frac{e-1}{2}$$

따라서 $f(x) = e^{-x} - \frac{e-1}{2}$ 이므로

$$f(-1) = e^1 - \frac{e-1}{2} = \frac{e+1}{2}$$

| 123 |　정답 ③

정적분 $\int_0^{\ln 2} f(x)e^x dx$ 는 상수이므로

$$\int_0^{\ln 2} f(x)e^x dx = a \ (a는 \ 상수) \qquad \cdots\cdots \text{⊙}$$

로 놓으면 함수 $f(x)$ 는

$$f(x) = e^x - 2a \qquad \cdots\cdots \text{ⓒ}$$

ⓒ을 ⊙에 대입하면

$$a = \int_0^{\ln 2} (e^x - 2a)e^x dx = \int_0^{\ln 2} (e^{2x} - 2ae^x)dx$$

$$= \left[\frac{1}{2}e^{2x} - 2ae^x \right]_0^{\ln 2}$$

$$= \left(\frac{1}{2} \times 4 - 4a \right) - \left(\frac{1}{2} - 2a \right)$$

$$= \frac{3}{2} - 2a$$

$a = \frac{3}{2} - 2a$ 에서 $a = \frac{1}{2}$

이를 ⓒ에 대입하면 $f(x) = e^x - 1$

$\therefore \ f(0) = 0$

| 124 |　정답 ③

$F(x) = \int_2^x f(t)dt$ 라 하면

$F'(x) = f(x)$ 이고 $F(2) = 0$ 이므로

$$\lim_{x \to 2} \frac{1}{x-2} \int_2^x f(t)\,dt = \lim_{x \to 2} \frac{F(x) - F(2)}{x-2}$$

$$= F'(2) = f(2)$$

$f(2) = \int_0^2 \frac{t}{1+t^2}dt$ 에서 $1+t^2 = y$ 라 하면

$2t\,dt = dy$ 이고

$t = 0$ 일 때 $y = 1$, $t = 2$ 일 때 $y = 5$ 이므로

$$\int_0^2 \frac{t}{1+t^2}dt = \frac{1}{2}\int_1^5 \frac{1}{y}dy$$

$$= \frac{1}{2}\Big[\ln|y|\Big]_1^5 = \frac{1}{2}\ln 5$$

$$\therefore \ \lim_{x \to 2} \frac{1}{x-2}\int_2^x f(t)dt = \frac{1}{2}\ln 5$$

| 125 |　정답 ⑤

$f(x) = \int_{\sqrt{e}}^x \frac{1}{\ln t}dt$ 에서 $f(\sqrt{e}) = 0$ 이고

$$f'(x) = \frac{1}{\ln x}$$

부분적분법에 의하여

$$\int_{\sqrt{e}}^e \frac{f(x)}{x^2}dx$$

$$= \left[-\frac{1}{x}f(x) \right]_{\sqrt{e}}^e + \int_{\sqrt{e}}^e \frac{1}{x}f'(x)dx$$

$$= -\frac{1}{e}f(e) + \frac{1}{\sqrt{e}}f(\sqrt{e}) + \int_{\sqrt{e}}^e \frac{1}{x\ln x}dx$$

$$= -\frac{1}{e}f(e) + \int_{\sqrt{e}}^e \frac{1}{x\ln x}dx$$

이때

$$\int_{\sqrt{e}}^e \frac{1}{x\ln x}dx = \int_{\sqrt{e}}^e \frac{(\ln x)'}{\ln x}dx$$

$$= \Big[\ln(\ln x) \Big]_{\sqrt{e}}^e$$

$$= \ln(\ln e) - \ln(\ln \sqrt{e})$$

$$= \ln 1 - \ln \frac{1}{2} = \ln 2$$

이므로

$$\int_{\sqrt{e}}^e \frac{f(x)}{x^2}dx = -\frac{1}{e}f(e) + \int_{\sqrt{e}}^e \frac{1}{x\ln x}dx$$

$$= -\frac{1}{e}f(e) + \ln 2$$

$$\therefore \ \frac{f(e)}{e} + \int_{\sqrt{e}}^e \frac{f(x)}{x^2}dx = \ln 2$$

| 126 |　정답 2

정적분 $\int_0^1 f(t)dt$ 는 상수이므로

$$\int_0^1 f(t)dt = a \ (a는 \ 상수) \qquad \cdots\cdots \text{⊙}$$

으로 놓으면

함수 $f(x)$ 는 $f(x) = 2xe^{-x^2} + ak$ $\qquad \cdots\cdots \text{ⓒ}$

ⓒ을 ⊙에 대입하면

$$a = \int_0^1 (2xe^{-x^2} + ak)dx$$

$$= \int_{-1}^0 e^t dt + \int_0^1 ak\,dx = \left(1 - \frac{1}{e} \right) + ak$$

$a = 1 - \frac{1}{e} + ak$ 에서 $a = \frac{e-1}{e(1-k)}$ $\qquad \cdots\cdots \text{ⓒ}$

$$\int_0^1 xf(x^2)dx = \frac{1}{2}\int_0^1 f(y)dy = \frac{a}{2} = \frac{1-e}{2e}$$ 에서

$a = \dfrac{1-e}{e}$ $\cdots\cdots$ ㉣

㉢, ㉣에서 $k-1=1$이므로 $k=2$이다.

| 127 | 정답 ④

$f(x) = 2\sin\left(x+\dfrac{\pi}{2}\right) - 1 = 2\cos x - 1$

닫힌구간 $[0, 2\pi]$에서 함수 $y=f(x)$의 그래프는 다음과 같다.

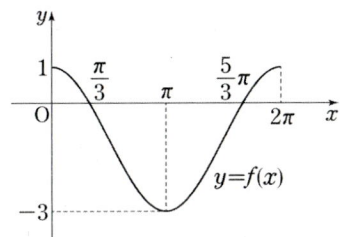

함수 $g(t)$는 닫힌구간 $[0, t]$에서 곡선 $y=f(x)$와 x축과
두 직선 $x=0$, $x=t$으로 둘러싸인 도형에서
{(x축보다 위에 있는 부분의 넓이)

             $-$(x축보다 아래에 있는 부분의 넓이)}

의 값과 같으므로 $g(t)$의 값이 최소가 될 때는

x축보다 아래에 있는 부분의 넓이가 최대가 되는

$t = \dfrac{5}{3}\pi$일 때이다.

$\therefore a = \dfrac{5}{3}\pi$

다른 풀이

$f(x) = 2\sin\left(x+\dfrac{\pi}{2}\right) - 1 = 2\cos x - 1$이므로

$g(t) = \displaystyle\int_0^t (2\cos x - 1)dx$, $g'(t) = 2\cos t - 1$

$g'(t) = 0$에서 $\cos t = \dfrac{1}{2}$

$\Rightarrow t = \dfrac{\pi}{3}, \dfrac{5}{3}\pi$

t	$\cdots$	$\dfrac{\pi}{3}$	$\cdots$	$\dfrac{5}{3}\pi$	$\cdots$
$g'(t)$	$+$	0	$-$	0	$+$
$g(t)$	↗	극대	↘	극소	↗

$g(0) = 0$,

$g\left(\dfrac{5}{3}\pi\right) = \displaystyle\int_0^{\frac{5}{3}\pi} (2\cos x - 1)dx$

$\qquad\qquad = \Big[2\sin x - x\Big]_0^{\frac{5}{3}\pi} = 2\sin\dfrac{5}{3}\pi - \dfrac{5}{3}\pi$

$\qquad\qquad = -\sqrt{3} - \dfrac{5}{3}\pi < 0$

따라서 함수 $g(t)$는 $t = \dfrac{5}{3}\pi$에서 최솟값을 갖는다.

$\therefore a = \dfrac{5}{3}\pi$

| 128 | 정답 ②

$\displaystyle\int_0^1 f(e^t)dt = k$라 하면, ($k$는 상수)

$f(x) = x^2 + ax + k$에서

$f(e^t) = e^{2t} + ae^t + k$이므로

$\displaystyle\int_0^1 f(e^t)dt = \int_0^1 (e^{2t} + ae^t + k)dt$

$\qquad\qquad\qquad = \left[\dfrac{1}{2}e^{2t} + ae^t + kt\right]_0^1$

$\qquad\qquad\qquad = \dfrac{1}{2}(e^2-1) + a(e-1) + k(1-0) = k$

에서 $a = -\dfrac{1}{2}(e+1)$

이때, $f'(x) = 2x + a$이므로

$f'(1) = 2 + a = 2 - \dfrac{1}{2}e - \dfrac{1}{2} = \dfrac{3}{2} - \dfrac{1}{2}e$

$p = \dfrac{3}{2}$, $q = -\dfrac{1}{2}$이므로 $p - q = \dfrac{3}{2} - \left(-\dfrac{1}{2}\right) = 2$

| 129 | 정답 ②

$f(x) = \pi \displaystyle\int_1^{x+\frac{1}{2}} f(t)dt$ $\cdots\cdots$ ㉠

㉠의 양변을 미분하면

$f'(x) = \pi f\left(x + \dfrac{1}{2}\right)$ $\cdots\cdots$ ㉡

$\Rightarrow f\left(x + \dfrac{1}{2}\right) = \dfrac{1}{\pi}f'(x)$

$\pi\displaystyle\int_0^1 xf\left(x+\dfrac{1}{2}\right)dx = \int_0^1 xf'(x)dx$

$\qquad\qquad\qquad\quad = \Big[xf(x)\Big]_0^1 - \int_0^1 f(x)dx$

$y = f(x)$의 그래프가 y축에 대하여 대칭이므로 ㉠에서

$f\left(\dfrac{1}{2}\right) = \pi\displaystyle\int_1^1 f(t)dt = 0$

$f\left(-\dfrac{1}{2}\right) = \pi\displaystyle\int_1^0 f(t)dt = -\pi\int_0^1 f(t)dt$

$f\left(\dfrac{1}{2}\right) = f\left(-\dfrac{1}{2}\right)$이므로 $\displaystyle\int_0^1 f(t)dt = 0$

또, $y = f'(x)$의 그래프는 원점에 대하여 대칭이므로
㉡에서

$$f'\left(-\frac{1}{2}\right)=\pi f(0)=\pi\ (\because\ f(0)=1)$$

$$f'\left(\frac{1}{2}\right)=\pi f(1)$$

$$f'\left(\frac{1}{2}\right)=-f'\left(-\frac{1}{2}\right)$$이므로 $\pi f(1)=-\pi$

$$\Rightarrow f(1)=-1$$

$$\therefore\ \pi\int_0^1 xf\left(x+\frac{1}{2}\right)dx=f(1)-\int_0^1 f(x)dx=-1$$

| 130 | 정답 52

$g(x)=\int_0^x e^t f(x-t)dt$에서 $g(0)=0$이고,

$x-t=s$로 치환하면

$$g(x)=-\int_x^0 e^{x-s}f(s)ds=e^x\int_0^x \frac{f(s)}{e^s}ds$$이다. ……㉠

양변을 x에 대하여 미분하면

$$g'(x)=e^x\int_0^x \frac{f(s)}{e^s}ds+e^x\times\frac{f(x)}{e^x}$$

$$=g(x)+f(x)$$ ……㉡

한편 조건 (가)에 의하여

$$f(x)+g(x)=e^x+2x+C\ (단,\ C는\ 적분상수)$$ ……㉢

㉡, ㉢에 의하여 $g'(x)=e^x+2x+C$이고

㉠에서 $g(0)=0$이므로 $g(x)=e^x+x^2+Cx-1$이다.

이때 조건 (나)에 의하여 실수 전체의 집합에서 정의된

미분가능한 함수 $g(x)$는 $x=1$에서 극소이어야 하므로

$g'(1)=0$이다.

$$g'(1)=e+2+C=0$$

$$C=-e-2$$

$$\Rightarrow g(x)=e^x+x^2-(e+2)x-1$$

㉢에서 $f(x)=-x^2+(e+4)x-e-1$이므로

$f(5)=4e-6$이다.

$$\therefore\ p^2+q^2=4^2+(-6)^2=52$$

| 131 | 정답 7

$f(x)=\int_0^x \frac{t}{f(t)+1}dt$에서 $f(0)=0$이고,

양변을 x에 대하여 미분하면 $f'(x)=\frac{x}{f(x)+1}$이다.

즉, $\{f(x)+1\}f'(x)=x$이므로

$$\int\{f(x)+1\}f'(x)dx=\frac{1}{2}x^2+C_1\ (단,\ C_1은\ 적분상수)$$

위의 등식의 좌변에서 $f(x)+1=t$로 치환하면

$$\int\{f(x)+1\}f'(x)dx=\int t\,dt=\frac{1}{2}t^2+C_2$$

$$(단,\ C_2는\ 적분상수)$$

따라서 $\frac{1}{2}\{f(x)+1\}^2=\frac{1}{2}x^2+(C_1-C_2)$이고

위의 등식의 양변에 $x=0$을 대입하면 $C_1-C_2=\frac{1}{2}$임을

알 수 있다. $(\because\ f(0)=0)$

따라서 $\{f(x)+1\}^2=x^2+1$이므로

$$\int_0^1\{f(x)+1\}^2dx=\int_0^1(x^2+1)dx=\left[\frac{1}{3}x^3+x\right]_0^1=\frac{4}{3}$$

$$\therefore\ p+q=3+4=7$$

다른 풀이

$f(x)=\int_0^x \frac{t}{f(t)+1}dt$에서 $f(0)=0$이고,

모든 실수 x에 대하여 $f'(x)=\frac{x}{f(x)+1}$이다.

$(x-1)'=1$이므로 부분적분법에 의하여

$$\int_0^1\{f(x)+1\}^2dx=\left[(x-1)\{f(x)+1\}^2\right]_0^1$$

$$-2\int_0^1(x-1)\{f(x)+1\}f'(x)dx$$

$$=1-2\int_0^1(x^2-x)dx$$

$$=1-2\times\left(-\frac{1}{6}\right)=\frac{4}{3}$$

$$\therefore\ p+q=3+4=7$$

6일차   본문 p.74~83

| SPEED CHECK |

132 ②	**133** ①	**134** 22	**135** ⑤
136 ③	**137** ⑤	**138** 15	**139** ④
140 ④	**141** ③	**142** ①	**143** ⑤
144 ③	**145** 52	**146** 4	**147** ④
148 ②	**149** ①	**150** ③	

| 132 | 정답 ②

$$\lim_{n\to\infty}\sum_{k=1}^n\left(\frac{n+2k}{n\sqrt{n}}\right)^2 f\left(\frac{2k}{n}\right)$$

$$=\lim_{n\to\infty}\sum_{k=1}^n\left(\frac{n+2k}{n}\right)^2 f\left(\frac{2k}{n}\right)\times\frac{1}{n}$$

$$=\frac{1}{2}\lim_{n\to\infty}\sum_{k=1}^n\left(1+\frac{2k}{n}\right)^2 f\left(\frac{2k}{n}\right)\times\frac{2}{n}$$

$$= \frac{1}{2} \int_0^2 (1+x)^2 f(x) dx$$

$$= \frac{1}{2} \int_0^2 \frac{1}{1+x} dx$$

$$= \frac{1}{2} \Big[\ln (1+x) \Big]_0^2$$

$$= \frac{1}{2} (\ln 3 - \ln 1) = \ln \sqrt{3}$$

| 133 | 정답 ①

$\angle \mathrm{AOP}_k = \frac{k}{n}\pi$, $\angle \mathrm{BOP}_k = \pi - \frac{k}{n}\pi$이고

S_k=(삼각형 $\mathrm{AP}_k\mathrm{B}$의 넓이)

$\quad$ =(삼각형 AOP_k의 넓이)+(삼각형 BOP_k의 넓이)

$$= \frac{1}{2} \Big\{ \overline{\mathrm{OA}} \times \overline{\mathrm{OP}_k} \times \sin \frac{k}{n}\pi$$

$$\qquad\qquad + \overline{\mathrm{OB}} \times \overline{\mathrm{OP}_k} \times \sin \Big(\pi - \frac{k}{n}\pi \Big) \Big\}$$

$$= \frac{1}{2} \Big\{ 2 \times 2 \sin \frac{k}{n}\pi + 2 \times 2 \sin \frac{k}{n}\pi \Big\}$$

$$= 4 \sin \frac{k}{n}\pi$$

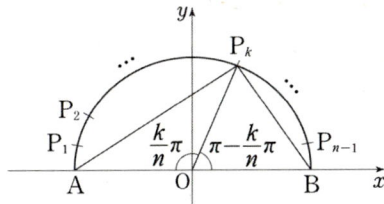

$$\therefore \lim_{n \to \infty} \frac{\pi}{n} \sum_{k=1}^{n-1} S_k = 4 \lim_{n \to \infty} \frac{\pi}{n} \sum_{k=1}^{n-1} \sin \frac{k}{n}\pi$$

$$= 4 \lim_{n \to \infty} \sum_{k=1}^{n-1} \Big(\sin \frac{k}{n}\pi \times \frac{\pi}{n} \Big)$$

$$= 4 \int_0^\pi \sin x \, dx \quad \cdots\cdots \text{ TIP}$$

$$= 4 \Big[-\cos x \Big]_0^\pi = 8$$

TIP

$4 \lim\limits_{n \to \infty} \sum\limits_{k=1}^{n-1} \Big(\sin \frac{k}{n}\pi \times \frac{\pi}{n} \Big)$에서 $\sin \frac{k}{n}\pi$는

$k=0$일 때 $\sin \frac{0}{n}\pi = 0$이다.

실제로 $4 \lim\limits_{n \to \infty} \frac{\pi}{n} \sum\limits_{k=1}^{n-1} \sin \frac{k}{n}\pi = 4 \lim\limits_{n \to \infty} \frac{\pi}{n} \sum\limits_{k=0}^{n-1} \sin \frac{k}{n}\pi$

이므로 풀이과정과 같이 급수의 값을 정적분으로 바꿔줄 수 있다.

| 134 | 정답 22

$\int_0^1 f(t) dt = k$ (k는 상수)라 하면

$f(x) = 3x^2 + ax + k$이다.

따라서

$$\int_0^1 f(t) dt = \int_0^1 (3t^2 + at + k) dt$$

$$= \Big[t^3 + \frac{a}{2} t^2 + kt \Big]_0^1$$

$$= 1 + \frac{a}{2} + k = k$$

이다.

$\Rightarrow a = -2$

이때,

$\lim\limits_{n \to \infty} \frac{1}{n} \sum\limits_{k=1}^{n} f\Big(1 + \frac{2k}{n} \Big)$에서 적분구간을 $[1, 3]$이라 하면

$$\lim_{n \to \infty} \frac{1}{n} \sum_{k=1}^{n} f\Big(1 + \frac{2k}{n} \Big) = \frac{1}{2} \times \lim_{n \to \infty} \frac{2}{n} \sum_{k=1}^{n} f\Big(1 + \frac{2k}{n} \Big)$$

$$= \frac{1}{2} \int_1^3 f(x) dx = 10$$

$$\Rightarrow \int_1^3 f(x) dx = 20$$

따라서

$$\int_1^3 f(x) dx = \int_1^3 (3x^2 - 2x + k) dx$$

$$= \Big[x^3 - x^2 + kx \Big]_1^3 = 20$$

$\Rightarrow k = 1$

$\Rightarrow f(x) = 3x^2 - 2x + 1$

$\therefore f(3) = 22$

| 135 | 정답 ⑤

ㄱ. $\sum\limits_{k=0}^{n-1} f\Big(\frac{k}{n} \Big) \frac{1}{n}$은 다음 그림에서 색칠한 부분의 넓이를 나타낸다.

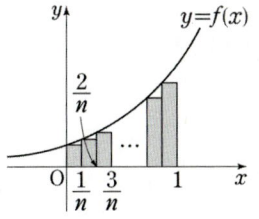

이는 곡선 $y = f(x)$와 직선 $x = 1$ 및 x축, y축으로 둘러싸인 부분의 넓이보다 작다.

따라서 $\sum\limits_{k=0}^{n-1} f\Big(\frac{k}{n} \Big) \frac{1}{n} < \int_0^1 f(x) dx$ (거짓)

ㄴ. 함수 $y=f(x)$는 증가하는 함수이므로

닫힌구간 $[0, 2]$에서 왼쪽 높이 잡기(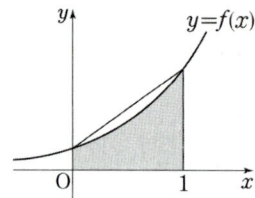)로 구한

직사각형들의 넓이의 합은 오른쪽 높이 잡기(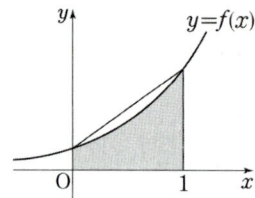)로 구한 직사각형들의 넓이의 합보다 작다.

즉, $\displaystyle\sum_{k=0}^{n-1}f\left(\dfrac{2k}{n}\right)\dfrac{2}{n} < \sum_{k=1}^{n}f\left(\dfrac{2k}{n}\right)\dfrac{2}{n}$ 이다. (참)

ㄷ. $\dfrac{f(0)+f(1)}{2}=\dfrac{1}{2}\times\{f(0)+f(1)\}\times 1$이므로

이는 네 점 $(0, 0)$, $(1, 0)$, $(1, f(1))$, $(0, f(0))$을 꼭짓점으로 하는 사다리꼴의 넓이와 같고

이 사다리꼴의 넓이는 다음 그림에서와 같이 색칠한 부분의 넓이보다 크다.

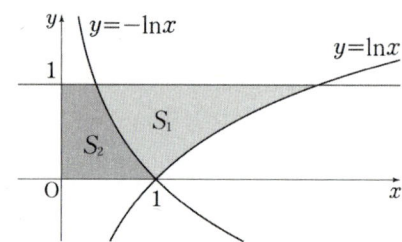

따라서 $\displaystyle\int_{0}^{1}f(x)dx < \dfrac{f(0)+f(1)}{2}$ (참)

따라서 옳은 것은 ㄴ, ㄷ이다.

| **136** | 정답 ③

그림과 같이 문제에서 구하는 넓이를 S_1이라 하고

곡선 $y=-\ln x$와 직선 $y=1$, x축 및 y축으로 둘러싸인 도형의 넓이를 S_2라 하자.

$y=\ln x$에서 $x=e^y$, $y=-\ln x$에서 $x=e^{-y}$이므로

$S_1+S_2=\displaystyle\int_{0}^{1}e^y dy$, $S_2=\displaystyle\int_{0}^{1}e^{-y}dy$이다.

따라서

$$S_1=(S_1+S_2)-S_2$$
$$=\int_{0}^{1}e^y dy - \int_{0}^{1}e^{-y}dy$$
$$=\left[e^y+e^{-y}\right]_{0}^{1}$$
$$=e+\dfrac{1}{e}-2$$

다른 풀이

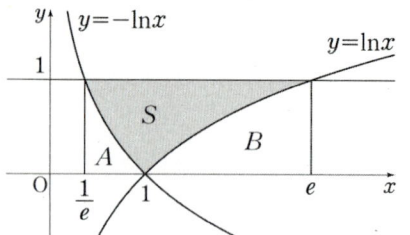

그림과 같이 문제에서 구하는 넓이를 S라 하고

곡선 $y=-\ln x$와 직선 $x=\dfrac{1}{e}$ 및 x축으로 둘러싸인 도형의 넓이를 A, 곡선 $y=\ln x$와 직선 $x=e$ 및 x축으로 둘러싸인 도형의 넓이를 B라 하자.

$S+A+B=1\times\left(e-\dfrac{1}{e}\right)=e-\dfrac{1}{e}$

$A=\displaystyle\int_{\frac{1}{e}}^{1}(-\ln x)dx=-\left[x\ln x-x\right]_{\frac{1}{e}}^{1}=1-\dfrac{2}{e}$

$B=\displaystyle\int_{1}^{e}\ln x\,dx=\left[x\ln x-x\right]_{1}^{e}=1$

따라서

$S=(S+A+B)-(A+B)$
$=\left(e-\dfrac{1}{e}\right)-\left(1-\dfrac{2}{e}+1\right)=e+\dfrac{1}{e}-2$

| **137** | 정답 ⑤

$\displaystyle\int_{e}^{k}\log_2 x\,dx=\int_{e}^{k}\dfrac{\ln x}{\ln 2}dx=\dfrac{k}{\ln\sqrt{2}}$

즉, $\displaystyle\int_{e}^{k}\ln x\,dx=2k$ ······㉠

$\left[x\ln x-x\right]_{e}^{k}=(k\ln k-k)-(e-e)=k\ln k-k=2k$

$\Rightarrow k=e^3$

㉠에서 $\displaystyle\int_{e}^{k}\ln x\,dx=2k=2e^3$이므로

곡선 $y=\ln x$와 x축 및 두 직선 $x=e$, $x=k$로 둘러싸인 도형의 넓이는 $2e^3$이다.

| **138** | 정답 15

곡선 $y=a\cos\dfrac{x}{2}$와 x축 및 두 직선 $x=0$, $x=\pi$로 둘러싸인 부분의 넓이는

$\displaystyle\int_{0}^{\pi}a\cos\dfrac{x}{2}dx=\left[2a\sin\dfrac{x}{2}\right]_{0}^{\pi}=2a$

곡선 $y=x+\sin x$와 x축 및 두 직선 $x=0$, $x=\pi$로 둘러싸인 부분의 넓이는

$$\int_0^\pi (x+\sin x)dx = \left[\frac{1}{2}x^2 - \cos x\right]_0^\pi = 2 + \frac{1}{2}\pi^2$$

주어진 조건에서 두 부분 A, B의 넓이가 서로 같으므로

$$2a = 2 + \frac{1}{2}\pi^2$$

$$\Rightarrow a = 1 + \frac{1}{4}\pi^2$$

$$\therefore\ 60pq = 60 \times 1 \times \frac{1}{4} = 15$$

139 — 정답 ④

곡선 $y=\sqrt{x}$ 와 직선 $y=\dfrac{x}{t}$ 의 교점의 x좌표는

$\sqrt{x}=\dfrac{x}{t}$ 에서

$x=t\sqrt{x}$, 즉 $x^2 = t^2 x$

$\therefore\ x=0$ 또는 $x=t^2$

따라서 곡선 $y=\sqrt{x}$ 와 직선 $y=\dfrac{x}{t}$ 로 둘러싸인 부분의

넓이는

$$S(t) = \int_0^{t^2}\left(\sqrt{x}-\frac{x}{t}\right)dx$$

$$= \left[\frac{2}{3}x^{\frac{3}{2}} - \frac{1}{2t}x^2\right]_0^{t^2}$$

$$= \frac{1}{6}t^3$$

이므로

$$S'(t) = \frac{1}{2}t^2$$

$$\therefore\ S'(4) = 8$$

140 — 정답 ④

단면인 정사각형의 한 변의 길이가 $\sqrt{x}+1$이므로
넓이는 $(\sqrt{x}+1)^2$

따라서 구하는 입체도형의 부피는

$$\int_0^1 (\sqrt{x}+1)^2 dx = \int_0^1 (x+2\sqrt{x}+1)dx$$

$$= \left[\frac{1}{2}x^2 + \frac{4}{3}x^{\frac{3}{2}} + x\right]_0^1 = \frac{17}{6}$$

141 — 정답 ③

원점으로부터 x축의 양의 방향으로 t만큼 떨어진
지점에서 x축에 수직인 평면으로 자른 단면인 정삼각형의

한 변의 길이는 $\tan t$이므로 단면의 넓이는

$$S(t) = \frac{\sqrt{3}}{4}\tan^2 t \text{이다.}$$

따라서 구하는 부피는

$$\int_0^{\frac{\pi}{3}} S(t)dt = \frac{\sqrt{3}}{4}\int_0^{\frac{\pi}{3}}\tan^2 t\,dt$$

$$= \frac{\sqrt{3}}{4}\int_0^{\frac{\pi}{3}}(\sec^2 t - 1)dt$$

$$= \frac{\sqrt{3}}{4}\left[\tan t - t\right]_0^{\frac{\pi}{3}} = \frac{3}{4} - \frac{\sqrt{3}}{12}\pi$$

142 — 정답 ①

함수 $y=f(x)$의 그래프는 그림과 같고
점 H의 x좌표를 $k\,(0 \le k \le 1)$라 하면
$\overline{\text{PH}}=1-k$ 단면인 직각이등변삼각형의 넓이는

$$\frac{1}{2} \times \frac{1-k}{\sqrt{2}} \times \frac{1-k}{\sqrt{2}} = \frac{(1-k)^2}{4}$$

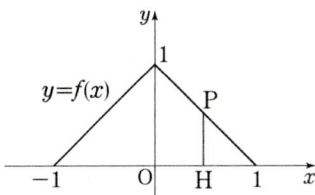

따라서 구하는 부피는

$$2\int_0^1 \frac{(1-k)^2}{4}dk = \frac{1}{2} \times \left[\frac{(k-1)^3}{3}\right]_0^1 = \frac{1}{6}$$

143 — 정답 ⑤

x축에 수직인 평면으로 자른 단면의 넓이를 $S(t)$라 하면
직각삼각형 한 변의 길이가

$$\overline{\text{PH}}=\sin t \left(\because \frac{\pi}{6} \le t \le \frac{\pi}{3}\right)\text{이고}$$

빗변의 길이가 1이므로 다른 한 변의 길이는

$$\sqrt{1-\sin^2 t} = \cos t \left(\because \frac{\pi}{6} \le t \le \frac{\pi}{3}\right)$$

따라서 직각삼각형의 넓이는

$$S(t) = \frac{1}{2}\sin t\cos t$$

구하는 부피를 V라 하면

$$V = \int_{\frac{\pi}{6}}^{\frac{\pi}{3}} S(t)dt = \frac{1}{2}\int_{\frac{\pi}{6}}^{\frac{\pi}{3}}\sin t\cos t\,dt$$

$\sin t = x$로 치환하면 $\cos t\,dt = dx$이고

$t=\dfrac{\pi}{6}$ 일 때 $x=\dfrac{1}{2}$, $t=\dfrac{\pi}{3}$ 일 때 $x=\dfrac{\sqrt{3}}{2}$이므로

$$\frac{1}{2}\int_{\frac{\pi}{6}}^{\frac{\pi}{3}}\sin t\cos t\,dt=\frac{1}{2}\int_{\frac{1}{2}}^{\frac{\sqrt{3}}{2}}x\,dx$$

$$=\frac{1}{2}\left[\frac{1}{2}x^2\right]_{\frac{1}{2}}^{\frac{\sqrt{3}}{2}}=\frac{1}{8}$$

144 정답 ③

주어진 입체도형을 점 $\mathrm{P}\left(t,\ \frac{1}{\sqrt{t}}+1\right)$을 지나고 x축에
수직인 평면으로 자른 단면인 정사각형의 넓이는

$$\left(\frac{1}{\sqrt{t}}+1\right)^2=\frac{1}{t}+\frac{2}{\sqrt{t}}+1$$

이므로 구하는 입체도형의 부피는

$$V=\int_{1}^{e^2}\left(\frac{1}{t}+\frac{2}{\sqrt{t}}+1\right)dt=\left[\ln t+4\sqrt{t}+t\right]_{1}^{e^2}$$

$$=(\ln e^2+4\sqrt{e^2}+e^2)-(\ln 1+4\sqrt{1}+1)$$

$$=(2+4e+e^2)-(0+4+1)$$

$$=e^2+4e-3$$

145 정답 52

직선 $x=t\,(0\le t\le 2)$를 포함하고 x축에 수직인
평면으로 자른 단면의 넓이를 $S(t)$라 하면

$$S(t)=2t+(t+1)e^{-t}$$

구하는 부피를 V라 하면

$$V=\int_{0}^{2}\{2t+(t+1)e^{-t}\}dt$$

$$=\left[t^2\right]_{0}^{2}+\left[-(t+1)e^{-t}\right]_{0}^{2}-\int_{0}^{2}(-e^{-t})dt$$

$$=4-0+\{-3e^{-2}-(-1)\}+\left[-e^{-t}\right]_{0}^{2}$$

$$=-3e^{-2}+5+\{-e^{-2}-(-1)\}$$

$$=-4e^{-2}+6$$

따라서 $a=-4$, $b=6$이므로 $a^2+b^2=52$

146 정답 4

이 입체도형을 점 $(t,\ \sqrt{\ln\sqrt{t}}\,)$을 지나고 x축에 수직인
평면으로 자른 단면은 한 변의 길이가
$\sqrt{\ln\sqrt{t}}$ 인 정사각형이므로 단면의 넓이는

$$(\sqrt{\ln\sqrt{t}}\,)^2=\ln\sqrt{t}=\frac{1}{2}\ln t$$

이다.

따라서 구하는 입체도형의 부피는 부분적분법에 의해

$$\int_{e}^{e^2}(\sqrt{\ln\sqrt{t}}\,)^2dt=\frac{1}{2}\int_{e}^{e^2}\ln t\,dt$$

$$=\frac{1}{2}\left\{\left[t\ln t\right]_{e}^{e^2}-\int_{e}^{e^2}1\,dt\right\}$$

$$=\frac{1}{2}\{2e^2-e-(e^2-e)\}=\frac{e^2}{2}$$

$$\therefore\ p+q=2+2=4$$

147 정답 ④

$$\frac{dy}{dx}=\frac{\dfrac{dy}{dt}}{\dfrac{dx}{dt}}=\frac{f'(t)}{2t}=e^t$$

$$\Rightarrow f'(t)=2te^t$$

$$f(t)=\int 2te^t dt=2te^t-\int 2e^t dt$$

$$=(2t-2)e^t+C\ (단,\ C는\ 적분상수)$$

$f(0)=-2+C=1$이므로 $C=3$이다.
그러므로 $f(t)=(2t-2)e^t+3$이고 $f(2)=2e^2+3$
따라서 $t=2$일 때, 점 P의 y좌표는 $2e^2+3$이다.

148 정답 ②

$$y'=2f(x)f'(x)=\frac{e^{2x}-e^{-2x}}{2}$$ 이므로

곡선 $y=\{f(x)\}^2$의 $x=-\dfrac{1}{2}$에서 $x=\dfrac{1}{2}$까지의 길이는

$$\int_{-\frac{1}{2}}^{\frac{1}{2}}\sqrt{1+\{2f(x)f'(x)\}^2}\,dx$$

$$=\int_{-\frac{1}{2}}^{\frac{1}{2}}\sqrt{1+\left(\frac{e^{2x}-e^{-2x}}{2}\right)^2}\,dx$$

$$=\int_{-\frac{1}{2}}^{\frac{1}{2}}\sqrt{\frac{(e^{2x}+e^{-2x})^2}{4}}\,dx$$

$$=\frac{1}{2}\int_{-\frac{1}{2}}^{\frac{1}{2}}(e^{2x}+e^{-2x})\,dx$$

$$=\int_{0}^{\frac{1}{2}}(e^{2x}+e^{-2x})\,dx$$

$$=\left[\frac{1}{2}e^{2x}-\frac{1}{2}e^{-2x}\right]_{0}^{\frac{1}{2}}$$

$$=\frac{1}{2}\left(e-\frac{1}{e}\right)$$

| 149 | 정답 ①

ㄱ. $t = 0$을 대입하면 $(1, 1)$이므로
  점 P는 점 $(1, 1)$에서 출발한다. (참)

ㄴ. $x = e^{-t}(\cos t - \sin t)$, $y = e^{-t}(\cos t + \sin t)$이므로

$$\frac{dx}{dt} = -e^{-t}(\cos t - \sin t) + e^{-t}(-\sin t - \cos t)$$
$$= -2e^{-t}\cos t$$

$$\frac{dy}{dt} = -e^{-t}(\cos t + \sin t) + e^{-t}(-\sin t + \cos t)$$
$$= -2e^{-t}\sin t$$

따라서 점 P의 속력은

$$\sqrt{\left(\frac{dx}{dt}\right)^2 + \left(\frac{dy}{dt}\right)^2} = \sqrt{4e^{-2t}\cos^2 t + 4e^{-2t}\sin^2 t}$$
$$= 2e^{-t}$$

$2e^{-t}$은 t가 커질수록 감소하므로
t가 커질수록 속력은 감소한다. (거짓)

ㄷ. $t = 0$에서 $t = \dfrac{\pi}{2}$까지 점 P가 움직인 거리는

$$\int_0^{\frac{\pi}{2}} \sqrt{\left(\frac{dx}{dt}\right)^2 + \left(\frac{dy}{dt}\right)^2}\, dt = \int_0^{\frac{\pi}{2}} 2e^{-t}\, dt$$
$$= \left[-2e^{-t}\right]_0^{\frac{\pi}{2}}$$
$$= -2e^{-\frac{\pi}{2}} + 2 \text{ (거짓)}$$

따라서 옳은 것은 ㄱ이다.

| 150 | 정답 ③

$x = \dfrac{1}{2}t^2 - 4\ln t$, $y = 4t$에서

$\dfrac{dx}{dt} = t - \dfrac{4}{t}$, $\dfrac{dy}{dt} = 4$

이므로 점 P의 시각 t에서의 속력은

$$\sqrt{\left(\frac{dx}{dt}\right)^2 + \left(\frac{dy}{dt}\right)^2} = \sqrt{\left(t - \frac{4}{t}\right)^2 + 16}$$
$$= \sqrt{\left(t + \frac{4}{t}\right)^2} = t + \frac{4}{t}$$

$f(t) = t + \dfrac{4}{t}$라 하면 $f'(t) = 1 - \dfrac{4}{t^2}$

$f'(t) = 0$에서 $t^2 = 4$
$t \geq 1$이므로 $t = 2$
함수 $f(t)$의 증가와 감소를 표로 나타내면 다음과 같다.

t	1	$\cdots$	2	$\cdots$
$f'(t)$		$-$	0	$+$
$f(t)$		$\searrow$		$\nearrow$

함수 $f(t)$는 $t = 2$에서 최솟값을 가지므로 $a = 2$
$t = 1$에서 $t = 2$까지 점 P가 움직인 거리는

$$\int_1^2 \left(t + \frac{4}{t}\right) dt = \left[\frac{t^2}{2} + 4\ln t\right]_1^2$$
$$= (2 + 4\ln 2) - \left(\frac{1}{2} + 0\right)$$
$$= \frac{3}{2} + 4\ln 2$$

실전 ✚ 수능

고쟁이

미니 모의고사
정답과 풀이

미적분

1. ⑤	2. ④	3. ③	4. ④
5. 15	6. 7		

---

1. 미분법   정답 ⑤

문제 다시 보기

> $\angle A = \alpha$, $\angle B = \beta$, $\angle C = \dfrac{\pi}{2}$ 인 직각삼각형 ABC가 있다.
>
> $\tan(\alpha - \beta) = \dfrac{12}{5}$ 이고 삼각형 ABC의 넓이가 10일 때, 선분 AB의 길이는?
>
> ① $4\sqrt{6}$ ② $7\sqrt{2}$ ③ 10   ④ $\sqrt{102}$ ⑤ $2\sqrt{26}$

$\overline{AC} = x$, $\overline{BC} = y$ 라 하면

$\tan\alpha = \dfrac{y}{x}$, $\tan\beta = \dfrac{x}{y}$ 이므로

$$\tan(\alpha - \beta) = \dfrac{\dfrac{y}{x} - \dfrac{x}{y}}{1 + \dfrac{y}{x} \times \dfrac{x}{y}}$$

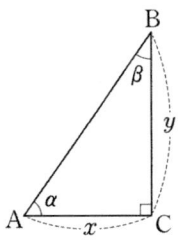

$$= \dfrac{y^2 - x^2}{2xy} = \dfrac{12}{5} \qquad \cdots\cdots \text{㉠}$$

삼각형 ABC 의 넓이가 10이므로

$\dfrac{1}{2} xy = 10$ 에서 $xy = 20$

㉠에 대입하면 $y^2 - x^2 = \dfrac{12}{5} \times 40 = 96$

$\dfrac{400}{x^2} - x^2 = 96$

$x^4 + 96x^2 - 400 = (x^2 + 100)(x^2 - 4) = 0$

에서 $x = 2 \ (\because x > 0)$

$y = 10$ 이므로 선분 AB 의 길이는

$\sqrt{2^2 + 10^2} = 2\sqrt{26}$ 이다.

다른 풀이

$\tan\alpha = k$ 라 하면 $\beta = \dfrac{\pi}{2} - \alpha$ 이므로 $\tan\beta = \dfrac{1}{k}$

$$\tan(\alpha - \beta) = \dfrac{\tan\alpha - \tan\beta}{1 + \tan\alpha \tan\beta}$$

$$= \dfrac{k - \dfrac{1}{k}}{1 + 1} = \dfrac{k^2 - 1}{2k} = \dfrac{12}{5}$$

에서

$5k^2 - 5 = 24k$, $5k^2 - 24k - 5 = 0$

$(5k + 1)(k - 5) = 0$

$\therefore k = 5 \ (\because k > 0)$

즉, $\overline{BC} : \overline{CA} = 5 : 1$ 이므로

$\dfrac{1}{2} \times \overline{BC} \times \overline{CA} = 10$ 에서 $5 \times \overline{CA}^2 = 20$

$\therefore \overline{CA} = 2$, $\overline{BC} = 10$

따라서 삼각형 ABC 에서 피타고라스 정리에 의하여

$\overline{AB} = \sqrt{2^2 + 10^2} = 2\sqrt{26}$ 이다.

---

2. 수열의 극한   정답 ④

문제 다시 보기

> 수렴하는 두 수열 $\{a_n\}$, $\{b_n\}$이 다음 조건을 만족시킬 때, $\displaystyle\lim_{n \to \infty} \{(a_n)^2 + b_n\}$의 값은?
>
> ---
> (가) $\displaystyle\lim_{n \to \infty} (a_n + 3b_n) = 10$
>
> (나) 모든 자연수 n에 대하여
>
> $\dfrac{(1 - 2n)a_n}{n} < b_n < \dfrac{6na_n}{1 - 3n}$ 이다.
> ---
>
> ① 2   ② 4   ③ 6   ④ 8   ⑤ 10

$\displaystyle\lim_{n \to \infty} a_n = \alpha$, $\displaystyle\lim_{n \to \infty} b_n = \beta$ 라 하자. (단, α, β는 상수)

조건 (가)에서 $\alpha + 3\beta = 10$ 이다. $\cdots\cdots$ ㉠

$\dfrac{(1 - 2n)a_n}{n} < b_n < \dfrac{6na_n}{1 - 3n}$ 에서

$\displaystyle\lim_{n \to \infty} \dfrac{(1 - 2n)a_n}{n} = -2\alpha$, $\displaystyle\lim_{n \to \infty} \dfrac{6na_n}{1 - 3n} = -2\alpha$ 이므로

수열의 극한의 대소 관계에 의하여

$\displaystyle\lim_{n \to \infty} b_n = \beta = -2\alpha$ 이다. $\cdots\cdots$ ㉡

㉠, ㉡에 의하여 $\alpha = -2$, $\beta = 4$ 이다.

$\therefore \displaystyle\lim_{n \to \infty} \{(a_n)^2 + b_n\} = (-2)^2 + 4 = 8$

3. 적분법

문제 다시 보기

실수 전체의 집합에서 미분가능한 함수 $f(x)$가 다음 조건을 만족시킨다.

(가) $x > 0$일 때 $f'(f(x)) = x$이다.
(나) $f(0) = 0$
(다) 실수 전체의 집합에서 함수 $f'(x)$는 연속이고 $f'(x) \geq 0$이다.

함수 $f(x)$의 역함수 $g(x)$에 대하여 $f(k) = g(k)$를 만족시키는 양수 k가 존재할 때, <보기>에서 옳은 것만을 있는 대로 고른 것은?

─〈보 기〉─

ㄱ. $\displaystyle\int_0^k g(x)\,dx = k$

ㄴ. $\displaystyle\int_0^k f(x)\,dx = k^2 - k$

ㄷ. $\displaystyle\int_0^k xf(x)g(x)\,dx = \dfrac{\sqrt{5}-1}{2}$이면 $k^2 = 3 - \sqrt{5}$이다.

① ㄱ   ② ㄴ   ③ ㄱ, ㄴ
④ ㄴ, ㄷ   ⑤ ㄱ, ㄴ, ㄷ

ㄱ. 조건 (가)에서 $x > 0$일 때 $f'(f(x)) = x$이므로 $x > 0$에서 함수 $f(x)$의 역함수는 $g(x) = f'(x)$이다.
또한 (나)에 의하여 $f(0) = 0$이고,
조건 (다)에 의하여 함수 $f(x)$가 증가하는 함수이므로 두 곡선 $y = f(x)$, $y = g(x)$의 교점은 직선 $y = x$ 위에 있다.
즉, $f(0) = g(0) = 0$이고 $f(k) = g(k) = k$이다.

$\therefore \displaystyle\int_0^k g(x)\,dx = \int_0^k f'(x)\,dx$
$\qquad = f(k) - f(0) = k - 0 = k$ (참)

ㄴ. ㄱ에 의하여 $x > 0$에서 두 함수 $f(x)$, $g(x)$가 서로 역함수 관계이므로

$\displaystyle\int_0^k \{f(x) - x\}\,dx = \int_0^k \{x - g(x)\}\,dx$ 이다.

$\displaystyle\int_0^k f(x)\,dx - \frac{k^2}{2} = \frac{k^2}{2} - k \ (\because \ ㄱ)$

$\therefore \displaystyle\int_0^k f(x)\,dx = k^2 - k$ (참)

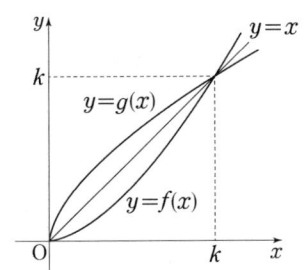

ㄷ. $\displaystyle\int_0^k xf(x)g(x)\,dx = \int_0^k xf(x)f'(x)\,dx$에서

$f(x) = t$라 하면 $f'(x)\,dx = dt$이고
$x = 0$일 때 $t = 0$, $x = k$일 때 $t = k$이므로

$\displaystyle\int_0^k xf(x)f'(x)\,dx = \int_0^k \{f^{-1}(t) \times t\}\,dt$

$\qquad = \displaystyle\int_0^k tf'(t)\,dt$

$\qquad = \Big[tf(t)\Big]_0^k - \displaystyle\int_0^k f(t)\,dt$

$\qquad = k^2 - (k^2 - k) = k \ (\because \ ㄴ)$

이때 $k = \dfrac{\sqrt{5}-1}{2}$이면 $k^2 = \dfrac{3-\sqrt{5}}{2}$이다. (거짓)

따라서 옳은 것은 ㄱ, ㄴ이다.

4. 수열의 극한

문제 다시 보기

그림과 같이 $\overline{BC_1} = \overline{A_1C_1} = 1$인 직각삼각형 A_1BC_1이 있다.
선분 A_1C_1 위의 점 O_1을 중심으로 하고 반지름의 길이가 $\overline{O_1C_1}$인 반원이 선분 A_1B와 $\overline{A_1D_1} = \overline{A_2D_1}$인 두 점 D_1, A_2에서 만날 때, 삼각형 $O_1D_1A_2$에 색칠하여 얻은 그림을 R_1이라 하자.
그림 R_1의 점 A_2에서 선분 BC_1에 내린 수선의 발을 C_2라 하자. 선분 A_2C_2 위의 점 O_2를 중심으로 하고 반지름의 길이가 $\overline{O_2C_2}$인 반원이 선분 A_2B와 $\overline{A_2D_2} = \overline{A_3D_2}$인 두 점 D_2, A_3에서 만날 때, 삼각형 $O_2D_2A_3$에 색칠하여 얻은 그림을 R_2라 하자.
이와 같은 과정을 계속하여 n번째 얻은 그림 R_n에 색칠되어 있는 부분의 넓이를 S_n이라 할 때, $\displaystyle\lim_{n \to \infty} S_n$의 값은?

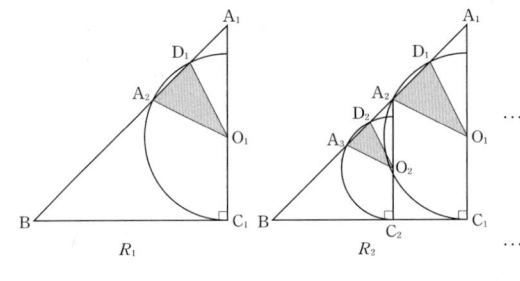

① $\dfrac{\sqrt{5}-1}{8}$ ② $\dfrac{3(\sqrt{5}-1)}{8}$ ③ $\dfrac{\sqrt{5}-2}{8}$

④ $\dfrac{3(\sqrt{5}-2)}{8}$ ⑤ $\dfrac{5(\sqrt{5}-2)}{8}$

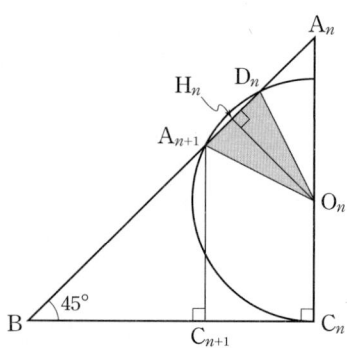

위의 그림에서 삼각형 A_nBC_n과 삼각형 $A_{n+1}BC_{n+1}$은 서로 닮은 도형이다.

$\overline{A_nB}=a_n$, $\overline{A_nD_n}=\overline{A_{n+1}D_n}=2x_n$이라 하자.

반원의 중심 O_n에서 선분 $A_{n+1}D_n$에 내린 수선의 발을 H_n이라 하면

$$\overline{D_nH_n}=\overline{A_{n+1}H_n}=x_n$$

삼각형 $A_nO_nH_n$은 직각이등변삼각형이므로

$$\overline{A_nH_n}=\overline{O_nH_n}=3x_n \text{이고 } \overline{A_nO_n}=3\sqrt{2}\,x_n \qquad \cdots\cdots \text{㉠}$$

삼각형 $O_nD_nH_n$에서

$$\overline{O_nD_n}=\sqrt{\overline{O_nH_n}^2+\overline{D_nH_n}^2}=\sqrt{(3x_n)^2+x_n^2}=\sqrt{10}\,x_n$$

$$\overline{O_nC_n}=\overline{O_nD_n}=\sqrt{10}\,x_n \qquad \cdots\cdots \text{㉡}$$

따라서

$$\begin{aligned}\overline{A_nB}&=\sqrt{2}\,\overline{A_nC_n}\\&=\sqrt{2}\,(\overline{A_nO_n}+\overline{O_nC_n})\\&=\sqrt{2}\,(3\sqrt{2}\,x_n+\sqrt{10}\,x_n)\ (\because \text{㉠, ㉡})\\&=2(3+\sqrt{5})x_n\end{aligned}$$

즉, $a_n=2(3+\sqrt{5})x_n$이므로

$$x_n=\frac{1}{2(3+\sqrt{5})}a_n=\frac{3-\sqrt{5}}{8}a_n$$

따라서

$$x_1=\frac{3-\sqrt{5}}{8}a_1=\frac{3-\sqrt{5}}{8}\times\sqrt{2}=\frac{\sqrt{2}(3-\sqrt{5})}{8} \text{이므로}$$

$$\begin{aligned}S_1&=\frac{1}{2}\times\overline{A_2D_1}\times\overline{O_1H_1}\\&=\frac{1}{2}\times 2x_1\times 3x_1=3x_1^2\\&=3\left\{\frac{\sqrt{2}(3-\sqrt{5})}{8}\right\}^2\\&=\frac{3}{16}(7-3\sqrt{5})\end{aligned}$$

한편, $\overline{A_{n+1}B}=\overline{A_nB}-\overline{A_nA_{n+1}}$이므로

$$\begin{aligned}a_{n+1}&=a_n-4x_n\\&=a_n-4\times\frac{3-\sqrt{5}}{8}a_n\\&=a_n-\frac{3-\sqrt{5}}{2}a_n\\&=\frac{\sqrt{5}-1}{2}a_n\end{aligned}$$

$$\therefore \frac{a_{n+1}}{a_n}=\frac{\sqrt{5}-1}{2}$$

따라서 수열 $\{S_n\}$은 첫째항이 $\dfrac{3}{16}(7-3\sqrt{5})$이고

공비가 $\left(\dfrac{\sqrt{5}-1}{2}\right)^2=\dfrac{3-\sqrt{5}}{2}$인 등비수열의 첫째항부터

제 n항까지의 합이므로

$$\lim_{n\to\infty}S_n=\frac{\frac{3}{16}(7-3\sqrt{5})}{1-\frac{3-\sqrt{5}}{2}}=\frac{3}{8}\times\frac{7-3\sqrt{5}}{\sqrt{5}-1}=\frac{3(\sqrt{5}-2)}{8}$$

5. 적분법
정답 15

문제 다시 보기

함수 $f(x)=\sin x+2$가 있다. 그림과 같이 2 이상인 자연수 n에 대하여 닫힌구간 $[0, 2\pi]$를 n등분한 각 분점(양 끝점도 포함)을 차례로

$$0=x_0,\ x_1,\ x_2,\ \cdots,\ x_{n-1},\ x_n=2\pi$$

라 하자. 세 점 $(0,0)$, $(x_k,0)$, $(x_k,f(x_k))$를 꼭짓점으로 하는 삼각형의 넓이를 $S_k\ (k=1, 2, \cdots, n)$이라 할 때,

$$\lim_{n\to\infty}\frac{1}{n}\sum_{k=1}^{n}S_k=p\pi+q \text{이다. } 30(p+q) \text{의 값을 구하시오.}$$

(단, p와 q는 유리수이다.)

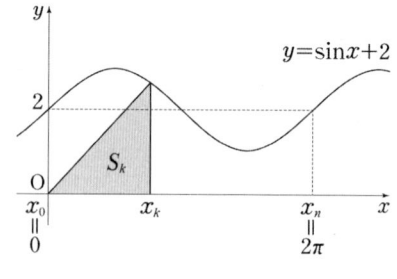

$x_k=\dfrac{2\pi k}{n}$이므로 세 점 $(0,0)$, $(x_k,0)$, $(x_k,f(x_k))$를 꼭짓점으로 하는 삼각형의 넓이 S_k는

$$S_k=\frac{1}{2}\times x_k\times f(x_k)=\frac{1}{2}\times\frac{2\pi k}{n}\times f\left(\frac{2\pi k}{n}\right)$$

$\dfrac{2\pi k}{n}=x$라 할 때 적분 구간은 $[0, 2\pi]$이고 $\dfrac{2\pi}{n}$를 dx로 바꾸면

$$\lim_{n \to \infty} \frac{1}{n} \sum_{k=1}^{n} S_k = \frac{1}{2\pi} \times \frac{1}{2} \int_{0}^{2\pi} x f(x) dx$$

$$= \frac{1}{4\pi} \int_{0}^{2\pi} (x \sin x + 2x) dx$$

$$= \frac{1}{4\pi} \Big[-x \cos x + \sin x + x^2 \Big]_{0}^{2\pi}$$

$$= \frac{1}{4\pi} (-2\pi + 4\pi^2) = \pi - \frac{1}{2}$$

따라서 $p=1$, $q=-\dfrac{1}{2}$ 이므로 구하는 값은

$$30(p+q) = 30 \times \frac{1}{2} = 15$$

6. 미분법

7

문제 다시 보기

최고차항의 계수가 3인 삼차함수 $f(x)$와 양수 k에 대하여
함수 $y=|f(x)-k|$가 실수 전체의 집합에서 미분가능하다.
0이 아닌 상수 a에 대하여

$$\lim_{h \to 0-} \frac{|f(h)|-|f(0)|}{h} = \lim_{x \to 0} \frac{ax^2}{e^{8x}-2e^{4x}+1}$$

$$\lim_{h \to 0+} \frac{|f(h)|-|f(0)|}{h} = \lim_{x \to 0} \frac{\ln(x^2-x+1)}{x^2+ax}$$

일 때, $4f(1)$의 값을 구하시오.

최고차항의 계수가 3인 삼차함수 $f(x)$에 대하여 함수
$y=|f(x)-k|$가 실수 전체의 집합에서 미분가능하므로
실수 m에 대하여

$$f(x)-k = 3(x-m)^3$$

즉, $f(x) = 3(x-m)^3 + k$이다.

주어진 조건에서 $\displaystyle\lim_{h \to 0-} \frac{|f(h)|-|f(0)|}{h}$,

$\displaystyle\lim_{h \to 0+} \frac{|f(h)|-|f(0)|}{h}$ 은 각각 함수 $|f(x)|$의 $x=0$에서의

좌미분계수, 우미분계수이므로 극한값이 항상 존재한다.
이때

$$\lim_{x \to 0} \frac{ax^2}{e^{8x}-2e^{4x}+1} = \lim_{x \to 0} \frac{ax^2}{(e^{4x}-1)^2}$$

$$= \lim_{x \to 0} \left(\frac{4x}{e^{4x}-1} \right)^2 \times \frac{a}{16} = \frac{a}{16}$$

$$\lim_{x \to 0} \frac{\ln(x^2-x+1)}{x^2+ax} = \lim_{x \to 0} \left\{ \frac{\ln(x^2-x+1)}{x^2-x} \times \frac{x(x-1)}{x(x+a)} \right\}$$

$$= -\frac{1}{a}$$

이므로 함수 $|f(x)|$의 $x=0$에서의 좌미분계수는 $\dfrac{a}{16}$이고,

우미분계수는 $-\dfrac{1}{a}$이다. ······㉠

함수 $f(x)=3(x-m)^3+k$는 실수 전체의 집합에서
증가하는 함수이고, ㉠에 의하여 함수 $|f(x)|$의 $x=0$에서의
좌미분계수, 우미분계수의 부호가 서로 다르므로 함수
$f(x)$의 그래프는 점 $(0, 0)$을 지남을 알 수 있다.
즉, $f(0)=-3m^3+k=0$에서 $k=3m^3$ ······㉡

또 ㉠에서 $\dfrac{a}{16}$, $-\dfrac{1}{a}$은 절댓값이 서로 같아야 하므로

$\dfrac{a}{16} = \dfrac{1}{a}$에서 $a=\pm 4$이다.

이때 $|f(x)|$의 $x=0$에서의 좌미분계수가 음수이고,
우미분계수가 양수이므로 $a<0$이어야 한다.

$\therefore\ a=-4$

또한 함수 $f(x)$의 $x=0$에서의 미분계수는 함수 $|f(x)|$의

$x=0$에서의 우미분계수와 같으므로 $f'(0)=-\dfrac{1}{a}=\dfrac{1}{4}$이다.

$f'(x)=9(x-m)^2$에서

$f'(0)=9m^2=\dfrac{1}{4}$이므로 $m=\pm\dfrac{1}{6}$

k는 양수이므로 ㉡에 의하여 $m=\dfrac{1}{6}$, $k=\dfrac{1}{72}$

$$\therefore\ f(x) = 3\left(x-\frac{1}{6}\right)^3 + \frac{1}{72}$$

$$\therefore\ 4f(1) = 4 \times \left\{ 3 \times \left(\frac{5}{6}\right)^3 + \frac{1}{72} \right\} = 7$$

1. ④	2. ②	3. ③	4. ⑤
5. 1	6. 126		

1. 수열의 극한

정답 ④

문제 다시 보기

그림과 같이 한 변의 길이가 3인 정삼각형 AB_1C_1이 있다. 두 선분 AB_1, AC_1을 $2:1$로 내분하는 점을 각각 B_2, C_2라 하고, 선분 B_1C_1 위의 $\overline{C_1D_1}=\overline{C_1C_2}$인 점 D_1에 대하여 중심이 C_1인 부채꼴 $C_1C_2D_1$을 그린다. 두 선분 B_2C_2, B_2D_1과 호 C_2D_1로 둘러싸인 영역에 색칠하여 얻은 그림을 R_1이라 하자. 그림 R_1에서 두 선분 AB_2, AC_2를 $2:1$로 내분하는 점을 각각 B_3, C_3이라 하고, 선분 B_2C_2 위의 $\overline{C_2D_2}=\overline{C_2C_3}$인 점 D_2에 대하여 중심이 C_2인 부채꼴 $C_2C_3D_2$를 그린다. 두 선분 B_3C_3, B_3D_2와 호 C_3D_2로 둘러싸인 영역에 색칠하여 얻은 그림을 R_2라 하자.

이와 같은 과정을 계속하여 n번째 얻은 그림 R_n에 색칠되어 있는 부분의 넓이를 S_n이라 할 때, $\lim\limits_{n\to\infty}S_n$의 값은?

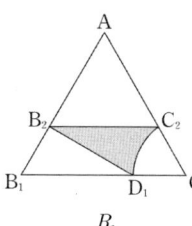

R_1

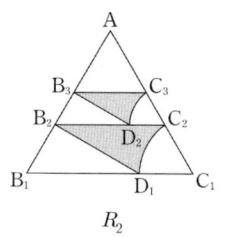

R_2

① $\dfrac{3}{40}(9\sqrt{3}-2\pi)$ ② $\dfrac{1}{10}(9\sqrt{3}-2\pi)$

③ $\dfrac{1}{8}(9\sqrt{3}-2\pi)$ ④ $\dfrac{3}{20}(9\sqrt{3}-2\pi)$

⑤ $\dfrac{7}{40}(9\sqrt{3}-2\pi)$

$\overline{B_1B_2}=1$, $\overline{B_1D_1}=2$에서 삼각형 $B_1B_2D_1$은 직각삼각형이므로 $\overline{B_2D_1}=\sqrt{3}$

$\therefore S_1=\dfrac{\sqrt{3}}{4}\times 3^2-\left(\dfrac{\sqrt{3}}{4}\times 2^2+\dfrac{1}{2}\times 1\times\sqrt{3}\right.$

$\left.\qquad\qquad\qquad\qquad\qquad +\pi\times 1^2\times\dfrac{60}{360}\right)$

$=\dfrac{9\sqrt{3}}{4}-\left(\dfrac{3\sqrt{3}}{2}+\dfrac{\pi}{6}\right)$

$=\dfrac{3\sqrt{3}}{4}-\dfrac{\pi}{6}$

한편 정삼각형 AB_nC_n과 $AB_{n+1}C_{n+1}$의 닮음비가 $3:2$이므로 넓이의 비는 $3^2:2^2=9:4$

따라서 구하는 값은 첫째항이 $\dfrac{3\sqrt{3}}{4}-\dfrac{\pi}{6}$이고 공비가 $\dfrac{4}{9}$인 등비급수의 합이다.

$\therefore \lim\limits_{n\to\infty}S_n=\dfrac{\dfrac{3\sqrt{3}}{4}-\dfrac{\pi}{6}}{1-\dfrac{4}{9}}$

$=\dfrac{9}{5}\times\dfrac{1}{12}(9\sqrt{3}-2\pi)$

$=\dfrac{3}{20}(9\sqrt{3}-2\pi)$

2. 수열의 극한

정답 ②

문제 다시 보기

좌표평면에서 점 $P(n, 1)$을 중심으로 하고 y축에 접하는 원을 C라 하자. 원 C 위의 점 Q에 대하여 선분 OQ의 길이의 최솟값을 a_n, 최댓값을 b_n이라 하자. $\lim\limits_{n\to\infty}\left(na_n+\dfrac{b_n}{n}\right)$의 값은? (단, O는 원점이다.)

① $\dfrac{9}{4}$ ② $\dfrac{5}{2}$ ③ $\dfrac{11}{4}$ ④ 3 ⑤ $\dfrac{13}{4}$

원 C가 y축에 접하므로 원의 반지름의 길이는 n이다.
이때 직선 OP가 원과 만나는 점 중
원점 O에 가까운 점을 Q_1, 먼 점을 Q_2라 하면
$a_n=\overline{OQ_1}=\overline{OP}-\overline{PQ_1}=\sqrt{n^2+1}-n$,
$b_n=\overline{OQ_2}=\overline{OP}+\overline{PQ_2}=\sqrt{n^2+1}+n$이다.

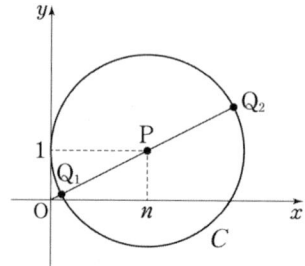

$\therefore \lim\limits_{n\to\infty}\left(na_n+\dfrac{b_n}{n}\right)$

$=\lim\limits_{n\to\infty}\left\{n(\sqrt{n^2+1}-n)+\dfrac{\sqrt{n^2+1}+n}{n}\right\}$

$=\lim\limits_{n\to\infty}\{n(\sqrt{n^2+1}-n)\}+\lim\limits_{n\to\infty}\dfrac{\sqrt{n^2+1}+n}{n}$

$$= \lim_{n \to \infty} \frac{n}{\sqrt{n^2+1}+n} + \lim_{n \to \infty} \frac{\sqrt{n^2+1}+n}{n}$$

$$= \lim_{n \to \infty} \frac{1}{\sqrt{1+\dfrac{1}{n^2}}+1} + \lim_{n \to \infty} \left(\sqrt{1+\dfrac{1}{n^2}}+1 \right)$$

$$= \frac{1}{2}+2 = \frac{5}{2}$$

3. 미분법

정답 ③

문제 다시 보기

함수

$$f(x) = (x^2+ax+b)e^x \quad (단,\ a,\ b는\ 상수)$$

에 대하여 좌표평면에서 곡선 $y=f(x)$와 직선 $y=t\ (t>0)$가 만나는 서로 다른 점의 x좌표의 합을 $g(t)$라 할 때, 두 함수 $f(x)$, $g(t)$는 다음 조건을 만족시킨다.

(가) 방정식 $f'(x)=0$은 서로 다른 두 개의 실근을 갖는다.
(나) 양의 실수 전체의 집합에서 함수 $g(t)$는 연속이다.

실수 k에 대하여 점 $(k, 0)$에서 곡선 $y=f(x)$에 그은 접선의 개수를 $h(k)$라 하자. 실수 전체의 집합에서 함수 $h(k)$가 불연속인 점의 개수가 2일 때, $f(2)$의 값은?

(단, p, q는 유리수이고, $\displaystyle \lim_{x \to -\infty} f(x) = 0$이다.)

① $(1-\sqrt{5})e^2$ ② $\left(\dfrac{1}{2} - \sqrt{5}\right)e^2$ ③ $(2-\sqrt{5})e^2$

④ $\left(\dfrac{1}{2} - \sqrt{6}\right)e^2$ ⑤ $(2-\sqrt{6})e^2$

조건 (가)에서 방정식 $f'(x)=0$은 서로 다른 두 개의 실근을 가지므로

$f'(x) = \{x^2+(a+2)x+a+b\}e^x$에서

방정식 $x^2+(a+2)x+a+b=0$은 서로 다른 두 개의 실근을 갖는다.

따라서 $i(x) = x^2+(a+2)x+a+b$라 하면

이차함수 $i(x)$는 최고차항의 계수가 1이고 $i(x)<0$을 만족시키는 실수 x가 존재하므로

함수 $f(x)$는 극댓값과 극솟값을 갖는다.

따라서 함수 $f(x)$의 극댓값과 극솟값을 각각 $f(\alpha)$, $f(\beta)$라 하자. (단, $\alpha < \beta$)

이때 $x<\alpha$이면 $i(x)>0$이고 $\alpha < x < \beta$이면 $i(x)<0$, $x>\beta$이면 $i(x)>0$이다.

또한 $\displaystyle \lim_{x \to -\infty} f(x) = 0$이므로 $f(\alpha)>0$이다.

이때 함수 $g(t)$가 $t=f(\alpha)$에서 연속이기 위해서는 다음 그림과 같이 $\alpha=0$이어야 하고, $f(\beta) \leq 0$이어야 한다.

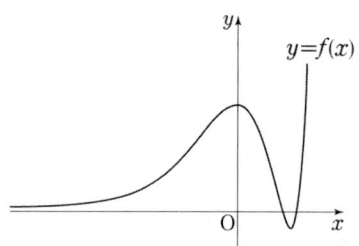

따라서 방정식 $x^2+(a+2)x+a+b=0$이 $x=0$을 한 실근으로 가지므로 $a=-b$

즉, $f(x) = (x^2+ax-a)e^x$이다.

방정식 $f(x)=0$의 실근을 각각 γ, δ $(\gamma \leq \delta)$라 하자.

$f(\beta)=0$, 즉 $\gamma = \delta$일 때를 생각해보자.

$k>\gamma$일 때 점 $(k, 0)$에서 곡선 $y=f(x)$에 그은 접선의 개수는 3이다.

또한 $k=\gamma$일 때 곡선 $y=f(x)$에 그은 접선의 개수는 2이고, 곡선 $y=f(x)$의 두 변곡점에서의 접선이 x축과 만나는 점의 x좌표를 각각 x_1, x_2 $(x_1 < x_2)$라 하면 함수 $g(t)$가 불연속인 점은 $t=x_1$, $t=x_2$, $t=\gamma$이고 이 개수는 3이다.

따라서 주어진 조건을 만족시킬 수 없다.

$f(\beta)<0$, 즉 $\gamma < \delta$일 때를 생각해보자.

$\gamma = \delta$에서와 마찬가지로 생각한다면 함수 $g(t)$가 불연속이 되도록 하는 점은 $t=x_1$, $t=x_2$, $t=\gamma$, $t=\delta$에서이다.

이때, 함수 $g(t)$가 불연속인 점의 개수는 2이어야 하므로 적어도 x_1, x_2, γ, δ 중 서로 일치하는 값이 존재해야 한다.

곡선 $y=f(x)$를 생각해본다면 가능한 경우는 $x_2 = \gamma$이어야 하고, 정리하면 곡선 $y=f(x)$ 위의 점 $(\gamma, 0)$은 이 곡선의 변곡점이어야 한다.

$f(x) = (x^2+ax-a)e^x$에서

$$f(\gamma) = (\gamma^2 + a\gamma - a)e^\gamma = 0 \qquad \cdots\cdots \ \ominus$$

$f''(x) = \{x^2+(a+4)x+a+2\}e^x$에서

$$f''(\gamma) = \{\gamma^2+(a+4)\gamma+a+2\}e^\gamma = 0 \qquad \cdots\cdots \ \ominus$$

$\ominus$에서 $\gamma^2+a\gamma-a=0$이므로 이를 $\ominus$에 대입하면

$\gamma^2+(a+4)\gamma+a+2=0$에서 $4\gamma+2a+2=0$

$$\therefore \ \gamma = -\frac{a+1}{2}$$

이를 $\ominus$에 대입하면

$$\frac{(a+1)^2}{4} - \frac{a(a+1)}{2} - a = 0,$$

$$-a^2-4a+1=0, \ a^2+4a-1=0$$

$$\therefore \ a = -2 \pm \sqrt{5}$$

이때 $\gamma \times \delta > 0$이므로 근과 계수의 관계에 의하여 $a<0$

$$\therefore \ a = -2 - \sqrt{5}$$

따라서 $f(x) = \{x^2-(2+\sqrt{5})x+(2+\sqrt{5})\}e^x$이므로 $f(2) = (2-\sqrt{5})e^2$이다.

4. 적분법

문제 다시 보기

실수 전체의 집합에서 도함수가 연속인 함수 $f(x)$가 $x>0$인 모든 실수 x에 대하여 $f(-x)=f(x)>0$, $f'(x)<0$을 만족시킨다. $f(1)=1$, $\lim\limits_{x\to\infty}f(x)=0$이고, 실수 전체의 집합에서 함수 $g(x)$가 $g(x)=\int_0^x \ln f(t)dt$이다. $g(1)=3$일 때, <보기>에서 옳은 것만을 있는 대로 고른 것은?

〈 보 기 〉

ㄱ. 함수 $g(x)$는 $x=-1$에서 극솟값을 갖는다.

ㄴ. 실수 k에 대하여 방정식 $g(x)=k$의 서로 다른 실근의 개수를 $h(k)$라 할 때, $\lim\limits_{k\to 3-}h(k)>\lim\limits_{k\to 3+}h(k)$이다.

ㄷ. $\int_{-1}^1 \dfrac{x^5 f'(x^3)}{f(x^3)}dx=-2$

① ㄱ　　　　② ㄷ　　　　③ ㄱ, ㄴ
④ ㄴ, ㄷ　　　⑤ ㄱ, ㄴ, ㄷ

주어진 조건으로부터 함수 $y=f(x)$와 $y=\ln f(x)$의 그래프의 개형은 다음과 같다.

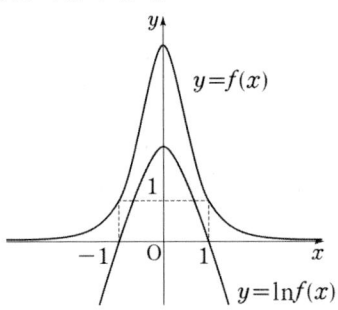

$g(x)=\int_0^x \ln f(t)dt$에서 $g(0)=0$, $g'(x)=\ln f(x)$

$f(-x)=f(x)$이므로 $g'(-x)=g'(x)$

이때 $-g(-x)=g(x)+C$ (단, C는 적분상수)이고

$g(0)=0$이므로 $C=0$

$\therefore g(x)=-g(-x)$

ㄱ. $x=-1$의 좌우에서 $f(x)<1$에서 $f(x)>1$로 바뀌므로

$g'(x)=\ln f(x)<0$에서 $g'(x)>0$으로 바뀐다.

따라서 함수 $g(x)$는 $x=-1$에서 극소이다. (참)

ㄴ. $g'(x)=0$인 경우는 $f(x)=1$에서 $x=\pm 1$일 때뿐이다.

$\lim\limits_{x\to\infty}f(x)=0$이므로 $\lim\limits_{x\to\infty}\ln f(x)=-\infty$이고,

$\lim\limits_{x\to\infty}g(x)=-\infty$이다.

따라서 함수 $y=g(x)$의 그래프의 개형은 오른쪽 그림과 같다.

실수 k에 대하여

$h(k)=\begin{cases}1 & (k<-3)\\ 2 & (k=-3)\\ 3 & (-3<k<3)\\ 2 & (k=3)\\ 1 & (k>3)\end{cases}$

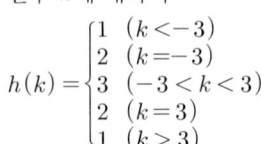

$\therefore \lim\limits_{k\to 3-}h(k)=3>\lim\limits_{k\to 3+}h(k)=1$ (참)

ㄷ. $x^3=u$로 치환하면 $3x^2 dx=du$이고

$x=-1$일 때 $u=-1$, $x=1$일 때 $u=1$

또 $g'(x)=\ln f(x)$에서 $g''(x)=\dfrac{f'(x)}{f(x)}$이므로

$$\int_{-1}^1 \frac{x^5 f'(x^3)}{f(x^3)}dx=\int_{-1}^1 \frac{u}{3}\times\frac{f'(u)}{f(u)}du$$

$$=\int_{-1}^1 \frac{u}{3}g''(u)du$$

$$=\left[\frac{u}{3}g'(u)\right]_{-1}^1 -\int_{-1}^1 \frac{1}{3}g'(u)du$$

$$=\frac{1}{3}g'(1)+\frac{1}{3}g'(-1)-\left[\frac{1}{3}g(u)\right]_{-1}^1$$

$$=0-\frac{1}{3}g(1)+\frac{1}{3}g(-1)$$

$$=-1-1=-2 \text{ (참)}$$

따라서 옳은 것은 ㄱ, ㄴ, ㄷ이다.

5. 미분법

문제 다시 보기

그림과 같이 반지름의 길이가 1이고 중심각의 크기가 $\dfrac{\pi}{2}$인 부채꼴 OAB가 있다. 선분 OA 위의 점 C가 $\overline{OC}=t$를 만족시킬 때, 호 AB 위를 움직이는 점 P에 대하여 $\angle$OPC의 최댓값을 $f(t)$라 하자. $\lim\limits_{t\to 0+}\dfrac{\tan f(t)}{\tan t}$의 값을 구하시오.

(단, t는 $0<t<1$인 실수이다.)

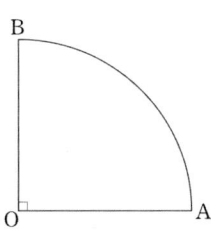

$\angle$OPC$=\alpha$, $\angle$OCP$=\beta$라 하면 (단, $0<\alpha<\dfrac{\pi}{2}$)

삼각형 OCP에서 사인법칙에 의하여

$\dfrac{t}{\sin\alpha}=\dfrac{1}{\sin\beta}$이므로 $\sin\alpha=t\sin\beta$이다.

따라서 $\beta=\dfrac{\pi}{2}$일 때, $\sin\alpha$는 최댓값 t를 갖고 이때 α도 최댓값을 갖는다. $\left(\because 0<\alpha<\dfrac{\pi}{2}\right)$

따라서 $\sin f(t)=t$이므로

$\tan f(t)=\dfrac{t}{\sqrt{1-t^2}}$이다.

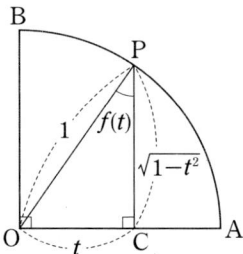

$$\therefore \lim_{t \to 0+} \frac{\tan f(t)}{\tan t} = \lim_{t \to 0+} \frac{t}{\tan t \times \sqrt{1-t^2}}$$

$$= \lim_{t \to 0+} \left(\frac{t}{\tan t} \times \frac{1}{\sqrt{1-t^2}} \right)$$

$$= 1 \times 1 = 1$$

6. 적분법

정답 126

문제 다시 보기

0이 아닌 실수 전체의 집합에서 미분가능한 함수 $f(x)$는 다음 조건을 만족시킨다.

(가) 열린구간 $(0, \infty)$에서 $f(x) = \sqrt{x}$이다.
(나) 모든 양수 t에 대하여
$$f'(t) = \frac{f(t) - f(-t^2 - t)}{t^2 + 2t} \text{이다.}$$

$\int_{-20}^{-2} \{f'(x)\}^2 \, dx = p + q\ln 3$일 때, $128(p-q)$의 값을 구하시오. (단, p와 q는 유리수이다.)

조건 (나)에서
$$f(-t^2 - t) = -(t^2 + 2t)f'(t) + f(t)$$
$$= -\frac{t^2 + 2t}{2\sqrt{t}} + \sqrt{t} = -\frac{1}{2}t^{\frac{3}{2}} \ (\because \text{(가)})$$

따라서 $(-2t-1)f'(-t^2 - t) = -\frac{3}{4}t^{\frac{1}{2}}$에서

$$f'(-t^2 - t) = \frac{3t^{\frac{1}{2}}}{4(2t+1)},$$

$$\{f'(-t^2 - t)\}^2 = \frac{9}{16} \times \frac{t}{(2t+1)^2}$$

이때 $-t^2 - t = x$라 하면 $-2t - 1 = \frac{dx}{dt}$이고

$x = -2$일 때 $-t^2 - t = -2$에서
$t^2 + t - 2 = 0$, $(t+2)(t-1) = 0$
$\therefore t = 1 \ (\because t > 0)$

$x = -20$일 때 $-t^2 - t = -20$에서
$t^2 + t - 20 = 0$, $(t+5)(t-4) = 0$
$\therefore t = 4 \ (\because t > 0)$

$$\int_{-20}^{-2} \{f'(x)\}^2 \, dx = \int_{4}^{1} \left\{ \frac{9}{16} \times \frac{t}{(2t+1)^2} \times (-2t-1) \right\} dt$$

$$= \frac{9}{16} \int_{1}^{4} \frac{t}{2t+1} \, dt$$

$$= \frac{9}{16} \int_{1}^{4} \left(\frac{1}{2} - \frac{1}{4t+2} \right) dt$$

$$= \frac{9}{16} \left[\frac{1}{2}t - \frac{1}{4}\ln(4t+2) \right]_{1}^{4}$$

$$= \frac{27}{32} - \frac{9}{64}\ln 3$$

따라서 $p = \frac{27}{32}$, $q = -\frac{9}{64}$이므로 구하는 값은

$$128(p-q) = 128 \times \left(\frac{27}{32} + \frac{9}{64} \right) = 126$$

다른 풀이

조건 (나)에서 $f'(t) = \frac{f(t) - f(-t^2 - t)}{t - (-t^2 - t)}$이므로

곡선 $y = f(x)$ 위의 점 $(t, f(t))$에서의 접선은
두 점 $(t, f(t))$, $(-t^2 - t, f(-t^2 - t))$를 이은 직선과 같다.
이때 곡선 $y = f(x)$ 위의 점 $(t, f(t))$에서의 접선의
방정식은
$$y = f'(t)(x - t) + f(t)$$
이므로 $x = -t^2 - t$, $y = f(-t^2 - t)$를 대입하면
$$f(-t^2 - t) = -(t^2 + 2t)f'(t) + f(t)$$
즉, 곡선 $y = f(x)$는 점 $(-t^2 - t, f(t) - (t^2 + 2t)f'(t))$를
지난다.
$\alpha = -t^2 - t$, $\beta = f(t) - (t^2 + 2t)f'(t)$라 하면

$$\frac{d\alpha}{dt} = -2t - 1, \qquad \cdots\cdots \text{㉠}$$

$$\frac{d\beta}{dt} = f'(t) - (2t+2)f'(t) - (t^2 + 2t)f''(t)$$

$$= -(2t+1)f'(t) - (t^2 + 2t)f''(t)$$

$$= -\frac{2t+1}{2\sqrt{t}} + \frac{t^2 + 2t}{4t\sqrt{t}} \ (\because \text{조건 (가)})$$

$$= \frac{-2t(2t+1) + t^2 + 2t}{4t\sqrt{t}} = -\frac{3}{4}\sqrt{t}$$

이므로 매개변수로 나타낸 함수의 미분법에 의하여
곡선 $y = f(x)$ 위의 점 (α, β)에서의 접선의 기울기는

$$\frac{3\sqrt{t}}{8t + 4} \text{이다.}$$

또한 $\alpha = -2$일 때 $-t^2 - t = -2$에서
$t = 1 \ (\because t > 0)$
$\alpha = -20$일 때 $-t^2 - t = -20$에서 $t = 4 \ (\because t > 0)$

$$\therefore \int_{-20}^{-2} \{f'(x)\}^2 \, dx$$

$$= \int_{4}^{1} \left\{ \left(\frac{3\sqrt{t}}{8t+4} \right)^2 \times (-2t-1) \right\} dt \ (\because \text{㉠})$$

$$= \frac{9}{16} \int_{1}^{4} \frac{t}{2t+1} \, dt$$

$$= \frac{9}{16} \int_{1}^{4} \left(\frac{1}{2} - \frac{1}{4t+2} \right) dt$$

$$= \frac{9}{16} \left[\frac{1}{2}t - \frac{1}{4}\ln(4t+2) \right]_{1}^{4}$$

$$= \frac{27}{32} - \frac{9}{64}\ln 3$$

1. ②   2. ②   3. ②   4. ⑤

5. 12   6. 16

1. 미분법

정답 ②

문제 다시 보기

실수 전체의 집합에서 미분가능한 두 함수 $f(x)$, $g(x)$가 다음 조건을 만족시킨다.

(가) $\lim\limits_{x \to 0} \dfrac{\cos f(x)}{x} = 2$

(나) 모든 실수 x에 대하여 $(g \circ f)(x) = \sin x \cos x$이다.

$0 \le f(0) \le \pi$일 때, $g'\left(\dfrac{\pi}{2}\right)$의 값은?

① -1 ② $-\dfrac{1}{2}$ ③ 0 ④ $\dfrac{1}{2}$ ⑤ 1

$\lim\limits_{x \to 0} \dfrac{\cos f(x)}{x} = 2$에서

$x \to 0$일 때 (분모)$\to 0$이므로 (분자)$\to 0$이다.

즉, $\lim\limits_{x \to 0} \cos f(x) = \cos f(0) = 0$

$0 \le f(0) \le \pi$이므로 $f(0) = \dfrac{\pi}{2}$

$h(x) = \cos f(x)$라 하면 $h(0) = 0$이므로

$\lim\limits_{x \to 0} \dfrac{h(x)}{x} = \lim\limits_{x \to 0} \dfrac{h(x) - h(0)}{x} = h'(0) = 2$이고

$h'(x) = -f'(x)\sin f(x)$이므로

$-f'(0)\sin f(0) = 2$

$\sin f(0) = \sin \dfrac{\pi}{2} = 1$이므로 $f'(0) = -2$

$(g \circ f)(x) = \sin x \cos x$에서

$g'(f(x))f'(x) = \cos^2 x - \sin^2 x$

$x = 0$을 대입하면 $g'\left(\dfrac{\pi}{2}\right) \times (-2) = 1 - 0$

$\therefore g'\left(\dfrac{\pi}{2}\right) = -\dfrac{1}{2}$

2. 수열의 극한

정답 ②

문제 다시 보기

그림과 같이 $\overline{A_1 B_1} = 2$, $\overline{B_1 C} = 1$인 직각삼각형 $A_1 B_1 C$가 있다. 선분 $A_1 B_1$ 위의 한 점 P_1에 대하여 선분 $B_1 P_1$을 지름으로 하는 반원을 선분 $A_1 C$에 접하도록 그리고, 반원에 색칠하여 얻은 그림을 R_1이라 하자.

그림 R_1에서 호 $B_1 P_1$에 접하면서 직선 $A_1 C$와 수직인 직선이 선분 $B_1 C$와 만나는 점을 A_2, 선분 $A_1 C$와 만나는 점을 B_2라 하자. 선분 $A_2 B_2$ 위의 한 점 P_2에 대하여 선분 $B_2 P_2$를 지름으로 하는 반원을 선분 $A_2 C$에 접하도록 그리고, 반원에 색칠하여 얻은 그림을 R_2라 하자.

이와 같은 과정을 계속하여 n번째 얻은 그림 R_n에 색칠되어 있는 부분의 넓이를 S_n이라 할 때, $\lim\limits_{n \to \infty} S_n$의 값은?

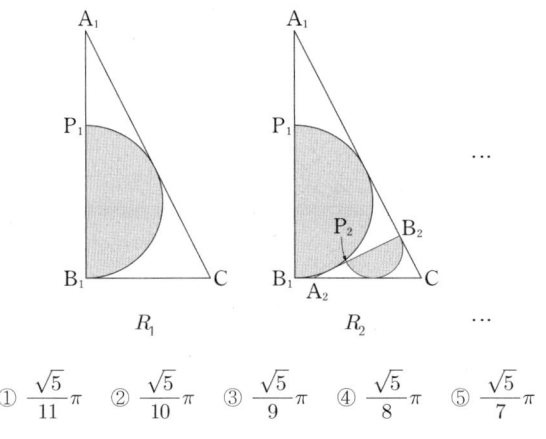

① $\dfrac{\sqrt{5}}{11}\pi$ ② $\dfrac{\sqrt{5}}{10}\pi$ ③ $\dfrac{\sqrt{5}}{9}\pi$ ④ $\dfrac{\sqrt{5}}{8}\pi$ ⑤ $\dfrac{\sqrt{5}}{7}\pi$

선분 $B_1 P_1$을 지름으로 하는 원의 중심을 O_1, 반지름의 길이를 r라 하자.

호 $B_1 P_1$과 직선 $A_1 C$가 만나는 점을 D_1이라 하면 $\overline{D_1 O_1} = r$, $\overline{O_1 A_1} = 2 - r$이다.

두 직각삼각형 $A_1 D_1 O_1$과 $A_1 B_1 C$는 서로 닮음이므로

$\overline{D_1 O_1} : \overline{O_1 A_1} = \overline{B_1 C} : \overline{CA_1}$, 즉 $r : (2 - r) = 1 : \sqrt{5}$에서

$(\sqrt{5} + 1)r = 2$,

$r = \dfrac{\sqrt{5} - 1}{2}$이다.

따라서 반지름의 길이가 r인 반원의 넓이는

$S_1 = \dfrac{1}{2} \times \left(\dfrac{\sqrt{5} - 1}{2}\right)^2 \times \pi = \dfrac{3 - \sqrt{5}}{4}\pi$이다.

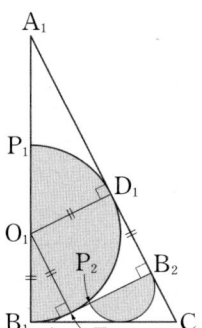

그림 R_2에서 직선 A_2B_2와 호 B_1P_1이 만나는 점을 E_1이라 하면

$\angle O_1E_1B_2 = \angle D_1B_2E_1 = 90°$이므로

사각형 $O_1D_1B_2E_1$은 정사각형이다.

따라서

$$\overline{A_1B_2} = \overline{A_1D_1} + \overline{D_1B_2} = 2r + r = 3r = \frac{3(\sqrt{5}-1)}{2}$$

이므로

$$\overline{B_2C} = \sqrt{5} - \frac{3(\sqrt{5}-1)}{2} = \frac{3-\sqrt{5}}{2}$$ 이다.

한편 두 삼각형 A_1B_1C와 A_2B_2C가 서로 닮음이고 닮음비는

$$\overline{B_1C} : \overline{B_2C} = 1 : \frac{3-\sqrt{5}}{2}$$ 이다.

따라서 그림 R_1에 새로 그려진 반원과 그림 R_2에 새로

그려진 반원의 넓이의 비는 $1 : \dfrac{7-3\sqrt{5}}{2}$ 이다.

이때 같은 과정을 계속하므로 S_n의 값은 첫째항이

$\dfrac{3-\sqrt{5}}{4}\pi$이고 공비가 $\dfrac{7-3\sqrt{5}}{2}$인 등비수열의 합이다.

$$\therefore \lim_{n\to\infty} S_n = \frac{\dfrac{3-\sqrt{5}}{4}\pi}{1 - \dfrac{7-3\sqrt{5}}{2}} = \frac{3-\sqrt{5}}{2(3\sqrt{5}-5)}\pi$$

$$= \frac{3-\sqrt{5}}{2\sqrt{5}(3-\sqrt{5})}\pi = \frac{\sqrt{5}}{10}\pi$$

---

3. 수열의 극한

문제 다시 보기

2 이상의 자연수 n에 대하여 두 곡선 $f(x) = \log_n(n-x)$, $g(x) = \log_n\left(x + n - \dfrac{2}{n}\right)$의 교점을 지나고 y축과 평행한 직선 l_n이 x축과 만나는 점을 A_n라 하자. 곡선 $y = f(x)$가 y축과 만나는 점을 P라 할 때, $\overline{OB_n} = \overline{OP}$를 만족시키는 직선 l_n 위의 점 B_n에 대하여 $\displaystyle\sum_{n=2}^{\infty} \dfrac{1}{n^2 \times \overline{A_nB_n}^2}$의 값은? (단, O는 원점이다.)

① $\dfrac{3}{8}$ ② $\dfrac{3}{4}$ ③ $\dfrac{3}{2}$ ④ 3 ⑤ 6

두 곡선 $y = f(x)$, $y = g(x)$의 교점의 x좌표를 구하면

$\log_n(n-x) = \log_n\left(x + n - \dfrac{2}{n}\right)$에서 로그함수는

일대일대응이므로

$n - x = x + n - \dfrac{2}{n}$, 즉 $x = \dfrac{1}{n}$이다. …… 참고

즉, 직선 l_n의 방정식은 $x = \dfrac{1}{n}$이고, $A_n\left(\dfrac{1}{n}, 0\right)$이다.

한편 $f(0) = 1$이므로 $\overline{OB_n} = \overline{OP} = 1$이다.

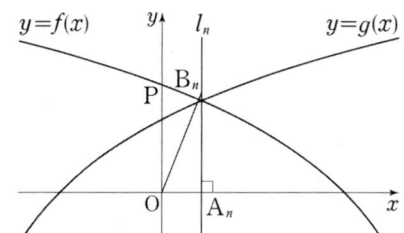

따라서 직각삼각형 OA_nB_n에서

$$\overline{A_nB_n}^2 = \overline{OB_n}^2 - \overline{OA_n}^2 = 1 - \frac{1}{n^2}$$ 이다.

$$\therefore \sum_{n=2}^{\infty} \frac{1}{n^2 \times \overline{A_nB_n}^2} = \sum_{n=2}^{\infty} \frac{1}{n^2 - 1}$$

$$= \frac{1}{2} \lim_{n\to\infty} \sum_{k=2}^{n} \left(\frac{1}{k-1} - \frac{1}{k+1}\right)$$

$$= \frac{1}{2} \lim_{n\to\infty} \left(\frac{1}{1} + \frac{1}{2} - \frac{1}{n} - \frac{1}{n+1}\right)$$

$$= \frac{1}{2} \times \frac{3}{2} = \frac{3}{4}$$

참고

함수 $f(x)$의 정의역의 모든 원소 x에 대하여

$$g\left(\frac{2}{n} - x\right) = f(x)$$이므로

두 곡선 $y = f(x)$, $y = g(x)$는 직선 $x = \dfrac{1}{n}$에 대하여

대칭이다.

4. 적분법

양수 k에 대하여 두 함수 $f(x)$, $g(x)$를 각각

$$f(x)=\int_0^x (2kt+1)\,dt,$$

$$g(x)=\int_0^x (3kt^2+2kt+1)\,dt$$

라 하자. 함수 $h(x)=e^x-1$과 두 함수 $f(x)$, $g(x)$에 대하여 <보기>에서 옳은 것만을 있는 대로 고른 것은?

─────────〈 보 기 〉─────────

ㄱ. $f(0)=g(0)=h(0)$

ㄴ. $0<x<1$에서 $f'(x)<h'(x)<g'(x)$를 만족시키는 k의 값은 오직 하나만 존재한다.

ㄷ. $\displaystyle\lim_{x\to 0+}\frac{h(x)-x}{x^2}=\frac{1}{2}$

────────────────────────

① ㄱ　　　　　② ㄴ　　　　　③ ㄱ, ㄴ

④ ㄱ, ㄷ　　　　⑤ ㄱ, ㄴ, ㄷ

ㄱ. $f(0)=g(0)=0$이고 $h(x)=e^x-1$에서
$h(0)=0$이므로 $f(0)=g(0)=h(0)$이다. (참)

ㄴ. $f'(x)=2kx+1$,
$g'(x)=3kx^2+2kx+1$,
$h'(x)=e^x$이므로 $f'(0)=g'(0)=h'(0)=1$이다.
먼저 $0<x<1$에서 $2kx+1<e^x$이 성립하기 위해서는
직선 $y=2kx+1$의 기울기는 곡선 $y=e^x$ 위의 점
$(0,1)$에서의 접선의 기울기보다 작거나 같아야 하므로

$2k\le 1$에서 $k\le \dfrac{1}{2}$

또한 $0<x<1$에서 $e^x<3kx^2+2kx+1$이 성립하기
위해서는 곡선 $y=3kx^2+2kx+1$ 위의 점 $(0,1)$에서의
접선의 기울기는 곡선 $y=e^x$ 위의 점 $(0,1)$에서의
접선의 기울기보다 크거나 같아야 하므로

$2k\ge 1$에서 $k\ge \dfrac{1}{2}$

또한 $p(x)=e^x$, $q(x)=3kx^2+2kx+1$이라 하면
$p'(x)=e^x$, $q'(x)=6kx+2k$이므로

$k\ge \dfrac{1}{2}$일 때 $0<x<1$에서 $p'(x)<q'(x)$이다.

즉, $k\ge \dfrac{1}{2}$이면 $0<x<1$에서 $h'(x)<g'(x)$이다.

따라서 $0<x<1$에서 $f'(x)<h'(x)<g'(x)$를
만족시키는 k의 값은 $\dfrac{1}{2}$로 유일하다. (참)

ㄷ. ㄱ과 ㄴ에 의하여 $k=\dfrac{1}{2}$일 때

구간 $(0,1)$에서 $f(x)<h(x)<g(x)$이므로

$$\lim_{x\to 0+}\frac{f(x)-x}{x^2}\le \lim_{x\to 0+}\frac{h(x)-x}{x^2}\le \lim_{x\to 0+}\frac{g(x)-x}{x^2}$$

이다. 이때,

$$\lim_{x\to 0+}\frac{f(x)-x}{x^2}=\lim_{x\to 0+}\frac{\left(\frac{1}{2}x^2+x\right)-x}{x^2}=\frac{1}{2},$$

$$\lim_{x\to 0+}\frac{g(x)-x}{x^2}=\lim_{x\to 0+}\frac{\left(\frac{1}{2}x^3+\frac{1}{2}x^2+x\right)-x}{x^2}=\frac{1}{2}$$

이므로 $\displaystyle\lim_{x\to 0+}\frac{h(x)-x}{x^2}=\frac{1}{2}$ 이다. (참)

따라서 ㄱ, ㄴ, ㄷ 모두 옳다.

---

5. 적분법

좌표평면 위를 움직이는 점 P의 시각 t에서의 위치 (x,y)가

$$\begin{cases} x=t\sin t+\cos t \\ y=t\cos t-\sin t \end{cases}$$

이다. 점 P가 $t=1$에서 $t=5$까지 움직인 거리를 구하시오.

$x=t\sin t+\cos t$, $y=t\cos t-\sin t$에서

$\dfrac{dx}{dt}=\sin t+t\cos t-\sin t=t\cos t$,

$\dfrac{dy}{dt}=\cos t-t\sin t-\cos t=-t\sin t$

이므로 점 P가 $t=1$에서 $t=5$까지 움직인 거리는

$$\int_1^5 \sqrt{(t\cos t)^2+(-t\sin t)^2}\,dt=\int_1^5 \sqrt{t^2}\,dt$$

$$=\int_1^5 t\,dt$$

$$=\left[\frac{t^2}{2}\right]_1^5$$

$$=\frac{25-1}{2}=12$$

6. 미분법

정답 16

문제 다시 보기

그림과 같이 반지름의 길이가 1이고 중심각의 크기가 $\dfrac{\pi}{2}$인 부채꼴 OAB가 있다. 호 AB 위의 점 P에 대하여 직선 BP와 직선 OA의 교점을 Q라 하고, 선분 AQ를 지름으로 하는 원을 T라 하자. 원 T와 직선 PQ의 교점 중 Q가 아닌 점을 R라 하고, 원 T와 직선 PA의 교점 중 A가 아닌 점을 S라 하자.

$\angle POA = \theta$라 할 때, $\displaystyle\lim_{\theta \to 0+}\left(\dfrac{\overline{RS}}{\theta}\right)^2 = k$이다. $32k$의 값을 구하시오. (단, $0 < \theta < \dfrac{\pi}{2}$)

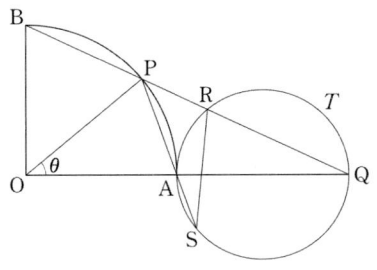

이등변삼각형 OAP에서

$\angle OAP = \dfrac{\pi - \angle POA}{2} = \dfrac{\pi}{2} - \dfrac{\theta}{2}$이고,

이등변삼각형 OBP에서

$\angle OBP = \dfrac{\pi - \angle BOP}{2} = \dfrac{\pi}{4} + \dfrac{\theta}{2}$이다.

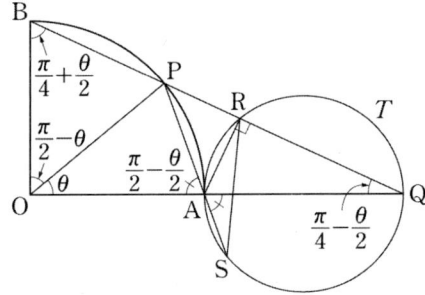

또한 직각삼각형 BOQ에서

$\overline{OQ} = \overline{OB}\tan\left(\dfrac{\pi}{4} + \dfrac{\theta}{2}\right) = \tan\left(\dfrac{\pi}{4} + \dfrac{\theta}{2}\right)$이고

$\angle OQB = \dfrac{\pi}{2} - \left(\dfrac{\pi}{4} + \dfrac{\theta}{2}\right) = \dfrac{\pi}{4} - \dfrac{\theta}{2}$이다.

따라서

$\overline{AQ} = \overline{OQ} - \overline{OA} = \tan\left(\dfrac{\pi}{4} + \dfrac{\theta}{2}\right) - 1$

$= \dfrac{\tan\dfrac{\pi}{4} + \tan\dfrac{\theta}{2}}{1 - \tan\dfrac{\pi}{4}\tan\dfrac{\theta}{2}} - 1 = \dfrac{2\tan\dfrac{\theta}{2}}{1 - \tan\dfrac{\theta}{2}}$

이고

$\angle QAR = \dfrac{\pi}{2} - \left(\dfrac{\pi}{4} - \dfrac{\theta}{2}\right) = \dfrac{\pi}{4} + \dfrac{\theta}{2}$에 의하여

($\because$ 반원에 대한 원주각의 크기는 $\angle ARQ = \dfrac{\pi}{2}$)

$\angle RAS = \angle QAR + \angle SAQ$

$= \left(\dfrac{\pi}{4} + \dfrac{\theta}{2}\right) + \left(\dfrac{\pi}{2} - \dfrac{\theta}{2}\right)$ ($\because$ 맞꼭지각의 성질)

$= \dfrac{3\pi}{4}$이다.

이때 삼각형 ARS에 외접하는 원의 지름의 길이가 $\overline{AQ}$이므로

...... **참고**

사인법칙에 의하여

$\dfrac{\overline{RS}}{\sin(\angle RAS)} = \overline{AQ}$에서

$\overline{RS} = \overline{AQ} \times \sin(\angle RAS)$

$= \dfrac{2\tan\dfrac{\theta}{2}}{1 - \tan\dfrac{\theta}{2}} \times \sin\dfrac{3\pi}{4}$

$= \dfrac{\sqrt{2}\tan\dfrac{\theta}{2}}{1 - \tan\dfrac{\theta}{2}}$

이다.

$\therefore \displaystyle\lim_{\theta \to 0+}\left(\dfrac{\overline{RS}}{\theta}\right)^2 = \lim_{\theta \to 0+}\left\{\dfrac{\sqrt{2}\tan\dfrac{\theta}{2}}{\theta\left(1 - \tan\dfrac{\theta}{2}\right)}\right\}^2$

$= \lim_{\theta \to 0+}\left\{\dfrac{\tan\dfrac{\theta}{2}}{\dfrac{\theta}{2}} \times \dfrac{\sqrt{2}}{2\left(1 - \tan\dfrac{\theta}{2}\right)}\right\}^2$

$= \left(1 \times \dfrac{\sqrt{2}}{2}\right)^2 = \dfrac{1}{2}$

$\therefore 32k = 16$

참고

선분 QS를 보조선으로 긋고 $\angle RQS$의 값을 구한 뒤 삼각형 QRS에서 사인법칙을 이용하는 방법으로도 $\overline{RS}$의 값을 구할 수 있다.

즉, $\dfrac{\overline{RS}}{\sin(\angle RQS)} = \overline{AQ}$에서 $\overline{RS} = \overline{AQ} \times \sin\dfrac{\pi}{4}$이다.

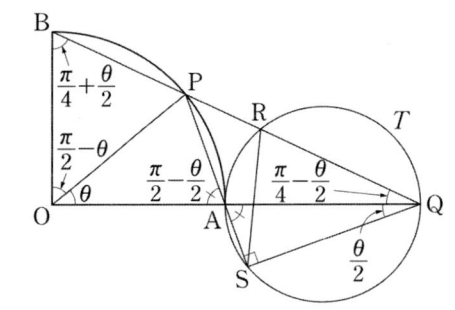

1. 적분법

문제 다시 보기

실수 전체의 집합에서 연속인 함수 $f(x)$가 다음 조건을 만족시킬 때, $\int_0^2 f(x)dx$의 값은?

(가) $f(0)=1$, $f(2)=2$
(나) 함수 $f(x)$의 역함수가 존재하고, 이 역함수를 $g(x)$라 할 때,
$$\lim_{n \to \infty} \frac{1}{n} \sum_{k=1}^{n} g\left(1+\frac{k}{n}\right) = \frac{1}{2}$$
이다.

① 4   ② $\frac{15}{4}$ ③ $\frac{7}{2}$ ④ $\frac{13}{4}$ ⑤ 3

$\lim\limits_{n \to \infty} \dfrac{1}{n} \sum\limits_{k=1}^{n} g\left(1+\dfrac{k}{n}\right) = \dfrac{1}{2}$에서 $x_k = 1+\dfrac{k}{n}$이라 하면

x_k는 구간 $[1, 2]$를 n등분하였을 때, k번째의 x좌표이므로

$\Delta x = \dfrac{2-1}{n} = \dfrac{1}{n}$이다.

$\therefore \lim\limits_{n \to \infty} \dfrac{1}{n} \sum\limits_{k=1}^{n} g\left(1+\dfrac{k}{n}\right) = \lim\limits_{n \to \infty} \sum\limits_{k=1}^{n} g(x_k) \Delta x$

$\qquad\qquad\qquad\qquad = \int_1^2 g(x)\,dx = \dfrac{1}{2}$

이때, $\int_1^2 g(x)dx$의 값은 곡선 $y=g(x)$와 x축 및 두 직선

$x=1$, $x=2$로 둘러싸인 부분의 넓이와 같다.

또한 두 함수 $y=f(x)$, $y=g(x)$의 그래프는 서로 직선 $y=x$에 대칭이므로 곡선 $y=f(x)$의 그래프가 y축 및 두 직선

$y=1$, $y=2$로 둘러싸인 부분의 넓이가 $\int_1^2 g(x)dx$와 같다.

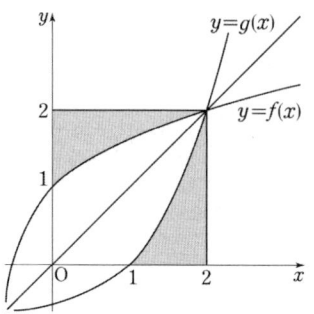

$\int_0^2 f(x)dx$의 값은 곡선 $y=f(x)$의 그래프가 x축 및 두

직선 $x=0$, $x=2$로 둘러싸인 부분의 넓이와 같으므로

$\int_0^2 f(x)dx = 4 - \int_1^2 g(x)dx = 4 - \dfrac{1}{2} = \dfrac{7}{2}$이다.

2. 수열의 극한

문제 다시 보기

그림과 같이 한 변의 길이가 2인 정사각형 $A_1 B_1 C_1 D_1$의 두 변 $A_1 B_1$, $C_1 D_1$의 중점을 각각 E_1, F_1이라 하자. 점 B_1을 중심으로 하고 반지름의 길이가 $\overline{A_1 B_1}$인 원이 두 선분 $B_1 D_1$, $E_1 F_1$과 만나는 점을 각각 G_1, H_1이라 할 때, 부채꼴 $B_1 G_1 H_1$에 색칠하여 얻은 그림을 R_1이라 하자.

그림 R_1에서 점 H_1을 지나고 선분 $E_1 F_1$과 수직인 직선이 두 선분 $B_1 D_1$, $B_1 C_1$과 만나는 점을 각각 A_2, B_2라 할 때, 선분 $A_2 B_2$를 한 변으로 하며 선분 $C_1 D_1$과 만나는 정사각형 $A_2 B_2 C_2 D_2$를 그리고 두 변 $A_2 B_2$, $C_2 D_2$의 중점을 각각 E_2, F_2라 하자. 점 B_2를 중심으로 하고 반지름의 길이가 $\overline{A_2 B_2}$인 원이 두 선분 $B_2 D_2$, $E_2 F_2$와 만나는 점을 각각 G_2, H_2라 할 때, 부채꼴 $B_2 G_2 H_2$에 색칠하여 얻은 그림을 R_2라 하자.

이와 같은 과정을 계속하여 n번째 얻은 그림 R_n에 색칠되어 있는 부분의 넓이를 S_n이라 할 때, $\lim\limits_{n \to \infty} S_n$의 값은?

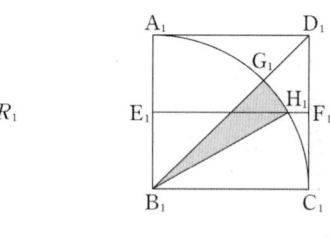

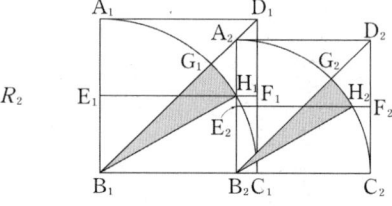

① $\dfrac{\pi}{2}$ ② $\dfrac{7}{12}\pi$ ③ $\dfrac{2}{3}\pi$ ④ $\dfrac{3}{4}\pi$ ⑤ $\dfrac{5}{6}\pi$

직각삼각형 $B_1B_2H_1$에서 $\overline{H_1B_2}=1$, $\overline{B_1H_1}=2$에 의하여

$\angle H_1B_1B_2=\dfrac{\pi}{6}$이므로

$\angle G_1B_1H_1=\angle G_1B_1C_1-\angle H_1B_1B_2=\dfrac{\pi}{4}-\dfrac{\pi}{6}=\dfrac{\pi}{12}$

이다.

따라서 부채꼴 $B_1G_1H_1$의 넓이는

$S_1=\dfrac{1}{2}\times 2^2\times\dfrac{\pi}{12}=\dfrac{\pi}{6}$이다.

한편 직각이등변삼각형 $A_2B_2B_1$에서

$\overline{A_2B_2}=\overline{B_1B_2}=\overline{B_1H_1}\cos\dfrac{\pi}{6}=\sqrt{3}$이다.

따라서 정사각형 $A_1B_1C_1D_1$과 정사각형 $A_2B_2C_2D_2$의

닮음비가 $2:\sqrt{3}$이므로 그림 R_1, R_2에 새로 색칠된

부채꼴의 넓이의 비는 $4:3=1:\dfrac{3}{4}$이다.

같은 과정을 계속하므로 모든 자연수 n에 대하여 그림 R_n,

R_{n+1}에 새로 색칠된 부채꼴의 넓이의 비도 $1:\dfrac{3}{4}$이다.

즉, S_n은 첫째항이 $\dfrac{\pi}{6}$이고 공비가 $\dfrac{3}{4}$인 등비수열의

첫째항부터 제n항까지의 합이다.

$\therefore \displaystyle\lim_{n\to\infty}S_n=\dfrac{\dfrac{\pi}{6}}{1-\dfrac{3}{4}}=\dfrac{2}{3}\pi$

3. 미분법

정답 ③

문제 다시 보기

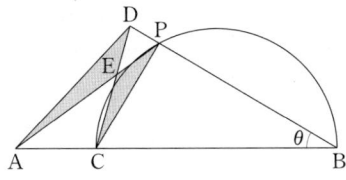

그림과 같이 길이가 4인 선분 AB를 1:3으로 내분하는 점 C에 대하여 선분 BC를 지름으로 하는 반원의 호 위에 점 P가 있다. 직선 BP 위의 점 D를 선분 CD의 중점이 호 CP 위에 놓이도록 잡는다. 선분 CD가 선분 AP와 만나는 점을 E라 하자. $\angle CBP=\theta$라 할 때, 삼각형 ADE의 넓이를 $f(\theta)$, 삼각형 CPE의 넓이를 $g(\theta)$라 하자. $\displaystyle\lim_{\theta\to 0+}\dfrac{f(\theta)-g(\theta)}{\theta^3}$의

값은? (단, $0<\theta<\dfrac{\pi}{2}$)

① $\dfrac{1}{4}$　　② $\dfrac{1}{2}$　　③ $\dfrac{3}{4}$　　④ 1　　⑤ $\dfrac{5}{4}$

삼각형 ACE의 넓이를 공통부분으로 포함시키면

$f(\theta)-g(\theta)$

$=($삼각형 ACD의 넓이$)-($삼각형 ACP의 넓이$)$

로 계산할 수 있다.

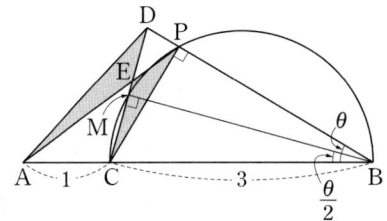

i) 삼각형 ACP의 넓이

$\overline{AC}=1$, $\overline{CP}=\overline{BC}\sin\theta=3\sin\theta$,

$\angle ACP=\angle CBP+\angle CPB=\theta+\dfrac{\pi}{2}$이므로

삼각형 ACP의 넓이는

$\dfrac{1}{2}\times 1\times 3\sin\theta\times\sin\left(\theta+\dfrac{\pi}{2}\right)=\dfrac{3}{2}\sin\theta\cos\theta$

ii) 삼각형 ACD의 넓이

선분 CD의 중점을 M이라 할 때 점 M이 호 CP 위의

점이므로 $\angle CMB=90°$이다.

또한 $\overline{CM}=\overline{DM}$이므로

$\angle CBM=\angle DBM=\dfrac{\theta}{2}$이다.

따라서

$\overline{AC}=1$, $\overline{CD}=2\overline{CM}=2\overline{BC}\sin\dfrac{\theta}{2}=6\sin\dfrac{\theta}{2}$,

$\angle ACD=\angle CBM+\angle CMB=\dfrac{\theta}{2}+\dfrac{\pi}{2}$이므로

삼각형 ACD의 넓이는

$\dfrac{1}{2}\times 1\times 6\sin\dfrac{\theta}{2}\times\sin\left(\dfrac{\theta}{2}+\dfrac{\pi}{2}\right)=3\sin\dfrac{\theta}{2}\cos\dfrac{\theta}{2}$

i), ii)에 의하여

$f(\theta)-g(\theta)=3\sin\dfrac{\theta}{2}\cos\dfrac{\theta}{2}-\dfrac{3}{2}\sin\theta\cos\theta$

$\qquad=3\sin\dfrac{\theta}{2}\cos\dfrac{\theta}{2}-3\sin\dfrac{\theta}{2}\cos\dfrac{\theta}{2}\cos\theta$

$\qquad=3\sin\dfrac{\theta}{2}\cos\dfrac{\theta}{2}(1-\cos\theta)$

$\therefore \displaystyle\lim_{\theta\to 0+}\dfrac{f(\theta)-g(\theta)}{\theta^3}$

$=\displaystyle\lim_{\theta\to 0+}\left(\dfrac{\sin\dfrac{\theta}{2}}{\dfrac{\theta}{2}}\times\dfrac{1-\cos\theta}{\theta^2}\times\dfrac{3\cos\dfrac{\theta}{2}}{2}\right)$

$=1\times\dfrac{1}{2}\times\dfrac{3}{2}=\dfrac{3}{4}=a$

4. 적분법　　　　　　　　　　　정답 ⑤

문제 다시 보기

모든 실수 x에 대하여 $f(x+4)=f(x)$를 만족시키는 함수 $f(x)$가 구간 $[0,4]$에서

$$f(x)=\begin{cases} x^2e^{-x+2}+1 & (0\le x<2) \\ (x-4)^2e^{x-2}+1 & (2\le x\le 4) \end{cases}$$

이다. 미분가능한 함수 $g(x)$가 모든 실수 x에 대하여

$$\int_0^{g(x)} f(t)\,dt=\frac{1}{2}\int_0^x f(t)\,dt$$

를 만족시킬 때, <보기>에서 옳은 것만을 있는 대로 고른 것은?

──── < 보 기 > ────

ㄱ. 모든 실수 x에 대하여 $f(4-x)=f(x)$이다.
ㄴ. 모든 자연수 n에 대하여 $g(4n)=2n$이다.
ㄷ. $\displaystyle\sum_{n=1}^{20} g'(4n)=6$

① ㄱ　　　　② ㄱ, ㄴ　　　　③ ㄱ, ㄷ
④ ㄴ, ㄷ　　　　⑤ ㄱ, ㄴ, ㄷ

ㄱ. 구간 $[0,2]$에서 $2\le 4-x\le 4$이므로
　　$f(4-x)=x^2e^{-x+2}+1=f(x)$
　　구간 $[2,4]$일 때 $0\le 4-x\le 2$이므로
　　$f(4-x)=(x-4)^2e^{x-2}+1=f(x)$이다.
　　즉, $0\le x\le 4$인 실수 x에 대하여
　　$f(4-x)=f(x)$이다.
　　또한 모든 실수 x에 대하여 $f(x+4)=f(x)$, 즉 함수
　　$f(x)$의 주기는 4이므로
　　모든 실수 x에 대하여 $f(4-x)=f(x)$이다. (참)

ㄴ. 구간 $(0,2)$에서 $f'(x)=x(2-x)e^{-x+2}>0$이므로
　　이 구간에서 함수 $f(x)$는 증가한다.
　　ㄱ에 의하여 구간 $(2,4)$에서의 함수 $y=f(x)$의
　　그래프는
　　구간 $(0,2)$에서의 함수 $y=f(x)$의 그래프를 직선
　　$x=2$에 대하여 대칭이동시킨 것과 같다.
　　또한 $f(0)=1$, $f(2)=5$이므로
　　주기가 4인 함수 $y=f(x)$의 그래프는 다음 그림과 같다.
　　이때 모든 실수 x에 대하여 $f(x)>0$이므로
　　함수 $\displaystyle\int_0^x f(t)\,dt$는 증가한다.　　　　……㉠

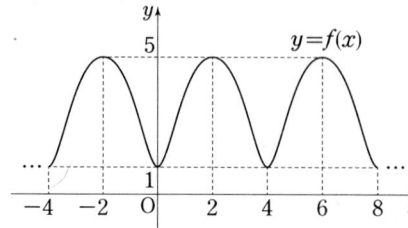

한편 $\displaystyle\int_0^{g(x)} f(t)\,dt=\frac{1}{2}\int_0^x f(t)\,dt$의 양변에 $x=4n$을
대입하면

$$\int_0^{g(4n)} f(t)\,dt=\frac{1}{2}\int_0^{4n} f(t)\,dt$$

$$=\frac{1}{2}\left\{\int_0^{2n} f(t)\,dt+\int_{2n}^{4n} f(t)\,dt\right\}$$

$$=\frac{1}{2}\left\{\int_0^{2n} f(t)\,dt+\int_0^{2n} f(t)\,dt\right\}$$

$$=\int_0^{2n} f(t)\,dt$$

이다.
따라서 ㉠에 의하여 $g(4n)=2n$이다. (참)

ㄷ. $\displaystyle\int_0^{g(x)} f(t)\,dt=\frac{1}{2}\int_0^x f(t)\,dt$의 양변을 x에 대하여
미분하면

$$f(g(x))\times g'(x)=\frac{1}{2}f(x)$$이고,

양변에 $x=4n$을 대입하면

$$f(2n)\times g'(4n)=\frac{1}{2}\times 1,\ \ 즉\ g'(4n)=\frac{1}{2f(2n)}\ 이다.$$

따라서
n이 홀수일 때 $g'(4n)=\dfrac{1}{10}$,

n이 짝수일 때 $g'(4n)=\dfrac{1}{2}$이다.

$$\sum_{n=1}^{20} g'(4n)=10\left(\frac{1}{10}+\frac{1}{2}\right)=6\ (참)$$

따라서 옳은 것은 ㄱ, ㄴ, ㄷ이다.

5. 미분법　　　　　　　　　　　정답 13

문제 다시 보기

좌표평면 위를 움직이는 점 P의 시각 $t\ (t\ge 0)$에서의 위치 (x,y)가

$$x=\frac{20}{t+1},\ y=24\ln(t+1)$$

이다. 시각 $t=1$에서 점 P의 속력을 구하시오.

$x=\dfrac{20}{t+1},\ y=24\ln(t+1)$에서

$$\frac{dx}{dt}=-\frac{20}{(t+1)^2},\ \ \frac{dy}{dt}=\frac{24}{t+1}$$

따라서 시각 $t=1$에서 점 P의 속력은
$$\sqrt{(-5)^2+12^2}=13\ 이다.$$

6. 적분법 정답 15

> 실수 전체의 집합에서 미분가능한 함수 $f(x)$가 있다. 함수 $f(2x)$의 역함수를 $g(x)$라 할 때 함수 $g(x)$는 연속인 이계도함수가 존재하고, 모든 실수 x에 대하여
>
> $$f'(2g(x)) = \{g(x)\}^2 + 1$$
>
> 을 만족시킨다. $f(0) = a$, $f(1) = b$일 때,
>
> $\displaystyle\int_a^b g''(x)\{g(x)\}^2 dx = p + \frac{1}{2}\ln(1-q)$이다. $50(p+q)$의 값을 구하시오. (단, a, b, p, q는 상수이다.)

함수 $f(2x)$의 역함수가 $g(x)$이므로 $f(2g(x)) = x$이다.

이때
$$\{f(2g(x))\}' = 2g'(x)f'(2g(x))$$
$$= 2g'(x)[\{g(x)\}^2 + 1]$$

이므로 $2g'(x)[\{g(x)\}^2 + 1] = 1$

$$g'(x) = \frac{1}{2\{g(x)\}^2 + 2} \qquad\cdots\cdots\text{㉠}$$

$$\int g''(x)\{g(x)\}^2 dx$$

$$= g'(x)\{g(x)\}^2 - \int 2\{g'(x)\}^2 g(x)\, dx$$

$$= \frac{\{g(x)\}^2}{2\{g(x)\}^2 + 2} - \int \frac{g'(x)g(x)}{\{g(x)\}^2 + 1}\, dx$$

$$= \frac{\{g(x)\}^2}{2\{g(x)\}^2 + 2} - \frac{1}{2}\ln(\{g(x)\}^2 + 1) + C$$

(단, C는 적분상수)

또한 함수 $f(2x)$의 역함수가 $g(x)$이므로
$f(0) = a$, $f(1) = b$에서

$g(a) = 0$, $g(b) = \dfrac{1}{2}$이다.

$$\therefore \int_a^b g''(x)\{g(x)\}^2 dx$$

$$= \frac{\{g(b)\}^2}{2\{g(b)\}^2 + 2} - \frac{1}{2}\ln(\{g(b)\}^2 + 1)$$

$$= \frac{1}{10} + \frac{1}{2}\ln\frac{4}{5}$$

따라서 $p = \dfrac{1}{10}$, $q = \dfrac{1}{5}$

$$\therefore 50(p+q) = 15$$

다른 풀이

함수 $f(2x)$의 역함수가 $g(x)$이므로 $f(2g(x)) = x$이다.
이때
$$\{f(2g(x))\}' = 2g'(x)f'(2g(x))$$
$$= 2g'(x)[\{g(x)\}^2 + 1]$$
이므로 $2g'(x)[\{g(x)\}^2 + 1] = 1$

$$\{g(x)\}^2 = \frac{1}{2g'(x)} - 1 \qquad\cdots\cdots\text{㉡}$$

$$\int g''(x)\{g(x)\}^2 dx = \int \left\{\frac{g''(x)}{2g'(x)} - g''(x)\right\} dx$$

$$= \frac{1}{2}\ln|g'(x)| - g'(x) + C$$

(단, C는 적분상수)

또한 함수 $f(2x)$의 역함수가 $g(x)$이므로
$f(0) = a$, $f(1) = b$에서 $g(a) = 0$, $g(b) = \dfrac{1}{2}$이다.

㉡에 의하여 $g'(x) = \dfrac{1}{2\{g(x)\}^2 + 2}$이므로

$g'(a) = \dfrac{1}{2}$, $g'(b) = \dfrac{2}{5}$이다.

$$\therefore \int_a^b g''(x)\{g(x)\}^2 dx$$

$$= \left\{\frac{1}{2}\ln|g'(b)| - g'(b)\right\} - \left\{\frac{1}{2}\ln|g'(a)| - g'(a)\right\}$$

$$= \frac{1}{2}\ln\frac{2}{5} - \frac{2}{5} - \frac{1}{2}\ln\frac{1}{2} + \frac{1}{2}$$

$$= \frac{1}{10} + \frac{1}{2}\ln\frac{4}{5}$$

1. ④   2. ④   3. ③   4. ④

5. 12   6. 25

1. 수열의 극한

정답 ④

문제 다시 보기

그림과 같이 반지름의 길이가 1인 원 O_1 위에 $\overline{A_1C_1}=\overline{A_1D_1}=2\overline{B_1C_1}=2\overline{B_1D_1}$ 을 만족시키도록 서로 다른 네 점 A_1, B_1, C_1, D_1을 잡고, 원 O_1의 내부와 사각형 $A_1C_1B_1D_1$의 외부의 공통인 영역에 색칠하여 얻은 그림을 R_1이라 하자.

그림 R_1에서 사각형 $A_1C_1B_1D_1$의 내접원 O_2를 그린 다음 $\overline{A_2C_2}=\overline{A_2D_2}=2\overline{B_2C_2}=2\overline{B_2D_2}$를 만족시키도록 서로 다른 네 점 A_2, B_2, C_2, D_2를 잡고, 원 O_2의 내부와 사각형 $A_2C_2B_2D_2$의 외부의 공통인 영역에 색칠하여 얻은 그림을 R_2라 하자.

그림 R_2에서 사각형 $A_2C_2B_2D_2$의 내접원 O_3을 그린 다음 $\overline{A_3C_3}=\overline{A_3D_3}=2\overline{B_3C_3}=2\overline{B_3D_3}$을 만족시키도록 서로 다른 네 점 A_3, B_3, C_3, D_3을 잡고, 원 O_3의 내부와 사각형 $A_3C_3B_3D_3$의 외부의 공통인 영역에 색칠하여 얻은 그림을 R_3이라 하자.

이와 같은 과정을 계속하여 n번째 얻은 그림 R_n에 색칠되어 있는 부분의 넓이를 S_n이라 할 때, $\lim\limits_{n\to\infty}S_n$의 값은?

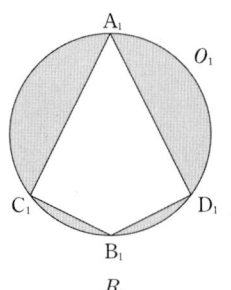 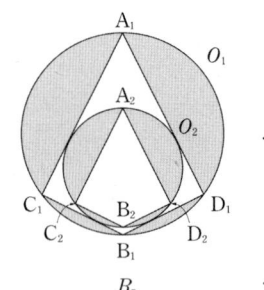

R_1 R_2 ...

① $\dfrac{12}{29}(5\pi-8)$ ② $\dfrac{11}{29}(5\pi-8)$ ③ $\dfrac{10}{29}(5\pi-8)$

④ $\dfrac{9}{29}(5\pi-8)$ ⑤ $\dfrac{8}{29}(5\pi-8)$

그림 R_1에서 $\overline{B_1C_1}=\overline{B_1D_1}=x$라 하면

$\overline{A_1C_1}=\overline{A_1D_1}=2x$이고 직각삼각형 $A_1C_1B_1$에서

$x^2+(2x)^2=2^2$이므로 $x=\dfrac{2}{\sqrt{5}}$이다.

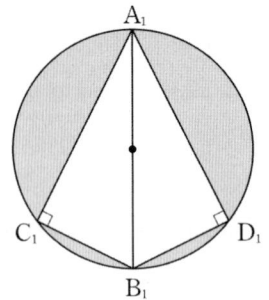

이때 원 O_1의 내부 영역의 넓이는 π이고,

사각형 $A_1C_1B_1D_1$의 내부 영역의 넓이는

$\left(\dfrac{1}{2}\times\dfrac{2}{\sqrt{5}}\times\dfrac{4}{\sqrt{5}}\right)\times2=\dfrac{8}{5}$이므로 $S_1=\pi-\dfrac{8}{5}$이다.

그림 R_2에서 원 O_2의 중심을 P라 하고, 원 O_2가 두 선분 A_1C_1, B_1C_1과 접하는 점을 각각 H, I라 하자.

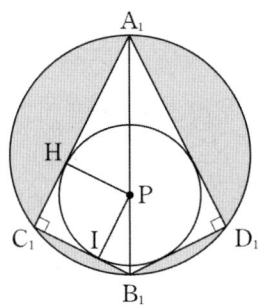

원 O_2의 반지름의 길이를 r라 하면

두 직각삼각형 $A_1C_1B_1$, A_1HP는 서로 닮음이므로

$\overline{A_1H}=2\overline{PH}=2r$이고, $\overline{HC_1}=\overline{PI}=r$이므로

$\overline{A_1C_1}=2r+r=\dfrac{4}{\sqrt{5}}$에서 $r=\dfrac{4}{3\sqrt{5}}$이다.

따라서 원 O_2의 반지름의 길이는 원 O_1의 반지름의 길이의

$\dfrac{4}{3\sqrt{5}}$배이므로 그림 R_2에서 새로 색칠된 영역의 넓이는

$S_1\times\left(\dfrac{4}{3\sqrt{5}}\right)^2$이며, 이와 같은 과정을 계속하면 다음

단계에서 새로 색칠된 영역의 넓이는 이전 단계에서 새로

색칠된 영역의 넓이의 $\dfrac{16}{45}$배가 된다.

그러므로 S_n은 첫째항이 $\pi-\dfrac{8}{5}$이고 공비가 $\dfrac{16}{45}$인

등비수열의 첫째항부터 제n항까지의 합이다.

$\therefore \lim\limits_{n\to\infty}S_n=\dfrac{\pi-\dfrac{8}{5}}{1-\dfrac{16}{45}}=\dfrac{9}{29}(5\pi-8)$

2. 수열의 극한

문제 다시 보기

모든 항이 양수인 수열 $\{a_n\}$에 대하여 $\displaystyle\sum_{n=1}^{\infty}(2^n a_n)=1$일 때,

$\displaystyle\lim_{n\to\infty}\dfrac{2^{n+1}+4^n a_n}{2^n+4^{n+1}a_n}$의 값은?

① $\dfrac{1}{4}$　　② $\dfrac{1}{2}$　　③ 1　　④ 2　　⑤ 4

급수 $\displaystyle\sum_{n=1}^{\infty}(2^n a_n)$이 수렴하므로 $\displaystyle\lim_{n\to\infty}(2^n a_n)=0$이다.

$$\therefore \lim_{n\to\infty}\frac{2^{n+1}+4^n a_n}{2^n+4^{n+1}a_n}=\lim_{n\to\infty}\frac{2+2^n a_n}{1+4\times 2^n a_n}$$
$$=\frac{2+0}{1+4\times 0}$$
$$=2$$

3. 적분법

문제 다시 보기

그림과 같이 $0\le x\le 2\pi$에서 정의된 함수
$f(x)=2\cos\left(x-\dfrac{\pi}{4}\right)+3$의 극솟값을 a라 할 때, 곡선
$y=f(x)$와 직선 $y=a$ 및 y축으로 둘러싸인 부분의 넓이는?

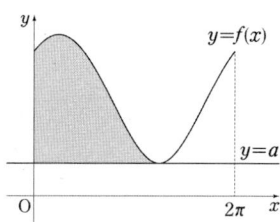

① $2\pi+\sqrt{2}$　　② $2\pi+2$　　③ $\dfrac{5}{2}\pi+\sqrt{2}$

④ $\dfrac{5}{2}\pi+2$　　⑤ $3\pi+\sqrt{2}$

함수 $f(x)=2\cos\left(x-\dfrac{\pi}{4}\right)+3$의 그래프는 함수 $y=2\cos x$의

그래프를 x축의 방향으로 $\dfrac{\pi}{4}$, y축의 방향으로 3만큼

평행이동시킨 그래프이다.

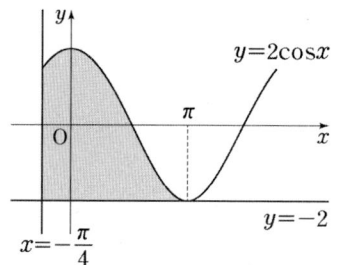

이때 함수 $y=2\cos x$는 $x=\pi$에서 극솟값 -2를 가지므로

구하는 넓이는 곡선 $y=2\cos x\left(-\dfrac{\pi}{4}\le x\le\pi\right)$와 직선

$y=-2$ 및 직선 $x=-\dfrac{\pi}{4}$로 둘러싸인 부분의 넓이와 같다.

$$\therefore \int_{-\frac{\pi}{4}}^{\pi}\{2\cos x-(-2)\}dx=\Big[2\sin x+2x\Big]_{-\frac{\pi}{4}}^{\pi}$$
$$=(0+2\pi)-\left(-\sqrt{2}-\frac{\pi}{2}\right)$$
$$=\frac{5}{2}\pi+\sqrt{2}$$

다른 풀이

함수 $f(x)=2\cos\left(x-\dfrac{\pi}{4}\right)+3$의 그래프는 함수

$y=2\cos x$의 그래프를 x축의 방향으로 $\dfrac{\pi}{4}$,

y축의 방향으로 3만큼 평행이동시킨 그래프이므로 함수

$f(x)$는 $x=\dfrac{5}{4}\pi$에서 극솟값 $a=1$을 갖는다.

따라서 구하는 넓이는

$$\int_{0}^{\frac{5}{4}\pi}\left\{2\cos\left(x-\frac{\pi}{4}\right)+2\right\}dx=\Big[2\sin\left(x-\frac{\pi}{4}\right)+2x\Big]_{0}^{\frac{5}{4}\pi}$$
$$=\left(0+\frac{5}{2}\pi\right)-\left(-\sqrt{2}+0\right)$$
$$=\frac{5}{2}\pi+\sqrt{2}$$

4. 미분법

문제 다시 보기

그림과 같이 한 변의 길이가 1인 정사각형 ABCD에 대하여 삼각형 PQR가 정삼각형이 되도록 세 선분 AB, CD, DA 위에 각각 세 점 P, Q, R를 잡는다. $\angle PRA = \theta$라 하고 삼각형 PQR의 넓이를 $S(\theta)$라 할 때, <보기>에서 옳은 것만을 있는 대로 고른 것은? (단, $\dfrac{\pi}{4} < \theta < \dfrac{5}{12}\pi$)

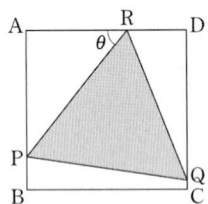

—————— 〈보 기〉——————

ㄱ. $S\left(\dfrac{\pi}{3}\right) = \dfrac{\sqrt{3}}{4}$

ㄴ. $\overline{AR} = \dfrac{\sqrt{3}\sin\theta - \cos\theta}{\sqrt{3}\sin\theta + \cos\theta}$

ㄷ. $\dfrac{\pi}{4} < \theta < \dfrac{5}{12}\pi$에서 방정식 $S'(\theta) = 0$의 해는 $\theta = \dfrac{\pi}{3}$로 유일하다.

① ㄱ
② ㄴ
③ ㄱ, ㄴ
④ ㄱ, ㄷ
⑤ ㄱ, ㄴ, ㄷ

정삼각형 PQR의 한 변의 길이를 a라 하면
직각삼각형 PAR에서 $\overline{AR} = a\cos\theta$, $\overline{AP} = a\sin\theta$

또한 $\angle PRQ = \dfrac{\pi}{3}$이므로 $\angle QRD = \dfrac{2}{3}\pi - \theta$에서

$\overline{DR} = a\cos\left(\dfrac{2}{3}\pi - \theta\right) = a\left(-\dfrac{1}{2}\cos\theta + \dfrac{\sqrt{3}}{2}\sin\theta\right)$이다.

이때 정사각형 ABCD의 한 변의 길이는 1이므로
$$\overline{AD} = \overline{AR} + \overline{DR}$$
$$= a\cos\theta + a\left(-\dfrac{1}{2}\cos\theta + \dfrac{\sqrt{3}}{2}\sin\theta\right)$$
$$= \dfrac{a}{2}\cos\theta + \dfrac{\sqrt{3}}{2}a\sin\theta = 1$$

$\therefore a = \dfrac{2}{\cos\theta + \sqrt{3}\sin\theta}$ ……㉠

ㄱ. $\theta = \dfrac{\pi}{3}$일 때 $a = 1$이므로

$S(\theta) = \dfrac{\sqrt{3}}{4}a^2$에서 $S\left(\dfrac{\pi}{3}\right) = \dfrac{\sqrt{3}}{4}$이다. (참)

ㄴ. ㉠에 의하여

$\overline{AR} = a\cos\theta = \dfrac{2\cos\theta}{\cos\theta + \sqrt{3}\sin\theta}$이다.

이때 $\sqrt{3}\sin\theta - \cos\theta = 2\cos\theta$이면 $\sqrt{3}\sin\theta = 3\cos\theta$,

$\tan\theta = \sqrt{3}$이므로

이를 만족시키는 θ는 $\theta = \dfrac{\pi}{3}$로 유일하다.

따라서 $\dfrac{\pi}{4} < \theta < \dfrac{5}{12}\pi$에서

$\dfrac{\sqrt{3}\sin\theta - \cos\theta}{\sqrt{3}\sin\theta + \cos\theta} \neq \dfrac{2\cos\theta}{\sqrt{3}\sin\theta + \cos\theta}$이다. (거짓)

ㄷ. $S(\theta) = \dfrac{\sqrt{3}}{4} \times \left(\dfrac{2}{\sqrt{3}\sin\theta + \cos\theta}\right)^2$

$= \dfrac{\sqrt{3}}{(\sqrt{3}\sin\theta + \cos\theta)^2}$

$S'(\theta) = -\dfrac{2\sqrt{3}(\sqrt{3}\cos\theta - \sin\theta)}{(\sqrt{3}\sin\theta + \cos\theta)^3}$

이때 $\dfrac{\pi}{4} < \theta < \dfrac{5}{12}\pi$이므로 방정식 $S'(\theta) = 0$, 즉

$\sqrt{3}\cos\theta - \sin\theta = 0$에서 $\tan\theta = \sqrt{3}$의 해는 $\theta = \dfrac{\pi}{3}$로

유일하다. (참)
따라서 옳은 것은 ㄱ, ㄷ이다.

문제 다시 보기

곡선 $y = \dfrac{\ln x}{x}$ 와 이 곡선 위의 점 $\left(\sqrt{e}, \dfrac{1}{2\sqrt{e}}\right)$ 에서의 접선

및 직선 $x = 1$ 로 둘러싸인 영역의 넓이를 $p + \dfrac{q}{e}$ 라 할 때,

$32(p-q)$ 의 값을 구하시오. (단, p 와 q 는 유리수이다.)

문제 다시 보기

그림과 같이 자연수 n 에 대하여 곡선 $y = \log_3 x$ 가 직선

$y = n$ 과 만나는 점을 P_n 이라 할 때, 선분 $P_n P_{n+1}$ 의 길이를

l_n 이라 하자. 곡선 $y = \log_3 x$ 와 x축, y축 및 직선 $y = n$ 으로

둘러싸인 부분의 둘레 및 내부에 있는 넓이가 1인 정사각형 중

꼭짓점의 x좌표, y좌표가 모두 정수인 정사각형의 개수를

S_n 이라 하자. $\displaystyle\lim_{n \to \infty} \dfrac{100 \times S_n}{l_n}$ 의 값을 구하시오.

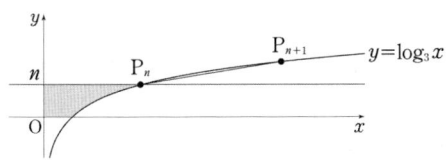

$f(x) = \dfrac{\ln x}{x}$ 라 하면

$f'(x) = \dfrac{\dfrac{1}{x} \times x - \ln x \times 1}{x^2} = \dfrac{1 - \ln x}{x^2}$

$f'(\sqrt{e}) = \dfrac{1 - \ln \sqrt{e}}{e} = \dfrac{1}{2e}$ 이므로

곡선 $y = f(x)$ 위의 점 $\left(\sqrt{e}, \dfrac{1}{2\sqrt{e}}\right)$ 에서의 접선의

방정식은

$y = \dfrac{1}{2e}(x - \sqrt{e}) + \dfrac{1}{2\sqrt{e}}$, 즉 $y = \dfrac{x}{2e}$ 이다.

함수 $f(x)$ 는 $x = e$ 에서 극대이므로 함수 $y = \dfrac{\ln x}{x}$ 의

그래프와 접선 $y = \dfrac{x}{2e}$ 는 다음과 같다.

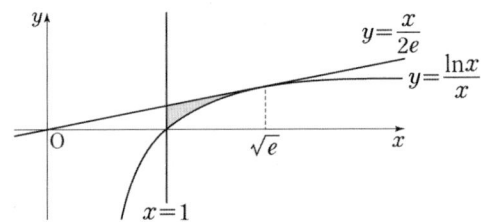

따라서 곡선 $y = \dfrac{\ln x}{x}$ 와 직선 $y = \dfrac{x}{2e}$ 및 직선 $x = 1$ 로

둘러싸인 영역의 넓이는

$\displaystyle\int_1^{\sqrt{e}} \left(\dfrac{x}{2e} - \dfrac{\ln x}{x}\right) dx$

이때 $\ln x = t$ 라 하면 $\dfrac{1}{x} dx = dt$ 이므로

$\displaystyle\int \dfrac{\ln x}{x} dx = \int t\,dt = \dfrac{t^2}{2} + C = \dfrac{(\ln x)^2}{2} + C$

(단, C는 적분상수)

$\therefore \displaystyle\int_1^{\sqrt{e}} \left(\dfrac{x}{2e} - \dfrac{\ln x}{x}\right) dx = \left[\dfrac{x^2}{4e} - \dfrac{(\ln x)^2}{2}\right]_1^{\sqrt{e}}$

$= \left(\dfrac{1}{4} - \dfrac{1}{8}\right) - \left(\dfrac{1}{4e} - 0\right)$

$= \dfrac{1}{8} - \dfrac{1}{4e}$

$\therefore 32(p-q) = 32\left(\dfrac{1}{8} + \dfrac{1}{4}\right) = 32 \times \dfrac{3}{8} = 12$

곡선 $y = \log_3 x$ 가 직선 $y = n$ 과 만나는 점의 x좌표는

$\log_3 x = n$ 에서 $x = 3^n$ 이므로

$P_n(3^n, n)$, $P_{n+1}(3^{n+1}, n+1)$ 이다.

$\therefore l_n = \sqrt{(3^{n+1} - 3^n)^2 + 1^2}$

$\qquad = \sqrt{(2 \times 3^n)^2 + 1}$

한편 곡선 $y = \log_3 x$ 의 그래프와 x축, y축 및 직선

$y = n$ 으로 둘러싸인 부분의 둘레 및 내부에 있는 조건을

만족시키는 정사각형의 개수는

$n = 1, 2, 3, \cdots$ 일 때

$S_1 = 1$

$S_2 = 1 + 3$

$S_3 = 1 + 3 + 3^2$

$\qquad \vdots$

이므로 S_n 은 첫째항이 1이고 공비가 3인 등비수열의

첫째항부터 제n항까지의 합이다.

즉, $S_n = \dfrac{3^n - 1}{3 - 1} = \dfrac{3^n - 1}{2}$ 이다.

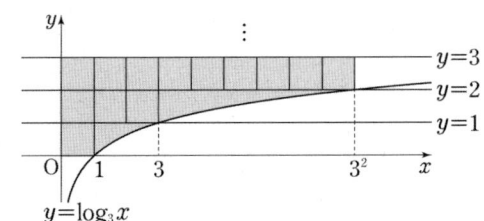

$\therefore \displaystyle\lim_{n \to \infty} \dfrac{100 \times S_n}{l_n} = \lim_{n \to \infty} \dfrac{100(3^n - 1)}{2\sqrt{(2 \times 3^n)^2 + 1}}$

$\qquad = 50 \lim_{n \to \infty} \dfrac{1 - \left(\dfrac{1}{3}\right)^n}{\sqrt{2^2 + \left(\dfrac{1}{9}\right)^n}}$

$\qquad = 50 \times \dfrac{1}{2} = 25$

---

1. ②   **2.** ③   **3.** ③   **4.** ③

5. 25   **6.** 20

---

1. 수열의 극한   정답 ②

문제 다시 보기

함수

$$f(x) = \lim_{n \to \infty} \frac{\left(\dfrac{3}{x}\right)^{2n+1} + 2}{\left(\dfrac{3}{x}\right)^{2n} + 1}$$

와 자연수 m에 대하여 직선 $y = \dfrac{x}{m}$와 함수 $y = f(x)$의

그래프가 만나는 점의 개수를 a_m이라 할 때, $\displaystyle\sum_{m=1}^{10} a_m$의 값은?

① 12   ② 14   ③ 16   ④ 18   ⑤ 20

i) $\left|\dfrac{3}{x}\right| < 1$, 즉 $|x| > 3$일 때

$$f(x) = \frac{0+2}{0+1} = 2$$

ii) $\left|\dfrac{3}{x}\right| = 1$, 즉 $|x| = 3$일 때

$x = 3$이면 $f(x) = \dfrac{1+2}{1+1} = \dfrac{3}{2}$

$x = -3$이면 $f(x) = \dfrac{-1+2}{1+1} = \dfrac{1}{2}$

iii) $\left|\dfrac{3}{x}\right| > 1$, 즉 $-3 < x < 0$ 또는 $0 < x < 3$일 때

$$f(x) = \lim_{n \to \infty} \frac{\dfrac{3}{x} + 2 \times \left(\dfrac{x}{3}\right)^{2n}}{1 + \left(\dfrac{x}{3}\right)^{2n}} = \frac{3}{x}$$

함수 $y = f(x)$의 그래프는 다음과 같다.

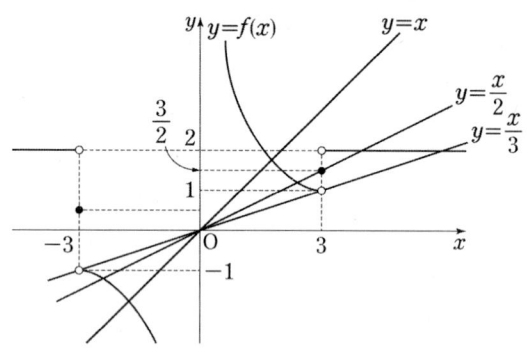

$a_1 = 2$, $a_2 = 4$이고 $m \geq 3$일 때 $a_m = 1$이므로

$$\sum_{m=1}^{10} a_m = 2 + 4 + 8 = 14$$

2. 미분법   정답 ③

문제 다시 보기

좌표평면 위를 움직이는 점 P의 시각 $t\,(t > 0)$에서의 위치 (x, y)가

$$x = 8\sqrt{t+1}, \quad y = 3t - 4\ln(t+1)$$

이다. 점 P의 속력이 최소일 때, 점 P의 가속도는 (a_x, a_y)이다. $a_x + a_y$의 값은?

① $-\dfrac{1}{2}$ ② $-\dfrac{1}{4}$ ③ 0 ④ $\dfrac{1}{4}$ ⑤ $\dfrac{1}{2}$

$\dfrac{dx}{dt} = \dfrac{8}{2\sqrt{t+1}} = \dfrac{4}{\sqrt{t+1}}$, $\dfrac{dy}{dt} = 3 - \dfrac{4}{t+1}$이고

$\dfrac{d^2x}{dt^2} = \dfrac{-2}{(t+1)\sqrt{t+1}}$, $\dfrac{d^2y}{dt^2} = \dfrac{4}{(t+1)^2}$이다.

점 P의 시각 $t\,(t > 0)$에서의 속력은

$$\sqrt{\left(\frac{4}{\sqrt{t+1}}\right)^2 + \left(3 - \frac{4}{t+1}\right)^2} = \sqrt{\frac{16}{(t+1)^2} - \frac{8}{t+1} + 9}$$

$$= \sqrt{\left(\frac{4}{t+1} - 1\right)^2 + 8}$$

이므로 $\dfrac{4}{t+1} - 1 = 0$, 즉 $t = 3$일 때 최솟값을 갖는다.

따라서 $t = 3$일 때 점 P의 가속도는 $\left(-\dfrac{1}{4}, \dfrac{1}{4}\right)$이다.

$\therefore a_x + a_y = \left(-\dfrac{1}{4}\right) + \dfrac{1}{4} = 0$

3. 적분법

문제 다시 보기

함수 $f(x)$의 도함수가 $f'(x) = xe^{-x^2}$이고, 모든 실수 x에 대하여 두 함수 $f(x)$, $g(x)$가 다음 조건을 만족시킨다.

(가) $g(x) = \displaystyle\int_1^x f'(t)(x+1-t)dt$

(나) $g'(x) = f'(x) + f(x)$

＜보기＞에서 옳은 것만을 있는 대로 고른 것은?

― ＜보 기＞ ―

ㄱ. $f(1) = 0$

ㄴ. $0 < x_1 < 1 < x_2$인 임의의 실수 x_1, x_2에 대하여 $g''(x_1)g''(x_2) > 0$이다.

ㄷ. $g(a) = f(a)$인 양수 a에 대하여 $g(-a) - f(-a) = 2g(a-1) - 2f(a-1)$이다.

① ㄱ   ② ㄱ, ㄴ   ③ ㄱ, ㄷ
④ ㄴ, ㄷ   ⑤ ㄱ, ㄴ, ㄷ

ㄱ. 조건 (가)에서 $g(x) = (x+1)\displaystyle\int_1^x f'(t)dt - \int_1^x tf'(t)dt$

양변을 x에 대하여 미분하면

$$g'(x) = \int_1^x f'(t)dt + (x+1)f'(x) - xf'(x)$$
$$= \Big[f(t)\Big]_1^x + f'(x)$$
$$= f(x) - f(1) + f'(x)$$

조건 (나)에 의하여 $f(1) = 0$ (참)

ㄴ. 조건 (나)에서

$$g''(x) = f''(x) + f'(x)$$
$$= (e^{-x^2} - 2x^2e^{-x^2}) + xe^{-x^2}$$
$$= (-2x^2 + x + 1)e^{-x^2}$$
$$= -(2x+1)(x-1)e^{-x^2}$$

$x > 0$일 때 $x = 1$의 좌우에서 $g''(x)$의 부호가 양에서 음으로 바뀌므로

$0 < x < 1$일 때 $g''(x_1) > 0$, $g''(x_2) < 0$이다.

즉, $0 < x_1 < 1 < x_2$인 임의의 실수 x_1, x_2에 대하여 $g''(x_1)g''(x_2) < 0$이다. (거짓)

ㄷ. $h(x) = g(x) - f(x)$라 하면 $h(a) = 0$인 양수 a에 대하여 $h(-a) = 2h(a-1)$이 성립하는지 살펴보면 된다.

이때 $f'(x) = xe^{-x^2} = -\dfrac{1}{2} \times (-2xe^{-x^2}) = -\dfrac{1}{2}(e^{-x^2})'$

이므로 $f(x) = -\dfrac{1}{2}e^{-x^2} + c$ (c는 상수)

ㄱ에서 $f(1) = 0$이므로 $-\dfrac{1}{2e} + c = 0$, $c = \dfrac{1}{2e}$

$\therefore f(x) = -\dfrac{1}{2}e^{-x^2} + \dfrac{1}{2e}$

조건 (나)에 의하여

$$h'(x) = g'(x) - f'(x) = f(x) = -\dfrac{1}{2}e^{-x^2} + \dfrac{1}{2e}$$

이때 모든 실수 x에 대하여 $h'(-x) = h'(x)$이므로

$$\int_{-a}^a h'(x)dx = 2\int_0^a h'(x)dx$$
$$h(a) - h(-a) = 2h(a) - 2h(0)$$

이때 $h(a) = 0$이므로 $h(-a) = 2h(0)$ ……㉠

한편, $h''(x) = f'(x) = xe^{-x^2}$이므로

$x > 0$에서 $h''(x) > 0$, $x < 0$에서 $h''(x) < 0$이고, $f(1) = 0$이므로 함수 $y = h'(x)$의 그래프는 다음과 같다.

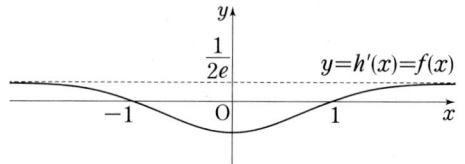

이때 $h(1) = g(1) - f(1) = 0$이므로 함수 $y = h(x)$의 그래프는 다음과 같다.

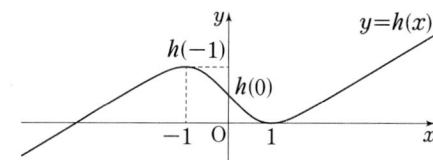

$a > 0$이고, $h(a) = 0$인 경우는 $a = 1$뿐이므로 ㉠에서

$h(-1) = 2h(0)$, $h(-a) = 2h(a-1)$,

즉 $g(-a) - f(-a) = 2g(a-1) - 2f(a-1)$ (참)

따라서 옳은 것은 ㄱ, ㄷ이다.

문제 다시 보기

2 이상의 자연수 n에 대하여 일차함수 $y = f(x)$와 최고차항의 계수가 1인 이차함수 $y = g(x)$의 그래프는 다음 그림과 같다.

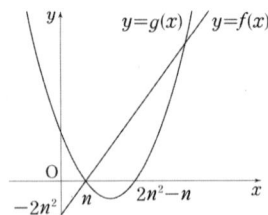

부등식 $\log_2 f(x) \geq \log_2 g(x)$를 만족시키는 정수 x의 최솟값을 α_n, 최댓값을 β_n이라 할 때, $\lim\limits_{n \to \infty}(\sqrt{\beta_n} - \sqrt{\alpha_n})$의 값은?

① $\dfrac{\sqrt{2}}{4}$ ② $\dfrac{1}{2}$ ③ $\dfrac{\sqrt{2}}{2}$ ④ 1 ⑤ $\sqrt{2}$

로그의 진수는 양수이므로

$f(x) > 0$, $g(x) > 0$에서 $x > 2n^2 - n$이다. $\qquad$ ……㉠

또한 $f(x) = 2n(x-n)$, $g(x) = (x-n)(x-2n^2+n)$이고

$\log_2 f(x) \geq \log_2 g(x)$에서 밑이 1보다 크므로

$f(x) \geq g(x)$에서 $2n(x-n) \geq (x-n)(x-2n^2+n)$,

$(x-n)(x-2n^2-n) \leq 0$

$\therefore n \leq x \leq 2n^2 + n$

㉠에 의하여 $2n^2 - n < x \leq 2n^2 + n$이므로

$\alpha_n = 2n^2 - n + 1$, $\beta_n = 2n^2 + n$이다.

$$\sqrt{\beta_n} - \sqrt{\alpha_n} = \sqrt{2n^2+n} - \sqrt{2n^2-n+1}$$
$$= \frac{(2n^2+n) - (2n^2-n+1)}{\sqrt{2n^2+n} + \sqrt{2n^2-n+1}}$$
$$= \frac{2n-1}{\sqrt{2n^2+n} + \sqrt{2n^2-n+1}}$$

$$\therefore \lim_{n \to \infty}(\sqrt{\beta_n} - \sqrt{\alpha_n})$$
$$= \lim_{n \to \infty} \frac{2n-1}{\sqrt{2n^2+n} + \sqrt{2n^2-n+1}}$$
$$= \lim_{n \to \infty} \frac{2 - \dfrac{1}{n}}{\sqrt{2 + \dfrac{1}{n}} + \sqrt{2 - \dfrac{1}{n} + \dfrac{1}{n^2}}}$$
$$= \frac{2-0}{\sqrt{2} + \sqrt{2}} = \frac{\sqrt{2}}{2}$$

문제 다시 보기

$\lim\limits_{n \to \infty} \sum\limits_{k=1}^{n} \dfrac{k}{n^3} \sqrt{n^2+k^2} = p\sqrt{2}+q$일 때, $45(p^2+q^2)$의 값을 구하시오. (단, p와 q는 유리수이다.)

$\dfrac{k}{n} = x$라 하면 적분구간은 $[0, 1]$이고 $\dfrac{1}{n}$을 dx로 바꾸면

$$\lim_{n \to \infty} \sum_{k=1}^{n} \frac{k}{n^3} \sqrt{n^2+k^2} = \lim_{n \to \infty} \sum_{k=1}^{n} \frac{k}{n^2} \sqrt{\frac{n^2+k^2}{n^2}}$$
$$= \lim_{n \to \infty} \sum_{k=1}^{n} \frac{1}{n} \times \frac{k}{n} \sqrt{1 + \left(\frac{k}{n}\right)^2}$$
$$= \int_0^1 x\sqrt{1+x^2}\, dx$$

$1+x^2 = t$라 하면 $x = 0$일 때 $t = 1$, $x = 1$일 때 $t = 2$이고 $2x\,dx = dt$이므로

$$\int_0^1 x\sqrt{1+x^2}\, dx = \int_1^2 \frac{1}{2}\sqrt{t}\, dt$$
$$= \left[\frac{1}{2} \times \frac{2}{3} \times t^{\frac{3}{2}}\right]_1^2$$
$$= \frac{1}{3}(2\sqrt{2} - 1)$$

따라서 $p = \dfrac{2}{3}$, $q = -\dfrac{1}{3}$이므로 구하는 값은

$$45(p^2+q^2) = 45 \times \frac{5}{9} = 25$$

6. 미분법 정답 20

문제 다시 보기

그림과 같이 중심이 O이고 길이가 2인 선분 AB를 지름으로 하는 반원의 호 AB 위에 점 P가 있다. 호 AP 위에 점 Q를

$$\overparen{AQ} : \overparen{QP} = \overparen{AP} : \overparen{PB}$$

가 성립하도록 잡고, 선분 OQ와 선분 AP의 교점을 R라 하자. $\angle PAB = \theta$라 할 때, 삼각형 OPR의 넓이를 $f(\theta)$라 하면 $\lim\limits_{\theta \to 0+} \dfrac{f(\theta)}{\theta} = k$이다. $60k$의 값을 구하시오. (단, $0 < \theta < \dfrac{\pi}{2}$)

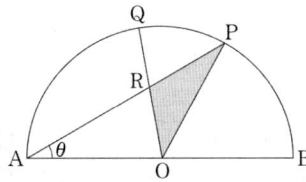

삼각형 OAP는 이등변삼각형이므로 $\angle OPA = \theta$이고, $\angle POB = 2\theta$이다.

$\overparen{AQ} : \overparen{QP} = \overparen{AP} : \overparen{PB}$ 이므로

각 호에 대한 중심각의 크기에 대하여

$\angle AOQ : \angle QOP = \angle AOP : \angle POB = (\pi - 2\theta) : 2\theta$

가 성립한다.

따라서 $\angle QOP = (\pi - 2\theta) \times \dfrac{2\theta}{\pi} = 2\theta - \dfrac{4\theta^2}{\pi}$ 이다.

삼각형 OPR에서

$\angle ROP = \angle QOP = 2\theta - \dfrac{4\theta^2}{\pi}$, $\angle OPR = \theta$이므로

$\angle ORP = \pi - (\angle ROP + \angle OPR) = \pi - \left(3\theta - \dfrac{4\theta^2}{\pi}\right)$이다.

삼각형 OPR에서 사인법칙에 의하여

$\dfrac{\overline{OP}}{\sin(\angle ORP)} = \dfrac{\overline{PR}}{\sin(\angle ROP)}$ 이므로

$\dfrac{1}{\sin\left(3\theta - \dfrac{4\theta^2}{\pi}\right)} = \dfrac{\overline{PR}}{\sin\left(2\theta - \dfrac{4\theta^2}{\pi}\right)}$

즉, $\overline{PR} = \dfrac{\sin\left(2\theta - \dfrac{4\theta^2}{\pi}\right)}{\sin\left(3\theta - \dfrac{4\theta^2}{\pi}\right)}$

$\therefore f(\theta) = \dfrac{1}{2} \times 1 \times \dfrac{\sin\left(2\theta - \dfrac{4\theta^2}{\pi}\right)}{\sin\left(3\theta - \dfrac{4\theta^2}{\pi}\right)} \times \sin\theta$

$= \dfrac{\sin\theta \sin\left(2\theta - \dfrac{4\theta^2}{\pi}\right)}{2\sin\left(3\theta - \dfrac{4\theta^2}{\pi}\right)}$

$\therefore \lim\limits_{\theta \to 0+} \dfrac{f(\theta)}{\theta} = \lim\limits_{\theta \to 0+} \dfrac{\sin\theta \sin\left(2\theta - \dfrac{4\theta^2}{\pi}\right)}{2\theta \sin\left(3\theta - \dfrac{4\theta^2}{\pi}\right)}$

$= \lim\limits_{\theta \to 0+} \left\{ \dfrac{1}{2} \times \dfrac{\sin\theta}{\theta} \times \dfrac{\sin\left(2\theta - \dfrac{4\theta^2}{\pi}\right)}{2\theta - \dfrac{4\theta^2}{\pi}} \right.$

$\left. \times \dfrac{3\theta - \dfrac{4\theta^2}{\pi}}{\sin\left(3\theta - \dfrac{4\theta^2}{\pi}\right)} \times \dfrac{2 - \dfrac{4\theta}{\pi}}{3 - \dfrac{4\theta}{\pi}} \right\}$

$= \dfrac{1}{2} \times 1 \times 1 \times 1 \times \dfrac{2}{3} = \dfrac{1}{3}$

$\therefore 60k = 60 \times \dfrac{1}{3} = 20$

1. 수열의 극한

정답 ②

문제 다시 보기

수열 $\{a_n\}$에 대하여 $a_1 = 1$이고, 모든 자연수 n에 대하여

$$a_n + a_{n+1} = 2n+5$$

일 때, $\displaystyle\sum_{n=1}^{\infty} \dfrac{1}{na_{2n}}$의 값은?

① $\dfrac{1}{4}$ ② $\dfrac{3}{8}$ ③ $\dfrac{1}{2}$ ④ $\dfrac{5}{8}$ ⑤ $\dfrac{3}{4}$

모든 자연수 n에 대하여

$$a_n + a_{n+1} = 2n+5 \qquad \cdots\cdots \text{㉠}$$

가 성립하므로 ㉠에서 n 대신 $n+1$을 대입하면

$$a_{n+1} + a_{n+2} = 2(n+1)+5 = 2n+7 \qquad \cdots\cdots \text{㉡}$$

㉡식에서 ㉠식의 양변을 각각 빼면

$$a_{n+2} - a_n = 2$$

즉, 모든 자연수 n에 대하여

$$a_{n+2} = a_n + 2$$

이 성립하므로 수열 $\{a_{2n}\}$은 공차가 2인 등차수열이다.

한편, ㉠에 $n=1$을 대입하면 $a_1 + a_2 = 7$이고,

이때 $a_1 = 1$이므로 $a_2 = 6$이다.

즉, $a_{2n} = 6 + 2(n-1) = 2n+4 = 2(n+2)$

$$\begin{aligned}
\therefore \sum_{n=1}^{\infty} \frac{1}{na_{2n}} &= \sum_{n=1}^{\infty} \frac{1}{2n(n+2)} \\
&= \frac{1}{4}\lim_{n\to\infty}\sum_{k=1}^{n}\left(\frac{1}{k} - \frac{1}{k+2}\right) \\
&= \frac{1}{4}\lim_{n\to\infty}\left(1 + \frac{1}{2} - \frac{1}{n+1} - \frac{1}{n+2}\right) \\
&= \frac{1}{4}\left(1 + \frac{1}{2}\right) = \frac{3}{8}
\end{aligned}$$

2. 수열의 극한

정답 ④

문제 다시 보기

그림과 같이 한 변의 길이가 1인 정사각형 $A_1B_1C_1D_1$의 네 변 A_1B_1, B_1C_1, C_1D_1, D_1A_1의 중점을 각각 E_1, F_1, G_1, H_1이라 하자. 두 선분 B_1H_1, D_1E_1의 교점을 A_2, 두 선분 B_1G_1, D_1F_1의 교점을 C_2라 하고 정사각형 $A_1B_1C_1D_1$의 내부와 사각형 $A_2B_1C_2D_1$의 외부의 공통부분에 색칠하여 얻은 그림을 R_1이라 하자.

그림 R_1에서 선분 B_1D_1 위의 두 점 B_2, D_2를 사각형 $A_2B_2C_2D_2$가 정사각형이 되도록 잡고, 정사각형 $A_2B_2C_2D_2$에 그림 R_1을 얻은 것과 같은 방법으로 색칠하여 얻은 그림을 R_2라 하자.

이와 같은 과정을 계속하여 n번째 얻은 그림 R_n에 색칠되어 있는 부분의 넓이를 S_n이라 할 때, $\displaystyle\lim_{n\to\infty} S_n$의 값은?

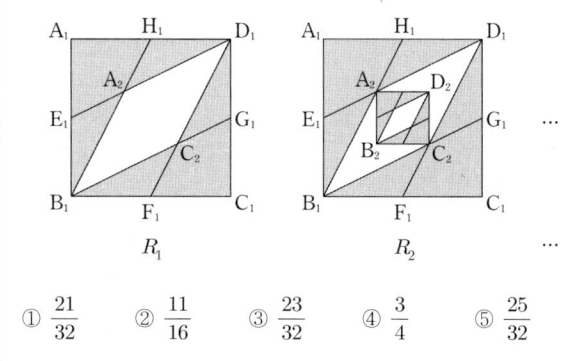

R_1 R_2 ...

① $\dfrac{21}{32}$ ② $\dfrac{11}{16}$ ③ $\dfrac{23}{32}$ ④ $\dfrac{3}{4}$ ⑤ $\dfrac{25}{32}$

점 A_2는 정사각형 $A_1B_1C_1D_1$의 대각선 A_1C_1 위에 있으므로 $\angle A_2A_1B_1 = 45°$이다.

따라서 점 A_2에서 선분 A_1B_1에 내린 수선의 발을 P라 하고 $\overline{A_2P} = t$라 하면

$\overline{A_1P} = t$, $\overline{A_1A_2} = \sqrt{2}\,t$이다.

삼각형 $H_1A_1B_1$과 삼각형 A_2PB_1은 서로 닮음이므로

$\overline{H_1A_1} : \overline{A_1B_1} = \overline{A_2P} : \overline{PB_1}$에서

$$\frac{1}{2} : 1 = t : 1-t, \ 1-t = 2t$$

$t = \dfrac{1}{3}$이므로 삼각형 $A_1A_2B_1$의 넓이는 $\dfrac{1}{2} \times 1 \times \dfrac{1}{3} = \dfrac{1}{6}$

따라서 $S_1 = 4 \times \dfrac{1}{6} = \dfrac{2}{3}$이다.

이때 $\overline{A_1A_2} = \overline{C_1C_2} = \dfrac{\sqrt{2}}{3}$이므로

$$\overline{A_2C_2} = \sqrt{2} - 2 \times \frac{\sqrt{2}}{3} = \frac{\sqrt{2}}{3} \text{이고}$$

$$\overline{A_1C_1} : \overline{A_2C_2} = \sqrt{2} : \frac{\sqrt{2}}{3} = 1 : \frac{1}{3}$$

즉, 두 정사각형 $A_1B_1C_1D_1$과 $A_2B_2C_2D_2$의 대각선의

길이의 비가 $1 : \dfrac{1}{3}$이므로 넓이의 비는 $1 : \dfrac{1}{9}$이다.

$$\therefore \lim_{n \to \infty} S_n = \dfrac{\dfrac{2}{3}}{1 - \dfrac{1}{9}} = \dfrac{2}{3} \times \dfrac{9}{8} = \dfrac{3}{4}$$

다른 풀이

좌표평면 위에 점 B_1을 원점이라 하고, $A_1(0, 1)$,

$C_1(1, 0)$, $D_1(1, 1)$이라 하면

직선 B_1H_1의 방정식은 $y = 2x$, 직선 D_1E_1의 방정식은

$y = \dfrac{1}{2}x + \dfrac{1}{2}$이다.

두 직선의 교점이 A_2이므로

$2x = \dfrac{1}{2}x + \dfrac{1}{2}$, $x = \dfrac{1}{3}$에서 점 A_2의 좌표는 $\left(\dfrac{1}{3}, \dfrac{2}{3}\right)$이다.

따라서 삼각형 $A_1A_2B_1$의 넓이가 $\dfrac{1}{2} \times 1 \times \dfrac{1}{3} = \dfrac{1}{6}$이므로

$S_1 = 4 \times \dfrac{1}{6} = \dfrac{2}{3}$

또한 직선 B_1G_1의 방정식은 $y = \dfrac{1}{2}x$, 직선 D_1F_1의

방정식은 $y = 2x - 1$이고

두 직선의 교점이 C_2이므로

$\dfrac{1}{2}x = 2x - 1$, $x = \dfrac{2}{3}$에서 점 C_2의 좌표는 $\left(\dfrac{2}{3}, \dfrac{1}{3}\right)$이다.

$\overline{A_1C_1} = \sqrt{2}$, $\overline{A_2C_2} = \sqrt{\left(\dfrac{1}{3}\right)^2 + \left(\dfrac{1}{3}\right)^2} = \dfrac{\sqrt{2}}{3}$이므로

$\overline{A_1C_1} : \overline{A_2C_2} = \sqrt{2} : \dfrac{\sqrt{2}}{3} = 1 : \dfrac{1}{3}$

즉, 두 정사각형 $A_1B_1C_1D_1$과 $A_2B_2C_2D_2$의 대각선의

길이의 비가 $1 : \dfrac{1}{3}$이므로 넓이의 비는 $1 : \dfrac{1}{9}$이다.

$$\therefore \lim_{n \to \infty} S_n = \dfrac{\dfrac{2}{3}}{1 - \dfrac{1}{9}} = \dfrac{2}{3} \times \dfrac{9}{8} = \dfrac{3}{4}$$

문제 다시 보기

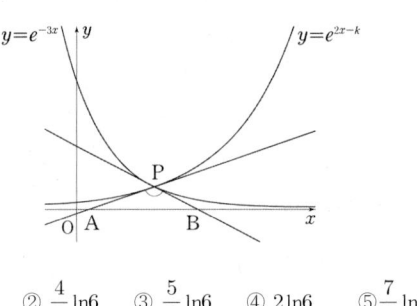

두 함수 $y = e^{2x-k}$, $y = e^{-3x}$의 그래프가 점 P에서 만난다고 할 때, 두 함수 $y = e^{2x-k}$, $y = e^{-3x}$의 그래프 위의 점 P에서의 각 접선이 x축과 만나는 점을 각각 A, B라 하자.

$\angle APB = \dfrac{3}{4}\pi$가 되도록 하는 실수 k은?

① $\ln 6$ 　② $\dfrac{4}{3}\ln 6$ 　③ $\dfrac{5}{3}\ln 6$ 　④ $2\ln 6$ 　⑤ $\dfrac{7}{3}\ln 6$

$e^{2x-k} = e^{-3x}$에서

$2x - k = -3x$, $x = \dfrac{k}{5}$

즉, 두 함수 $y = e^{2x-k}$, $y = e^{-3x}$의 그래프의 교점 P의

x좌표가 $\dfrac{k}{5}$이다.

$y = e^{2x-k}$에서 $y' = 2e^{2x-k}$,

$y = e^{-3x}$에서 $y' = -3e^{-3x}$이므로

두 함수 $y = e^{2x-k}$, $y = e^{-3x}$의 그래프 위의 점 $P\left(\dfrac{k}{5}, e^{-\frac{3k}{5}}\right)$

에서의 접선의 기울기는 각각 $2e^{-\frac{3k}{5}}$, $-3e^{-\frac{3k}{5}}$이다.

다음 그림과 같이 두 함수 $y = e^{2x-k}$, $y = e^{-3x}$의 그래프 위의 점 P에서의 접선이 x축의 양의 방향과 이루는 각의 크기를 각각 α, β라 하면

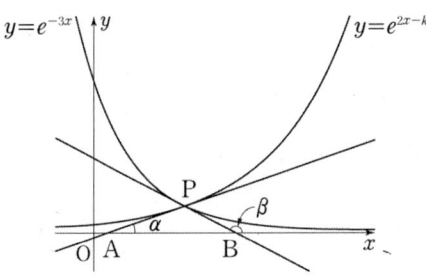

$\tan\alpha = 2e^{-\frac{3k}{5}}$, $\tan\beta = -3e^{-\frac{3k}{5}}$이고,

$\angle APB = \beta - \alpha$이므로 $\beta - \alpha = \dfrac{3}{4}\pi$이다.

$\therefore \tan(\beta - \alpha) = \tan\dfrac{3}{4}\pi$

이때

$\tan(\beta - \alpha) = \dfrac{\tan\beta - \tan\alpha}{1 + \tan\beta\tan\alpha}$

$= \dfrac{\left(-3e^{-\frac{3k}{5}}\right) - 2e^{-\frac{3k}{5}}}{1 + \left(-3e^{-\frac{3k}{5}}\right) \times 2e^{-\frac{3k}{5}}} = \dfrac{-5e^{-\frac{3k}{5}}}{1 - 6e^{-\frac{6k}{5}}}$

$\tan \dfrac{3}{4}\pi = \tan\left(\dfrac{\pi}{2}+\dfrac{\pi}{4}\right) = -\tan\dfrac{\pi}{4} = -1$ 이므로

$\dfrac{-5e^{-\frac{3k}{5}}}{1-6e^{-\frac{6k}{5}}} = -1$

$6e^{-\frac{6k}{5}} + 5e^{-\frac{3k}{5}} - 1 = 0$

$\left(6e^{-\frac{3k}{5}}-1\right)\left(e^{-\frac{3k}{5}}+1\right) = 0$

$e^{-\frac{3k}{5}} = \dfrac{1}{6}, \ -\dfrac{3k}{5} = -\ln 6$

$k = \dfrac{5}{3}\ln 6$

4. 적분법

정답 ⑤

문제 다시 보기

실수 전체의 집합에서 정의된 함수

$$f(x) = \int_{x}^{x+1} \left| \sin\left(\dfrac{\pi}{2}t\right) \right| dt$$

에 대하여 <보기>에서 옳은 것만을 있는 대로 고른 것은?

―――〈 보 기 〉―――

ㄱ. $f(0) = \dfrac{2}{\pi}$

ㄴ. 모든 실수 x에 대하여 $f(x+2) = f(x)$이다.

ㄷ. 함수 $f(x)$의 최댓값과 최솟값의 합은 $\dfrac{4}{\pi}$이다.

① ㄱ   ② ㄴ   ③ ㄱ, ㄴ

④ ㄱ, ㄷ   ⑤ ㄱ, ㄴ, ㄷ

$g(t) = \left| \sin\left(\dfrac{\pi}{2}t\right) \right|$ 라 하면 함수 $g(t)$의 그래프의 주기는

$\dfrac{\pi}{\frac{\pi}{2}} = 2$ 이고 그래프는 다음과 같다.

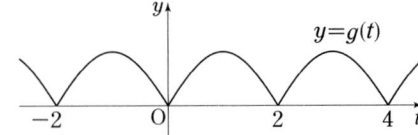

이때 함수 $f(x) = \displaystyle\int_{x}^{x+1} g(t)dt$는 함수 $y=g(t)$의 그래프와

두 직선 $t=x$, $t=x+1$ 및 t축으로 둘러싸인 부분의 넓이와

같다.

ㄱ. $0 \le t \le 1$에서 $\sin\left(\dfrac{\pi}{2}t\right) \ge 0$이므로

$f(0) = \displaystyle\int_{0}^{1} \sin\left(\dfrac{\pi}{2}t\right)dt = \left[-\dfrac{2}{\pi}\cos\left(\dfrac{\pi}{2}t\right) \right]_{0}^{1}$

$= -\dfrac{2}{\pi}\cos\dfrac{\pi}{2} + \dfrac{2}{\pi}\cos 0 = \dfrac{2}{\pi}$ (참)

ㄴ. 함수 $g(t)$의 주기가 2이므로

모든 실수 t에 대하여 $g(t) = g(t-2)$이다.

따라서 모든 실수 x에 대하여

$f(x+2) = \displaystyle\int_{x+2}^{x+3} g(t)dt = \int_{x+2}^{x+3} g(t-2)dt$

$= \displaystyle\int_{x}^{x+1} g(t)dt = f(x)$이다. (참)

ㄷ. ㄴ이 참이므로 구간 $0 \le x \le 2$에서 함수 $f(x)$의

최댓값, 최솟값의 합을 구해도 된다.

구간 $0 \le x \le 2$에서 함수 $f(x)$는

$\dfrac{x+(x+1)}{2} = 1$, 즉 $x = \dfrac{1}{2}$일 때 최댓값,

$\dfrac{x+(x+1)}{2} = 2$, 즉 $x = \dfrac{3}{2}$일 때 최솟값을 갖는다.

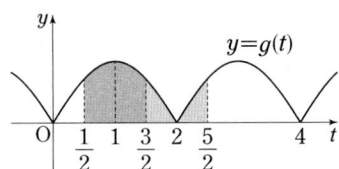

따라서 최댓값과 최솟값의 합은

$f\left(\dfrac{1}{2}\right) + f\left(\dfrac{3}{2}\right)$

$= \displaystyle\int_{\frac{1}{2}}^{\frac{3}{2}} g(t)dt + \int_{\frac{3}{2}}^{\frac{5}{2}} g(t)dt = \int_{\frac{1}{2}}^{\frac{5}{2}} g(t)dt$

$= \displaystyle\int_{0}^{2} g(t)dt \ \left(\because \int_{2}^{\frac{5}{2}} g(t)dt = \int_{0}^{\frac{1}{2}} g(t)dt \right)$

$= 2\displaystyle\int_{0}^{1} g(t)dt = 2f(0) = \dfrac{4}{\pi}$ ($\because$ ㄱ) (참)

따라서 옳은 것은 ㄱ, ㄴ, ㄷ이다.

ㄷ을 다음과 같이 구할 수도 있다.
$f'(x)=g(x+1)-g(x)$ 에서
두 함수 $y=g(x+1)$, $y=g(x)$ 의 그래프는 다음 그림과
같다.

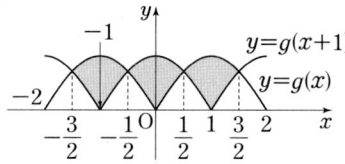

모든 정수 n에 대하여 $x=\dfrac{2n-1}{2}$ 을 경계로 두 함수의

대소 관계가 바뀌고

구간 $\left(\dfrac{2n-1}{2},\ \dfrac{2n+1}{2}\right)$ 에서 두 함수의 그래프로

둘러싸인 부분의 넓이는 모두 같으므로

함수 $f(x)$ 의 모든 극댓값은 $f\left(\dfrac{1}{2}\right)$ 으로 같고,

모든 극솟값은 $f\left(\dfrac{3}{2}\right)$ 으로 같다.

즉, 최댓값과 최솟값의 합은 $f\left(\dfrac{1}{2}\right)+f\left(\dfrac{3}{2}\right)$ 이다.

---

5. 미분법　　　　　　　　　　　　　　정답 4

문제 다시 보기

> $\overline{AB}=1$, $\overline{BC}=2$ 인 직사각형 ABCD가 있다. 선분 AD 위를
> 움직이는 점 P에 대하여 $\angle APB=\theta\ \left(\dfrac{\pi}{6}<\theta<\dfrac{\pi}{2}\right)$ 라 할 때,
> $\displaystyle\lim_{\theta\to\frac{\pi}{4}-}\dfrac{\overline{AP}-\overline{DP}}{\dfrac{\pi}{4}-\theta}$ 의 값을 구하시오.

직각삼각형 BAP에서 $\overline{AP}=\dfrac{\overline{AB}}{\tan\theta}=\dfrac{1}{\tan\theta}$ 이므로

$\overline{DP}=\overline{DA}-\overline{AP}=2-\dfrac{1}{\tan\theta}$ 이다.

따라서 $\overline{AP}-\overline{DP}=\dfrac{2}{\tan\theta}-2$ 이다.

$\therefore\ \displaystyle\lim_{\theta\to\frac{\pi}{4}-}\dfrac{\overline{AP}-\overline{DP}}{\dfrac{\pi}{4}-\theta}$

$=\displaystyle\lim_{\theta\to\frac{\pi}{4}-}\dfrac{\dfrac{2}{\tan\theta}-2}{\dfrac{\pi}{4}-\theta}$

$=\displaystyle\lim_{t\to0+}\dfrac{\dfrac{2}{\tan\left(\dfrac{\pi}{4}-t\right)}-2}{t}$　$\left(\because\ \dfrac{\pi}{4}-\theta=t\ \text{로 치환}\right)$

이때

$\dfrac{2}{\tan\left(\dfrac{\pi}{4}-t\right)}-2=\dfrac{2(1+1\times\tan t)}{1-\tan t}-2$

$\qquad\qquad\qquad=\dfrac{4\tan t}{1-\tan t}$

$\therefore\ \displaystyle\lim_{\theta\to\frac{\pi}{4}-}\dfrac{\overline{AP}-\overline{DP}}{\dfrac{\pi}{4}-\theta}=\lim_{t\to0+}\dfrac{4\tan t}{t(1-\tan t)}$

$\qquad\qquad\qquad\qquad=\displaystyle\lim_{t\to0+}\left(\dfrac{\tan t}{t}\times\dfrac{4}{1-\tan t}\right)$

$\qquad\qquad\qquad\qquad=1\times\dfrac{4}{1-0}=4$

---

6. 적분법　　　　　　　　　　　　　　정답 51

문제 다시 보기

> 정의역이 $\{x\,|\,x>0\}$ 인 미분가능한 함수 $f(x)$ 는 모든 양수
> x 에 대하여 $f'(x)>0$ 을 만족시킨다. 실수 t 에 대하여 두 직선
> $y=t$, $y=t+1$ 과 곡선 $y=f(x)$ 및 y 축으로 둘러싸인 도형의
> 넓이를 $g(t)$ 라 하자. 모든 실수 t 에 대하여
>
> $$g(t)=\dfrac{1}{\ln 2}(2^t+4^t)$$
>
> 가 성립할 때, $f(a)=0$ 을 만족시키는 양수 $a\,(a>1)$ 에 대하여
> $\displaystyle\int_{a-1}^{a}f(x)\,dx=p+\dfrac{q}{\ln 2}$ 이다. $36(p-q)$ 의 값을 구하시오.
> （단, $\displaystyle\lim_{x\to0+}f(x)=-\infty$ 이고, p 와 q 는 유리수이다.）

함수 $f(x)$ 는 정의역이 $\{x\,|\,x>0\}$ 이고 모든 양수 x 에
대하여 $f'(x)>0$ 을 만족시키므로 역함수를 갖는다.
이 역함수를 $h(x)$ 라 하자.
이때 함수 $h(x)$ 의 치역은 $\{y\,|\,y>0\}$ 이므로 모든 실수 x 에
대하여 $h(x)>0$ 이고

함수 $g(t)$ 의 정의에 의하여 $g(t)=\displaystyle\int_{t}^{t+1}h(x)\,dx$ 이다.

양변을 t 에 대하여 미분하면 $g'(t)=h(t+1)-h(t)$

이때 $g(t)=\dfrac{1}{\ln 2}(2^t+4^t)$ 이므로 $g'(t)=2^t+2\times4^t$ 에서

$h(t+1)-h(t)=2^t+2\times4^t$ 　　　　　　……㉠
또한 함수 $g(t)$ 는 모든 실수 t 에 대하여 정의되므로
함수 $h(x)$ 는 x 축을 점근선으로 갖는다. 　　……㉡

주어진 조건에서 $f(a)=0$이므로 $h(0)=a$이고 ㉠에 의하여

$$h(0)-h(-1)=\frac{1}{2}+2\times\frac{1}{4}, \qquad\qquad \cdots\cdots ㉢$$

$$h(-1)-h(-2)=\left(\frac{1}{2}\right)^2+2\times\left(\frac{1}{4}\right)^2,$$

$$\vdots$$

$$h(-n+1)-h(-n)=\left(\frac{1}{2}\right)^n+2\times\left(\frac{1}{4}\right)^n$$

에서 같은 변끼리 서로 더하면

$$h(0)-h(-n)=\left\{1-\left(\frac{1}{2}\right)^n\right\}+2\times\frac{1-\left(\frac{1}{4}\right)^n}{3}$$

㉡에 의하여

$$\lim_{n\to\infty}\{h(0)-h(-n)\}=h(0)-0=a,$$

$$\lim_{n\to\infty}\left[\left\{1-\left(\frac{1}{2}\right)^n\right\}+2\times\frac{1-\left(\frac{1}{4}\right)^n}{3}\right]=\frac{5}{3}$$

이므로 $a=\dfrac{5}{3}$이다.

한편, ㉢에 의하여 $h(0)-h(-1)=1$이므로 $h(-1)=\dfrac{2}{3}$

따라서 $f\left(\dfrac{2}{3}\right)=-1$, $f\left(\dfrac{5}{3}\right)=0$이므로 $\displaystyle\int_{a-1}^{a}f(x)\,dx$ 의 값은

밑변의 길이가 $\dfrac{2}{3}$이고 높이가 1인 직사각형의 넓이에서

$g(-1)$의 값을 뺀 것과 같다.

$$\therefore \int_{a-1}^{a}f(x)\,dx=\frac{2}{3}-\frac{3}{4\ln 2}$$

$p=\dfrac{2}{3}$, $q=-\dfrac{3}{4}$이므로 구하는 값은

$$36(p-q)=36\times\left(\frac{2}{3}+\frac{3}{4}\right)=51$$

08회 수능고쟁이 미니모의고사

1. ③	2. ⑤	3. ⑤	4. ②
5. 105	6. 10		

1. 적분법 정답 ③

문제 다시 보기

곡선 $y=e^x+x$와 x축, y축 및 직선 $x=1$로 둘러싸인 도형을 밑면으로 하는 입체도형이 있다. 이 입체도형을 x축에 수직인 평면으로 자른 단면이 모두 정사각형일 때, 이 입체도형의 부피는?

① $\dfrac{e^2}{2}+\dfrac{1}{6}$ ② $\dfrac{e^2}{3}+\dfrac{11}{6}$ ③ $\dfrac{e^2}{2}+\dfrac{11}{6}$

④ $\dfrac{e^2}{3}+\dfrac{19}{6}$ ⑤ $\dfrac{e^2}{2}+\dfrac{19}{6}$

단면인 정사각형의 한 변의 길이가 e^x+x이므로 넓이는 $(e^x+x)^2$이다.

따라서 구하는 입체도형의 부피는

$$\int_0^1 (e^x+x)^2 dx = \int_0^1 (e^{2x}+2xe^x+x^2)dx$$

$$= \left[\frac{e^{2x}}{2}+2(xe^x-e^x)+\frac{x^3}{3}\right]_0^1$$

$$= \left\{\frac{e^2}{2}+2(e-e)+\frac{1}{3}\right\}-\left\{\frac{1}{2}+2(0-1)\right\}$$

$$= \frac{e^2}{2}+\frac{11}{6}$$

2. 수열의 극한 정답 ⑤

문제 다시 보기

그림과 같이 한 변의 길이가 1인 정삼각형 $A_1B_1C_1$이 있다. 선분 A_1B_1을 $1:2$, $2:1$로 내분하는 점을 각각 D_1, E_1, 선분 B_1C_1을 $1:2$, $2:1$로 내분하는 점을 각각 F_1, G_1, 선분 C_1A_1을 $1:2$, $2:1$로 내분하는 점을 각각 H_1, I_1이라 하자. 삼각형 $A_1B_1C_1$의 내부에 중심이 A_1인 부채꼴 $A_1D_1I_1$, 중심이 B_1인 부채꼴 $B_1E_1F_1$, 중심이 C_1인 부채꼴 $C_1G_1H_1$을 각각 그리고 색칠하여 얻은 그림을 R_1이라 하자.

그림 R_1에서 호 D_1I_1의 중점을 A_2, 호 E_1F_1의 중점을 B_2, 호 G_1H_1의 중점을 C_2라 하고 정삼각형 $A_2B_2C_2$의 내부에 그림 R_1을 얻는 것과 같은 방법으로 세 개의 부채꼴을 그리고 색칠하여 얻은 그림을 R_2라 하자.

이와 같은 과정을 계속하여 n번째 얻은 그림 R_n에 색칠되어 있는 부분의 넓이를 S_n이라 할 때, $\lim\limits_{n\to\infty} S_n$의 값은?

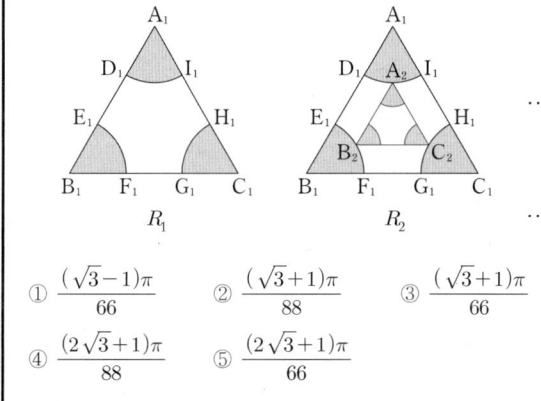

① $\dfrac{(\sqrt{3}-1)\pi}{66}$ ② $\dfrac{(\sqrt{3}+1)\pi}{88}$ ③ $\dfrac{(\sqrt{3}+1)\pi}{66}$

④ $\dfrac{(2\sqrt{3}+1)\pi}{88}$ ⑤ $\dfrac{(2\sqrt{3}+1)\pi}{66}$

그림 R_1에서 반지름의 길이가 $\dfrac{1}{3}$, 중심각의 크기가 $\dfrac{\pi}{3}$인 부채꼴 3개가 색칠되어 있으므로

$$S_1 = \left\{\frac{1}{2}\times\left(\frac{1}{3}\right)^2\times\frac{\pi}{3}\right\}\times 3 = \frac{\pi}{18}$$

두 선분 B_1C_1, B_2C_2의 중점을 각각 M_1, M_2라 하자.

삼각형 $A_1B_1C_1$의 높이는 $\overline{A_1M_1}=\dfrac{\sqrt{3}}{2}$이고

삼각형 $A_2B_2C_2$의 높이는

$$\overline{A_2M_2} = \overline{A_1M_1}-(\overline{A_1A_2}+\overline{M_1M_2})$$

$$= \frac{\sqrt{3}}{2}-\left(\frac{1}{3}+\frac{1}{3}\sin\frac{\pi}{6}\right)$$

$$= \frac{\sqrt{3}}{2}-\frac{1}{2}$$

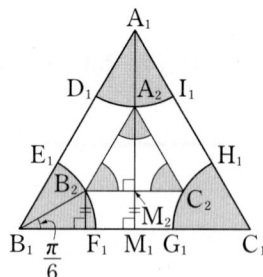

따라서 두 그림 R_1, R_2에 새로 색칠된 부분의 닮음비는

$$\overline{A_1M_1} : \overline{A_2M_2} = \frac{\sqrt{3}}{2} : \frac{\sqrt{3}-1}{2} = 1 : \frac{\sqrt{3}-1}{\sqrt{3}}$$이므로

넓이의 비는 $1^2 : \left(\frac{\sqrt{3}-1}{\sqrt{3}}\right)^2 = 1 : \frac{4-2\sqrt{3}}{3}$ 이다.

이때 같은 과정이 반복되므로 S_n은 첫째항이 $\frac{\pi}{18}$ 이고

공비가 $\frac{4-2\sqrt{3}}{3}$ 인 등비수열의 첫째항부터 제n항까지의

합이다.

$$\therefore \lim_{n \to \infty} S_n = \frac{\frac{\pi}{18}}{1 - \frac{4-2\sqrt{3}}{3}} = \frac{(2\sqrt{3}+1)\pi}{66}$$

3. 적분법

정답 ⑤

문제 다시 보기

함수 $f(x) = \ln(2 + \sin 7x)$에 대하여, <보기>에서 옳은 것만을 있는 대로 고른 것은?

─── 〈 보 기 〉 ───

ㄱ. $\lim\limits_{x \to \pi} \dfrac{f(x) - \ln 2}{x - \pi} = -\dfrac{7}{2}$

ㄴ. 구간 (a, b)에서 곡선 $y = f(x)$가 위로 볼록할 때, $b - a$의 최댓값은 $\dfrac{4}{21}\pi$이다.

ㄷ. $\displaystyle\int_6^7 f\left(\dfrac{\pi}{42}x\right)dx > \ln\sqrt{3}$

① ㄱ   ② ㄴ   ③ ㄱ, ㄴ
④ ㄱ, ㄷ   ⑤ ㄱ, ㄴ, ㄷ

ㄱ. $f(x) = \ln(2 + \sin 7x)$에서

$f(\pi) = \ln 2$ 이고 $f'(x) = \dfrac{7\cos 7x}{2 + \sin 7x}$ 이므로

$$\lim_{x \to \pi} \frac{f(x) - \ln 2}{x - \pi} = f'(\pi) = -\frac{7}{2} \text{ (참)}$$

ㄴ. $f''(x)$

$$= \frac{(-49\sin 7x)(2 + \sin 7x) - (7\cos 7x)(7\cos 7x)}{(2 + \sin 7x)^2}$$

$$= \frac{-49(2\sin 7x + 1)}{(2 + \sin 7x)^2}$$

$f''(x) < 0$, 즉 $\sin 7x > -\dfrac{1}{2}$ 이면

곡선 $y = f(x)$가 위로 볼록하다.

이때 부등식 $\sin 7x > -\dfrac{1}{2}$ 을 만족시키는 x의 값의 범위는

$$-\frac{1}{42}\pi + \frac{2n}{7}\pi < x < \frac{1}{6}\pi + \frac{2n}{7}\pi \text{이다.}$$

(단, n은 모든 정수)

즉, 구간 (a, b)에서 곡선 $y = f(x)$가 위로 볼록할 때

$b - a$의 최댓값은 $\dfrac{1}{6}\pi - \left(-\dfrac{1}{42}\pi\right) = \dfrac{4}{21}\pi$ 이다. (참)

ㄷ. $\displaystyle\int_6^7 f\left(\dfrac{\pi}{42}x\right)dx$에서 $\dfrac{\pi}{42}x = t$ 라고 하면 $\dfrac{\pi}{42}dx = dt$ 이고

$x = 6$일 때 $t = \dfrac{\pi}{7}$, $x = 7$일 때 $t = \dfrac{\pi}{6}$ 이므로

$$\int_6^7 f\left(\frac{\pi}{42}x\right)dx = \frac{42}{\pi}\int_{\frac{\pi}{7}}^{\frac{\pi}{6}} f(t)dt \qquad \cdots\cdots \text{㉠}$$

구간 $\left(\dfrac{\pi}{7}, \dfrac{\pi}{6}\right)$에서 $f(x) > 0$ 이고,

ㄴ에 의하여 곡선 $y = f(x)$가 위로 볼록하므로

곡선 $y = f(x)$과 x축 및

두 직선 $x = \dfrac{\pi}{7}$, $x = \dfrac{\pi}{6}$ 로

둘러싸인 부분의 넓이는 그림에서의

사다리꼴의 넓이보다 크다.

즉,

$$\int_{\frac{\pi}{7}}^{\frac{\pi}{6}} f(t)dt > \frac{1}{2} \times \left\{f\left(\frac{\pi}{6}\right) + f\left(\frac{\pi}{7}\right)\right\} \times \left(\frac{\pi}{6} - \frac{\pi}{7}\right)$$

$$= \frac{1}{2} \times \left(\ln\frac{3}{2} + \ln 2\right) \times \frac{\pi}{42}$$

$$= \ln\sqrt{3} \times \frac{\pi}{42}$$

이므로 ㉠에서

$$\int_6^7 f\left(\frac{\pi}{42}x\right)dx = \frac{42}{\pi}\int_{\frac{\pi}{7}}^{\frac{\pi}{6}} f(t)dt > \ln\sqrt{3} \text{ 이다. (참)}$$

따라서 옳은 것은 ㄱ, ㄴ, ㄷ이다.

4. 미분법 정답 ②

문제 다시 보기

그림과 같이 길이가 1인 선분 AB를 지름으로 하는 원이 있다. 선분 AB의 중점을 O라 할 때, 원 위의 두 점 P, Q를 두 선분 OA, PQ의 교점 R가 $\overline{OR} \times \overline{PR} = \overline{QR} \times \overline{AR}$ 를 만족시키도록 잡는다. $\angle APQ = \theta$라 할 때,

$60 \lim\limits_{\theta \to 0+} (\overline{PR} - \overline{QR})$의 값은?. (단, $0 < \theta < \dfrac{\pi}{4}$)

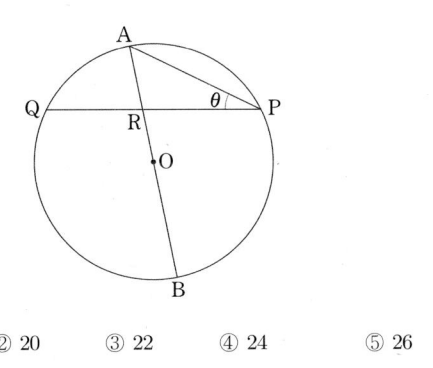

① 18 ② 20 ③ 22 ④ 24 ⑤ 26

한 호 AQ에 대한 원주각의 크기는 같으므로
$\angle ABQ = \angle APQ = \theta$이다. ······㉠
$\overline{OR} \times \overline{PR} = \overline{QR} \times \overline{AR}$ 에서
$\overline{OR} : \overline{QR} = \overline{AR} : \overline{PR}$ 이므로
두 삼각형 OQR, APR는 서로 닮음이고
$\angle OQR = \angle APR = \theta$이다. ······㉡
㉠, ㉡에 의하여 $\angle BQR = 2\theta$이다.

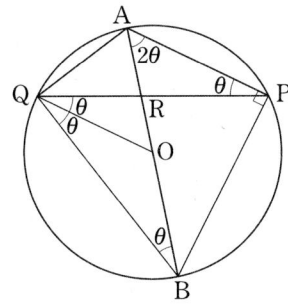

한편 한 호 BP에 대한 원주각의 크기는 같으므로
$\angle BAP = \angle BQR = 2\theta$이고
$\overline{AP} = \overline{AB}\cos 2\theta = \cos 2\theta$이다.
따라서 삼각형 APR에서 사인법칙에 의하여
$\dfrac{\overline{PR}}{\sin 2\theta} = \dfrac{\overline{AP}}{\sin(\pi - 3\theta)}$, 즉 $\overline{PR} = \dfrac{\sin 2\theta \cos 2\theta}{\sin 3\theta}$이다.
또한 $\overline{BQ} = \overline{AB}\cos\theta = \cos\theta$이므로
삼각형 BQR에서 사인법칙에 의하여
$\dfrac{\overline{QR}}{\sin\theta} = \dfrac{\cos\theta}{\sin(\pi - 3\theta)}$, 즉 $\overline{QR} = \dfrac{\sin\theta\cos\theta}{\sin 3\theta}$이다.
$\therefore 60 \lim\limits_{\theta \to 0+} (\overline{PR} - \overline{QR})$
$= 60 \lim\limits_{\theta \to 0+} \left(\dfrac{\sin 2\theta \cos 2\theta}{\sin 3\theta} - \dfrac{\sin\theta\cos\theta}{\sin 3\theta} \right)$
$= 60 \lim\limits_{\theta \to 0+} \left(\dfrac{\sin 2\theta}{2\theta} \times \dfrac{3\theta}{\sin 3\theta} \times \dfrac{2\cos 2\theta}{3} \right.$
$\left. - \dfrac{\sin\theta}{\theta} \times \dfrac{3\theta}{\sin 3\theta} \times \dfrac{\cos\theta}{3} \right)$

$= 60 \left(1 \times 1 \times \dfrac{2}{3} - 1 \times 1 \times \dfrac{1}{3} \right)$
$= 60 \times \dfrac{1}{3} = 20$

5. 적분법 정답 105

문제 다시 보기

$x > 0$에서 정의된 함수 $f(x)$가 다음 조건을 만족시킨다.

(가) $f(1) = f(2) = 2$
(나) 모든 양수 x에 대하여 $f'(x) = x^2 - f(x^2)$이다.

$\displaystyle\int_2^4 f(x)dx - \int_1^2 f(x)dx = k$일 때, $30k$의 값을 구하시오.

우선 $\displaystyle\int_1^4 f(t)dt$를 구하기 위해 $t = x^2 \ (x > 0)$라 하면

$t = 1$일 때 $x = 1$이고, $t = 4$일 때 $x = 2$이며, $\dfrac{dt}{dx} = 2x$이다.

또한 조건 (나)에 의하여 $f(x^2) = x^2 - f'(x)$이므로

$\displaystyle\int_1^4 f(t)dt = \int_1^2 \{2x^3 - 2xf'(x)\}dx$

$\displaystyle= \dfrac{15}{2} - 2\int_1^2 xf'(x)dx$ ······㉠

또한 조건 (가)에 의하여

$\displaystyle\int_1^2 xf'(x)dx = \Big[xf(x)\Big]_1^2 - \int_1^2 f(x)dx$

$\displaystyle= 2 - \int_1^2 f(x)dx$ ······㉡

㉡을 ㉠에 대입하면 $\displaystyle\int_1^4 f(t)dt = \dfrac{7}{2} + 2\int_1^2 f(x)dx$이므로

$\displaystyle\int_2^4 f(x)dx - \int_1^2 f(x)dx = \int_1^4 f(x)dx - 2\int_1^2 f(x)dx = \dfrac{7}{2}$

이다.
따라서 구하는 값은
$30k = 30 \times \dfrac{7}{2} = 105$

6. 미분법 　　　　　　　　　　　　　　　　　　　정답 10

문제 다시 보기

> 최고차항의 계수가 양수인 이차함수 $f(x)$에 대하여 함수
> $g(x)=e^x f(x)$가 다음 조건을 만족시킨다.
>
> (가) $\displaystyle\lim_{x \to 1}\frac{g(x)}{x-1}=0$
> (나) 함수 $|g(x)-\alpha x+5|$가 실수 전체의 집합에서
> 　　미분가능하도록 하는 실수 α의 최댓값은 3이다.
>
> $\ln g(3)+\ln g(5)=p+q\ln 2$일 때, $p+q$의 값을 구하시오.
> 　　(단, p, q는 유리수이고, $\ln 2$는 무리수, $\displaystyle\lim_{x \to -\infty}g(x)=0$이다.)

조건 (가)에서 $g(1)=0$, $g'(1)=0$

$g(1)=ef(1)=0$에서 $f(1)=0$

$g'(x)=e^x\{f(x)+f'(x)\}$이므로

$g'(1)=e\{f(1)+f'(1)\}=0$에서 $f'(1)=0$

따라서 $f(x)=k(x-1)^2$ (단, $k>0$)이라 하면

$g(x)=k(x-1)^2 e^x$이다.

즉, $g'(x)=k(x-1)(x+1)e^x$이므로 함수 $g(x)$의
그래프는 다음과 같다.

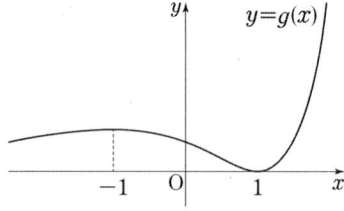

조건 (나)에서 $h(x)=\alpha x-5$라 하면

함수 $|g(x)-h(x)|$가 실수 전체의 집합에서 미분가능하도록
하려면 두 함수 $g(x)$, $h(x)$의 그래프가 만나지 않거나
$g(s)=h(s)$인 모든 실수 s에 대하여 $g'(s)=h'(s)$이어야
한다.

따라서 두 함수 $g(x)$, $h(x)$의 그래프가 접할 때, 실수 α가
최댓값을 가지므로

함수 $g(x)$의 그래프와 직선 $y=3x-5$가 서로 접해야 한다.

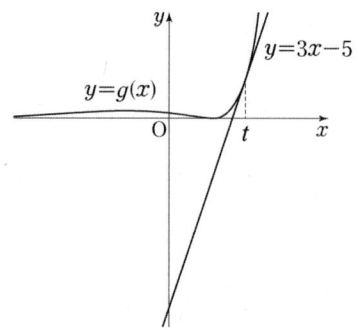

접점의 x좌표를 t $(t>0)$라 하면

$\begin{cases} g(t)=3t-5 \\ g'(t)=3 \end{cases}$ 이므로

$g(t)=k(t-1)^2 e^t=3t-5$, 　　　　$\cdots\cdots\ \bigcirc$

$g'(t)=k(t-1)(t+1)e^t=3$ 　　　　$\cdots\cdots\ \bigcirc$

$\bigcirc\div\bigcirc$을 하면

$\dfrac{t-1}{t+1}=\dfrac{3t-5}{3}$, $3t-3=3t^2-2t-5$,

$3t^2-5t-2=0$, $(3t+1)(t-2)=0$

이때 t는 양수이므로 $t=2$이다.

이를 $\bigcirc$에 대입하면 $ke^2=1$에서 $k=\dfrac{1}{e^2}$

따라서 $g(x)=(x-1)^2 e^{x-2}$이므로

$\begin{aligned}
\ln g(3)+\ln g(5) &=\ln 4e+\ln 16e^3 \\
&=(1+2\ln 2)+(3+4\ln 2) \\
&=4+6\ln 2
\end{aligned}$

$\therefore\ p+q=4+6=10$

1. ①	**2.** ⑤	**3.** ③	**4.** ⑤
5. 14	**6.** 8		

1. 미분법

정답 ①

문제 다시 보기

그림과 같이 $\overline{AB} = \overline{AC} = 5$, $\overline{BC} = 6$인 삼각형 ABC에서 선분 AB를 $2:1$로 내분하는 점을 D라 하고, 선분 AC를 $2:1$로 내분하는 점을 E라 하자. $\angle ADE = \alpha$, $\angle BED = \beta$라 할 때, $\tan(\alpha - \beta)$의 값은?

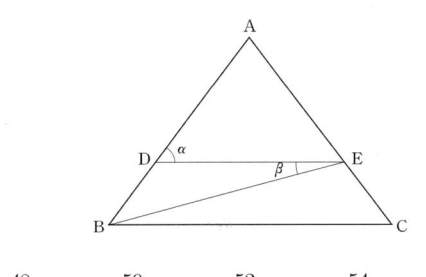

① $\dfrac{48}{61}$ ② $\dfrac{50}{61}$ ③ $\dfrac{52}{61}$ ④ $\dfrac{54}{61}$ ⑤ $\dfrac{56}{61}$

점 A에서 선분 BC에 내린 수선의 발을 H라 할 때, 두 선분 AH, DE의 교점을 I, 점 E에서 선분 BC에 내린 수선의 발을 J라 하자.

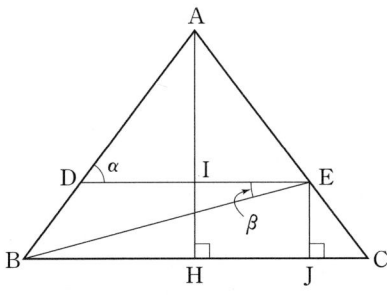

$\overline{BH} = 3$이므로 직각삼각형 ABH에서 $\overline{AH} = 4$
직선 DE와 직선 BC가 평행하므로
$\angle ABC = \angle ADE = \alpha$,
즉 $\tan \alpha = \dfrac{\overline{AH}}{\overline{BH}} = \dfrac{4}{3}$
두 삼각형 ADE, ABC는 닮음비가 $2:3$인 닮은 도형이므로
$\overline{DE} = \overline{BC} \times \dfrac{2}{3} = 4$, $\overline{AI} = \overline{AH} \times \dfrac{2}{3} = \dfrac{8}{3}$
$\overline{HJ} = \overline{IE} = \dfrac{1}{2} \times \overline{DE} = 2$
$\overline{EJ} = \overline{IH} = \overline{AH} - \overline{AI} = 4 - \dfrac{8}{3} = \dfrac{4}{3}$

$\angle EBC = \angle BED = \beta$이므로
$$\tan \beta = \frac{\overline{EJ}}{\overline{BJ}} = \frac{\overline{EJ}}{\overline{BH} + \overline{HJ}} = \frac{\dfrac{4}{3}}{3+2} = \frac{4}{15}$$
$$\therefore \tan(\alpha - \beta) = \frac{\tan\alpha - \tan\beta}{1 + \tan\alpha\tan\beta}$$
$$= \frac{\dfrac{4}{3} - \dfrac{4}{15}}{1 + \dfrac{4}{3} \times \dfrac{4}{15}} = \frac{48}{61}$$

2. 적분법

정답 ⑤

문제 다시 보기

두 곡선 $y = \cos x + 2\,(0 \le x \le \pi)$, $y = ax^2$과 y축으로 둘러싸인 부분의 넓이를 S_1, 두 곡선
$y = \cos x + 2\,(0 \le x \le \pi)$, $y = ax^2$과 직선 $x = \pi$로 둘러싸인 부분의 넓이를 S_2라 하자. $S_1 = S_2$일 때, 실수 a의 값은?

(단, $a > \dfrac{1}{\pi^2}$이다.)

① $\dfrac{2}{\pi^2}$ ② $\dfrac{3}{\pi^2}$ ③ $\dfrac{4}{\pi^2}$ ④ $\dfrac{5}{\pi^2}$ ⑤ $\dfrac{6}{\pi^2}$

$S_1 = S_2$이므로

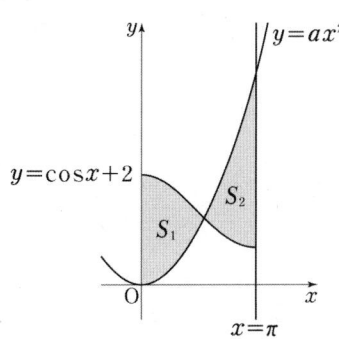

$$\int_0^\pi (\cos x + 2 - ax^2)\,dx = \left[\sin x + 2x - \frac{a}{3}x^3 \right]_0^\pi$$
$$= \left(0 + 2\pi - \frac{a}{3}\pi^3 \right) - (0 + 0 - 0)$$
$$= 2\pi - \frac{a}{3}\pi^3 = 0$$

에서 $\dfrac{a}{3}\pi^3 = 2\pi$, $a = \dfrac{6}{\pi^2}$

3. 수열의 극한

문제 다시 보기

그림과 같이 $\overline{AB}=1$, $\overline{BC}=2$인 직사각형 ABCD의 내부에 선분 BC를 지름으로 하고, 선분 AD에 접하는 반원이 있다. 선분 AB, CD의 중점을 각각 M, N이라 하고, 두 점 M, N에서 각각 반원에 그은 접선이 직선 AD와 만나는 점을 각각 E, F, 직선 BC와 만나는 점을 각각 G, H, 두 접선이 만나는 점을 I라 하자. 세 삼각형 AME, EFI, FND의 내부에 색칠하여 얻은 그림을 R_1이라 하자.

그림 R_1에서 선분 MB의 연장선 위에 $\overline{BG}:\overline{BP}=2:1$인 점 P를 잡고 두 선분 BG, BP를 두 변으로 하는 직사각형을 그리고, 선분 NC의 연장선 위에 $\overline{CH}:\overline{CQ}=2:1$인 점 Q를 잡고 두 선분 CH, CQ를 두 변으로 하는 직사각형을 그린다. 새로 그려진 두 직사각형에 각각 그림 R_1을 얻는 것과 같은 방법으로 세 삼각형을 그리고 색칠하여 얻은 그림을 R_2라 하자. 이와 같은 과정을 계속하여 n번째 얻은 그림 R_n에 색칠되어 있는 부분의 넓이를 S_n이라 할 때, $\lim\limits_{n \to \infty} S_n$의 값은?

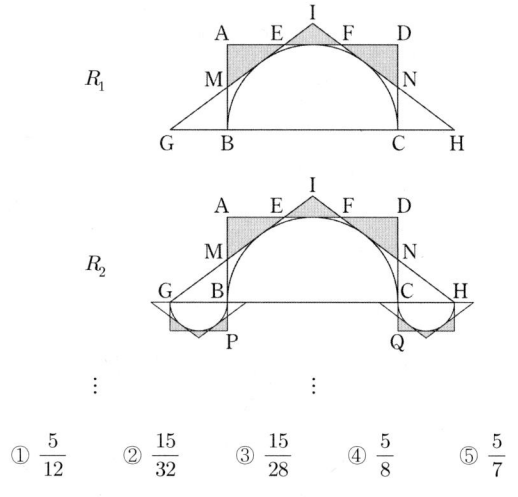

① $\dfrac{5}{12}$ ② $\dfrac{15}{32}$ ③ $\dfrac{15}{28}$ ④ $\dfrac{5}{8}$ ⑤ $\dfrac{5}{7}$

점 M이 선분 AB의 중점이므로 $\overline{AM}=\overline{MB}=\dfrac{1}{2}$이다.

선분 BC의 중심을 O라 하고, 점 M에서 반원에 그은 접선의 접점을 R라 하면 $\angle MRO=90°$이고, 점 M에서 반원에 그은 두 접선의 길이가 서로 같으므로 $\overline{MR}=\overline{MB}=\dfrac{1}{2}$이다.

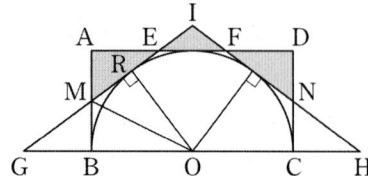

한편, $\overline{AE}=x$라 하면 $\overline{EF}=2-2x$이므로 $\overline{ER}=\dfrac{\overline{EF}}{2}=1-x$이다.

따라서 직각삼각형 AME에서

$\overline{AM}^2+\overline{AE}^2=(\overline{MR}+\overline{ER})^2$, $\dfrac{1}{4}=x^2=\left(\dfrac{3}{2}-x\right)^2$

$\therefore x=\dfrac{2}{3}$

이때 두 삼각형 BMG, AME는 서로 합동이므로 삼각형 AME의 넓이는 $\dfrac{1}{2}\times\dfrac{2}{3}\times\dfrac{1}{2}=\dfrac{1}{6}$

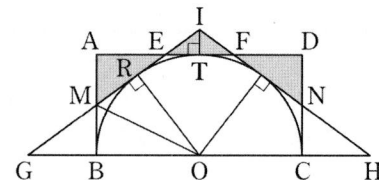

점 I에서 선분 AD에 내린 수선의 발을 T라 할 때,

$\overline{ET}=\overline{AT}-\overline{AE}=1-\dfrac{2}{3}=\dfrac{1}{3}$

또한 두 삼각형 AME, TIE는 닮음이고, 닮음비가 $\overline{AE}:\overline{TE}=2:1$이므로 넓이의 비는 $4:1$이다.

즉, 삼각형 TIE의 넓이는 $\dfrac{1}{6}\times\dfrac{1}{4}=\dfrac{1}{24}$

$\therefore S_1=2\times\{(\text{삼각형 AME의 넓이})+(\text{삼각형 TIE의 넓이})\}$

$\qquad =2\times\left(\dfrac{1}{6}+\dfrac{1}{24}\right)=\dfrac{5}{12}$

한편, 직사각형 ABCD와 R_2에서 새로 생긴 직사각형의 닮음비는 $\overline{BC}:\overline{GB}=2:\dfrac{2}{3}=3:1$이므로 넓이의 비는 $9:1$이다.

또한, R_{n+1}에서 새로 생긴 직사각형의 개수는 R_n에서 새로 생긴 직사각형의 개수의 두 배이므로 수열 S_n은 첫째항이 $\dfrac{5}{12}$이고, 공비가 $2\times\dfrac{1}{9}=\dfrac{2}{9}$인 등비수열이다.

$\therefore \lim\limits_{n \to \infty} S_n=\dfrac{\dfrac{5}{12}}{1-\dfrac{2}{9}}=\dfrac{15}{28}$

4. 수열의 극한

자연수 n에 대하여 함수 $f(x)$를

$$f(x) = \lim_{n \to \infty} \frac{(2\sin x)^n}{x^n + (2\sin x)^n + 1}$$

이라 하자. 구간 $(0, \pi)$에서 방정식 $2\sin x = x$의 실근을 α라 할 때, <보기>에서 옳은 것만을 있는 대로 고른 것은?

─〈 보 기 〉─

ㄱ. $\dfrac{\pi}{2} < \alpha < \dfrac{5}{6}\pi$

ㄴ. 구간 $(0, \pi)$에서 함수 $f(x)$는 서로 다른 두 점에서 불연속이다.

ㄷ. $0 < x < \pi$에서 방정식 $f(x) = k\sin x$가 서로 다른 두 실근을 갖도록 하는 양수 k의 값의 범위는

$1 \le k < \dfrac{2}{\alpha}$이다.

① ㄱ   ② ㄴ   ③ ㄱ, ㄴ
④ ㄴ, ㄷ   ⑤ ㄱ, ㄴ, ㄷ

ㄱ. 구간 $(0, \pi)$에서 방정식 $2\sin x = x$의 실근 α는 구간 $(0, \pi)$에서 두 함수 $y = \sin x$, $y = x$의 그래프의 교점의 x좌표와 같다.

$2\sin \dfrac{\pi}{2}(=2) > \dfrac{\pi}{2}$, $2\sin \dfrac{5}{6}\pi(=1) < \dfrac{5}{6}\pi$이므로

두 함수의 그래프는 다음 그림과 같이 $\dfrac{\pi}{2} < x < \dfrac{5}{6}\pi$에서 만난다.

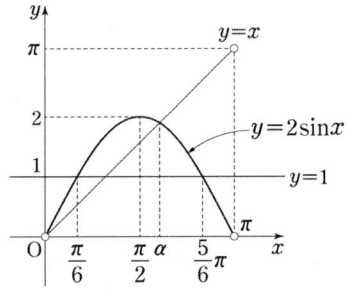

$\therefore \dfrac{\pi}{2} < \alpha < \dfrac{5}{6}\pi$ (참)

ㄴ. i) $0 < x < \dfrac{\pi}{6}$일 때 $0 < x < 2\sin x < 1$이므로

$$f(x) = \lim_{n \to \infty} \frac{(2\sin x)^n}{x^n + (2\sin x)^n + 1}$$
$$= \frac{0}{0 + 0 + 1} = 0$$

ii) $x = \dfrac{\pi}{6}$일 때 $0 < x < 2\sin x = 1$이므로

$$f(x) = \lim_{n \to \infty} \frac{(2\sin x)^n}{x^n + (2\sin x)^n + 1}$$
$$= \frac{1}{0 + 1 + 1} = \frac{1}{2}$$

iii) $\dfrac{\pi}{6} < x < \alpha$일 때

$0 < x < 2\sin x$, $1 < 2\sin x$이므로

$$f(x) = \lim_{n \to \infty} \frac{1}{\left(\dfrac{x}{2\sin x}\right)^n + 1 + \left(\dfrac{1}{2\sin x}\right)^n}$$
$$= \frac{1}{0 + 1 + 0} = 1$$

iv) $x = \alpha$일 때 $2\sin x = x > 1$이므로

$$f(x) = \lim_{n \to \infty} \frac{1}{1 + 1 + \left(\dfrac{1}{2\sin x}\right)^n}$$
$$= \frac{1}{1 + 1 + 0} = \frac{1}{2}$$

v) $\alpha < x < \pi$일 때

$0 < 2\sin x < x$, $1 < x$이므로

$$f(x) = \lim_{n \to \infty} \frac{\left(\dfrac{2\sin x}{x}\right)^n}{1 + \left(\dfrac{2\sin x}{x}\right)^n + \left(\dfrac{1}{x}\right)^n}$$
$$= \frac{0}{1 + 0 + 0} = 0$$

따라서

$$f(x) = \begin{cases} 0 & \left(0 < x < \dfrac{\pi}{6} \text{ 또는 } \alpha < x < \pi\right) \\ \dfrac{1}{2} & \left(x = \dfrac{\pi}{6}, \ x = \alpha\right) \\ 1 & \left(\dfrac{\pi}{6} < x < \alpha\right) \end{cases}$$

이므로 함수 $f(x)$는 구간 $(0, \pi)$에서 $x = \dfrac{\pi}{6}$, $x = \alpha$일 때 불연속이다. (참)

ㄷ. 함수 $y = k\sin x$의 그래프가

점 $\left(\dfrac{\pi}{2}, 1\right)$을 지날 때 k의 값을 k_1, 점 $(\alpha, 1)$을 지날 때 k의 값을 k_2라 하면

$0 < x < \pi$에서 방정식 $f(x) = k\sin x$의 실근은

$0 < k < k_1$일 때 0개 또는 1개,

$k_1 \le k < k_2$일 때 2개,

$k \ge k_2$일 때 0개 또는 1개이다.

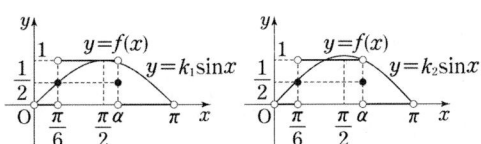

이때 $1 = k_1 \sin \dfrac{\pi}{2}$에서 $k_1 = 1$이고,

$1 = k_2 \sin \alpha$에서 $k_2 = \dfrac{1}{\sin \alpha} = \dfrac{2}{\alpha}$이다. $(\because 2\sin \alpha = \alpha)$

즉, $0 < x < \pi$에서 방정식 $f(x) = k\sin x$가 서로 다른 두 실근을 갖도록 하는 양수 k의 값의 범위는

$1 \le k < \dfrac{2}{\alpha}$이다. (참)

따라서 옳은 것은 ㄱ, ㄴ, ㄷ이다.

5. 미분법 정답 14

문제 다시 보기

함수 $y=e^x$의 그래프 위의 두 점 $P(t, e^t)$, $Q(2t, e^{2t})$ $(t>0)$이 있다. 직선 PQ와 x축, y축으로 둘러싸인 부분의 넓이를 $S(t)$라 할 때, $\lim\limits_{t \to 0+} S(t) = k$이다. $28k$의 값을 구하시오.

두 점 $P(t, e^t)$, $Q(2t, e^{2t})$을 지나는 직선의 방정식은

$$y = \frac{e^{2t}-e^t}{t}(x-t)+e^t$$

$$= \frac{e^{2t}-e^t}{t}x - e^{2t}+2e^t$$

이다.

직선 PQ가 x축과 만나는 점을 R, y축과 만나는 점을 S라 하면

$y=0$일 때

$$\frac{e^{2t}-e^t}{t}x = e^{2t}-2e^t,$$

$$x = \frac{t(e^{2t}-2e^t)}{e^{2t}-e^t} = \frac{t(e^t-2)}{e^t-1}$$이므로

점 R의 좌표는 $\left(\dfrac{t(e^t-2)}{e^t-1}, 0 \right)$

$x=0$일 때

$y = -e^{2t}+2e^t$이므로

점 S의 좌표는 $(0, -e^{2t}+2e^t)$

따라서 직선 PQ와 x축, y축으로 둘러싸인 부분의 넓이는

$$S(t) = \left| \frac{1}{2} \times \frac{t(e^t-2)}{e^t-1} \times (-e^{2t}+2e^t) \right|$$

$$= \frac{te^t(e^t-2)^2}{2(e^t-1)} \ (\because t>0)$$

$$\therefore \lim_{t \to 0+} S(t) = \lim_{t \to 0+} \frac{te^t(e^t-2)^2}{2(e^t-1)}$$

$$= \lim_{t \to 0+} \left\{ \frac{t}{e^t-1} \times \frac{e^t(e^t-2)^2}{2} \right\}$$

$$= 1 \times \frac{1 \times (1-2)^2}{2} = \frac{1}{2}$$

$$\therefore 28k = 28 \times \frac{1}{2} = 14$$

---

6. 적분법 정답 8

문제 다시 보기

함수 $f(x) = 4\cos^3 x - 3\cos x$에 대하여 곡선 $y=f(x)$ 위의 점 $(t, f(t))$에서의 접선이 y축과 만나는 점의 y좌표를 $g(t)$라 하자. $\int_{\frac{\pi}{6}}^{\frac{\pi}{3}} \{g(t)-f(t)\}dt = p+q\pi$일 때, $36(p^2+q^2)$의 값을 구하시오. (단, p와 q는 유리수이다.)

곡선 $y=f(x)$ 위의 점 $(t, f(t))$에서의 접선의 방정식은
$y = f'(t)(x-t) + f(t)$이고,
이 직선이 y축과 만나는 점의 y좌표는
$g(t) = -tf'(t) + f(t)$이므로 $g(t)-f(t) = -tf'(t)$이다.

$$\int_{\frac{\pi}{6}}^{\frac{\pi}{3}} \{g(t)-f(t)\}dt = \int_{\frac{\pi}{6}}^{\frac{\pi}{3}} -tf'(t)\,dt$$

$$= \left[-tf(t) \right]_{\frac{\pi}{6}}^{\frac{\pi}{3}} + \int_{\frac{\pi}{6}}^{\frac{\pi}{3}} f(t)\,dt \quad \cdots\cdots \text{㉠}$$

이때

$$f\left(\frac{\pi}{6}\right) = 4 \times \frac{3\sqrt{3}}{8} - 3 \times \frac{\sqrt{3}}{2} = 0,$$

$$f\left(\frac{\pi}{3}\right) = 4 \times \frac{1}{8} - 3 \times \frac{1}{2} = -1$$이므로

$$\left[-tf(t) \right]_{\frac{\pi}{6}}^{\frac{\pi}{3}} = -\frac{\pi}{3} \times (-1) + \frac{\pi}{6} \times 0 = \frac{\pi}{3}$$이다. $\quad \cdots\cdots \text{㉡}$

한편

$$4\cos^3 t - 3\cos t = \cos t(4\cos^2 t - 3)$$

$$= \cos t(1-4\sin^2 t)$$

이며 $\sin t = k$라 하면 $\cos t\,dt = dk$이고

$t=\dfrac{\pi}{6}$일 때 $k=\dfrac{1}{2}$, $t=\dfrac{\pi}{3}$일 때 $k=\dfrac{\sqrt{3}}{2}$이므로

$$\int_{\frac{\pi}{6}}^{\frac{\pi}{3}} f(t)\,dt = \int_{\frac{\pi}{6}}^{\frac{\pi}{3}} (4\cos^3 t - 3\cos t)\,dt$$

$$= \int_{\frac{\pi}{6}}^{\frac{\pi}{3}} \{\cos t(1-4\sin^2 t)\}\,dt$$

$$= \int_{\frac{1}{2}}^{\frac{\sqrt{3}}{2}} (1-4k^2)\,dk$$

$$= \left[k - \frac{4}{3}k^3 \right]_{\frac{1}{2}}^{\frac{\sqrt{3}}{2}}$$

$$= \left(\frac{\sqrt{3}}{2} - \frac{\sqrt{3}}{2} \right) - \left(\frac{1}{2} - \frac{1}{6} \right)$$

$$= -\frac{1}{3} \quad \cdots\cdots \text{㉢}$$

㉠에 ㉡, ㉢을 대입하면

$$\int_{\frac{\pi}{6}}^{\frac{\pi}{3}} \{g(t)-f(t)\}dt = \frac{\pi}{3} - \frac{1}{3}$$이므로 $p = -\frac{1}{3}$, $q = \frac{1}{3}$

$$\therefore 36(p^2+q^2) = 36 \times \frac{2}{9} = 8$$

1. ③   **2.** ②   **3.** ⑤   **4.** ①

5. 18   **6.** 39

1. 미분법

정답 ③

문제 다시 보기

자연수 n에 대하여 $f(x)=-x(\cos x-n)$이라 하고, $0<t<2\pi$인 실수 t에 대하여 좌표평면에서 세 점 $(0,0)$, $(t,0)$, $(t,f(t))$를 꼭짓점으로 하는 삼각형의 넓이를 $S(t)$라 하자. $S'(\pi)=2\pi$일 때, $\displaystyle\lim_{t\to 0+}\frac{S'(t)}{t^3}$의 값은?

① $\dfrac{1}{4}$ ② $\dfrac{1}{2}$ ③ 1 ④ 2 ⑤ 4

$f(x)=-x(\cos x-n)$에서

$f'(x)=-\cos x+x\sin x+n$이다.

한편 $0<t<2\pi$인 실수 t에 대하여 $f(t)>0$이므로 세 점 $(0,0)$, $(t,0)$, $(t,f(t))$를 꼭짓점으로 하는 삼각형은 밑변의 길이가 t이고 높이가 $f(t)$인 직각삼각형이다.

따라서 이 직각삼각형의 넓이는

$S(t)=\dfrac{1}{2}tf(t)$이고

$S'(t)=\dfrac{1}{2}f(t)+\dfrac{1}{2}tf'(t)$

$\qquad=-\dfrac{t}{2}(\cos t-n)+\dfrac{t}{2}(-\cos t+t\sin t+n)$

$\qquad=\dfrac{t}{2}(-2\cos t+t\sin t+2n)$

이다.

이때 $S'(\pi)=2\pi$라 주어졌으므로

$\dfrac{\pi}{2}(-2\cos\pi+\pi\sin\pi+2n)=2\pi$에서 $n=1$이다.

즉, $S'(t)=\dfrac{t}{2}(-2\cos t+t\sin t+2)$이다.

$\therefore \displaystyle\lim_{t\to 0+}\frac{S'(t)}{t^3}=\lim_{t\to 0+}\frac{\dfrac{t}{2}(t\sin t+2-2\cos t)}{t^3}$

$\qquad=\displaystyle\lim_{t\to 0+}\left(\frac{\sin t}{t}\times\frac{1}{2}+\frac{1-\cos t}{t^2}\right)$

$\qquad=1\times\dfrac{1}{2}+\dfrac{1}{2}=1$

2. 수열의 극한

정답 ②

문제 다시 보기

그림과 같이 $\overline{A_1D_1}=1$, $\overline{B_1C_1}=2$이고 $\angle A_1B_1C_1=\angle D_1C_1B_1=60°$인 등변사다리꼴 $A_1B_1C_1D_1$이 있다. 점 A_1을 중심으로 하고 반지름의 길이가 $\overline{A_1D_1}$인 원과 점 D_1을 중심으로 하고 반지름의 길이가 $\overline{A_1D_1}$인 원을 그리면 두 원은 선분 B_1C_1과 같은 점에서 만나고 이 점을 M_1이라 하자. 호 A_1M_1과 선분 A_1B_1, 선분 B_1M_1로 둘러싸인 도형과 호 D_1M_1과 선분 C_1D_1, 선분 C_1M_1로 둘러싸인 도형에 각각 색칠하여 얻은 그림을 R_1이라 하자.

그림 R_1에 선분 A_1D_1 위의 점 A_2, D_2와 호 A_1M_1 위의 점 B_2, 호 D_1M_1 위의 점 C_2에 대하여 $\overline{A_2D_2}:\overline{B_2C_2}=1:2$이고 $\angle A_2B_2C_2=\angle D_2C_2B_2=60°$인 등변사다리꼴 $A_2B_2C_2D_2$를 그리고 그림 R_1을 얻는 것과 같은 방법으로 만들어지는 도형에 색칠하여 얻은 그림을 R_2라 하자.

이와 같은 과정을 계속하여 n번째 얻은 그림 R_n에 색칠되어 있는 부분의 넓이를 S_n이라 할 때, $\displaystyle\lim_{n\to\infty}S_n$의 값은?

R_1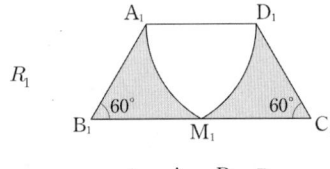

R_2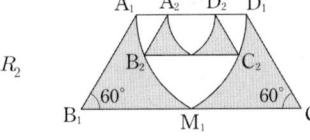

① $\dfrac{11}{30}(3\sqrt{3}-\pi)$ ② $\dfrac{49}{120}(3\sqrt{3}-\pi)$

③ $\dfrac{9}{20}(3\sqrt{3}-\pi)$ ④ $\dfrac{11}{30}(6\sqrt{3}-\pi)$

⑤ $\dfrac{49}{120}(6\sqrt{3}-\pi)$

점 A_1, D_1을 중심으로 하고 반지름의 길이가 각각 $\overline{A_1D_1}=1$인 두 원이 모두 점 M_1을 지나므로

$\overline{A_1M_1}=\overline{D_1M_1}=1$

따라서 삼각형 $A_1D_1M_1$은 한 변의 길이가 1인 정삼각형이고, 이때 $\angle A_1M_1B_1=\angle C_1M_1D_1=60°$이므로 두 삼각형 $A_1B_1M_1$과 $D_1M_1C_1$도 각각 한 변의 길이가 1인 정삼각형이다.

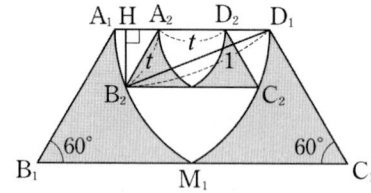

호 A_1M_1과 선분 A_1B_1, 선분 B_1M_1로 둘러싸인 도형의
넓이는 평행사변형 $A_1B_1M_1D_1$의 넓이에서 부채꼴
$D_1A_1M_1$의 넓이를 뺀 것과 같고 S_1은 이 넓이의 두 배이므로
$$S_1 = 2\left(1 \times \frac{\sqrt{3}}{2} - \pi \times \frac{60}{360}\right) = \sqrt{3} - \frac{\pi}{3}$$

한편 그림 R_2에서 새로 그려진 등변사다리꼴 $A_2B_2C_2D_2$는
등변사다리꼴 $A_1B_1C_1D_1$과 닮음이므로 $\overline{A_2D_2} = t \ (t > 0)$라
하면 $\overline{A_2B_2} = t$이고,
점 B_2에서 선분 A_1D_1에 내린 수선의 발을 H라 하면
직각삼각형 A_2HB_2에서 $\angle B_2A_2H = 60°$이므로 $\overline{A_2H} = \dfrac{t}{2}$,

$\overline{B_2H} = \dfrac{\sqrt{3}}{2}t$이다.

또한 $\overline{A_1A_2} = \overline{D_1D_2}$이므로
$2 \times \overline{D_1D_2} + t = 1$에서 $\overline{D_1D_2} = \dfrac{1-t}{2}$이다.

따라서 직각삼각형 D_1HB_2에서
$\overline{D_1H}^2 + \overline{B_2H}^2 = \overline{D_1B_2}^2$이므로

$$\left(\frac{t}{2} + t + \frac{1-t}{2}\right)^2 + \left(\frac{\sqrt{3}}{2}t\right)^2 = 1^2,$$

$$\left(t + \frac{1}{2}\right)^2 + \frac{3}{4}t^2 = 1, \ \frac{7}{4}t^2 + t - \frac{3}{4} = 0,$$

$7t^2 + 4t - 3 = (t+1)(7t-3) = 0$에서

$t = \dfrac{3}{7} \ (\because t > 0)$이다.

즉, 두 그림 R_1, R_2에서 새로 색칠된 부분의 닮음비는

$\overline{A_1D_1} : \overline{A_2D_2} = 1 : t = 1 : \dfrac{3}{7}$이므로

두 그림 R_n, R_{n+1}에서 새로 색칠된 부분의 넓이의 비는

$1^2 : \left(\dfrac{3}{7}\right)^2 = 1 : \dfrac{9}{49}$이다.

$$\therefore \lim_{n \to \infty} S_n = \frac{\sqrt{3} - \dfrac{\pi}{3}}{1 - \dfrac{9}{49}} = \frac{49}{40}\left(\sqrt{3} - \frac{\pi}{3}\right)$$

$$= \frac{49}{120}(3\sqrt{3} - \pi)$$

---

3. 적분법   정답 ⑤

문제 다시 보기

$x > 0$에서 정의된 함수 $f(x)$가 다음 조건을 만족시킨다.

> (가) $f(1) = 1$
> (나) 모든 양수 x에 대하여 $f(x) > 0$, $f'(x) < 0$이다.
> (다) 이계도함수 $f''(x)$는 $x > 0$에서 연속이다.

함수 $g(x)$를 $g(x) = \displaystyle\int_1^{f(x)} f(t)dt$라 할 때, <보기>에서 옳은
것만을 있는 대로 고른 것은?

> ── 〈 보 기 〉 ──
> ㄱ. $g'(1) = f'(1)$
> ㄴ. $g(x) = f(x) - 1$을 만족시키는 양수 x는 1개뿐이다.
> ㄷ. 모든 양수 x에 대하여 $f''(x)g''(x) < 0$이면
> $g(2) < f'(1)$이다.

① ㄴ　　　　② ㄷ　　　　③ ㄱ, ㄴ
④ ㄱ, ㄷ　　　⑤ ㄱ, ㄴ, ㄷ

ㄱ. $g(x) = \displaystyle\int_1^{f(x)} f(t)dt$에서

　$g'(x) = f'(x)f(f(x))$
　이때 $f(1) = 1$이므로 $f(f(1)) = 1$에서
　$g'(1) = f'(1)$이다. (참)

ㄴ. $g(1) = \displaystyle\int_1^{f(1)} f(t)\,dt = \int_1^1 f(t)\,dt = 0$이므로

　$h(x) = g(x) - f(x) + 1$이라 하면 $h(1) = 0$이다.
　또한
　$h'(x) = g'(x) - f'(x) = f'(x)\{f(f(x)) - 1\}$에서
　두 조건 (가), (나)에 의하여
　$0 < x < 1$일 때 $f(f(x)) - 1 < 0$,
　$x > 1$일 때 $f(f(x)) - 1 > 0$
　이므로 방정식 $g(x) = f(x) - 1$을 만족시키는 양수 x는
　1개이다. (참)

ㄷ. 조건 (나)를 만족시키기 위해서는
　함수 $y = f(x)$의 그래프는 점근선을 가져야 하므로
　부등식 $f''(x) > 0$을 만족시키는 양수 x는 적어도 하나
　존재한다.
　이때 모든 양수 x에 대하여 $f''(x)g''(x) < 0$이면
　방정식 $f''(x) = 0$을 만족시키는 양수 x는 존재하지
　않는다.
　따라서 조건 (다)에 의하여
　모든 양수 x에 대하여 $f''(x) > 0$이고
　$f''(x)g''(x) < 0$에서 $g''(x) < 0$이다.
　한편, $g(1) = 0$, $g'(1) = f'(1)$이고 구간 $(1, 2)$에서
　$g''(x) < 0$이므로

$$\int_1^2 g'(x)\,dx < \int_1^2 g'(1)\,dx = \int_1^2 f'(1)\,dx$$에서

　$g(2) < f'(1)$이다. (참)

따라서 옳은 것은 ㄱ, ㄴ, ㄷ이다.

4. 미분법 정답 ①

문제 다시 보기

그림과 같이 중심이 O이고 길이가 2인 선분 AB를 지름으로 하는 원 위의 두 점 P, Q에 대하여 $\angle BOP = \theta$, $\angle OPQ = 2\theta$ (단, $0 < \theta < \dfrac{\pi}{8}$)라 하자. 점 Q에서 직선 OP에 내린 수선과 선분 AB의 교점을 R라 할 때, 삼각형 ARQ의 넓이를 $S(\theta)$라 하자. $\displaystyle\lim_{\theta \to 0+} \dfrac{S(\theta)}{\theta^3}$ 의 값은?

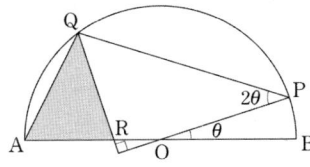

① $\dfrac{45}{4}$ ② $\dfrac{91}{8}$ ③ $\dfrac{23}{2}$ ④ $\dfrac{93}{8}$ ⑤ $\dfrac{47}{4}$

직선 OP와 직선 QR의 교점을 S라 하고
점 Q에서 선분 AB에 내린 수선의 발을 H라 하자.

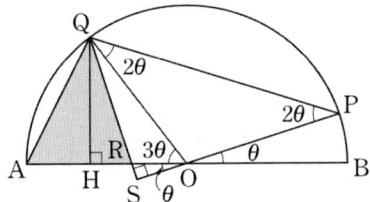

$\angle OPQ = \angle OQP = 2\theta$이므로 $\angle QOS = 4\theta$이고,
$\angle ROS = \angle BOP = \theta$이므로 $\angle QOH = 3\theta$이다.
따라서 $\overline{QH} = \overline{OQ} \times \sin 3\theta = \sin 3\theta$
또한 삼각형 OSQ에서 $\overline{OS} = \overline{OQ} \times \cos 4\theta = \cos 4\theta$이고,
삼각형 OSR에서 $\overline{OR} = \dfrac{\overline{OS}}{\cos\theta} = \dfrac{\cos 4\theta}{\cos\theta}$
따라서 $\overline{AR} = \overline{OA} - \overline{OR} = 1 - \dfrac{\cos 4\theta}{\cos\theta}$이므로

$S(\theta) = \dfrac{1}{2} \times \overline{QH} \times \overline{AR} = \dfrac{\sin 3\theta}{2} \times \left(1 - \dfrac{\cos 4\theta}{\cos\theta}\right)$

$\therefore \displaystyle\lim_{\theta \to 0+} \dfrac{S(\theta)}{\theta^3} = \lim_{\theta \to 0+} \left(\dfrac{\sin 3\theta}{2\theta^3} \times \dfrac{\cos\theta - \cos 4\theta}{\cos\theta} \right)$

$= \displaystyle\lim_{\theta \to 0+} \left(\dfrac{1}{2\cos\theta} \times \dfrac{\sin 3\theta}{\theta} \times \dfrac{\cos\theta - \cos 4\theta}{\theta^2} \right)$

$= \dfrac{3}{2} \displaystyle\lim_{\theta \to 0+} \left(\dfrac{1 - \cos 4\theta}{\theta^2} - \dfrac{1 - \cos\theta}{\theta^2} \right)$

$= \dfrac{3}{2} \displaystyle\lim_{\theta \to 0+} \left\{ \dfrac{\sin^2 4\theta}{\theta^2(1 + \cos 4\theta)} - \dfrac{\sin^2\theta}{\theta^2(1 + \cos\theta)} \right\}$

$= \dfrac{3}{2} \times \left(\dfrac{16}{2} - \dfrac{1}{2} \right)$

$= \dfrac{45}{4}$

5. 적분법 정답 18

문제 다시 보기

실수 전체의 집합에서 미분가능한 함수 $f(x)$가 $f(0) = 0$이고 모든 양의 실수 x에 대하여 $f'(x) > 0$이다. 모든 양의 실수 t에 대하여 곡선 $y = f(x)$와 x축 및 $x = t$로 둘러싸인 도형의 둘레의 길이가 $t + e^t - 1$일 때, $f(\ln 2) = k$이다. $72k$의 값을 구하시오. (단, k는 상수이다.)

실수 전체의 집합에서 미분가능한 함수 $f(x)$가 $f(0) = 0$이고 모든 양의 실수 x에 대하여 $f'(x) > 0$이므로 모든 양의 실수 t에 대하여 곡선 $y = f(x)$와 x축 및 직선 $x = t$로 둘러싸인 도형의 둘레의 길이는

$t + f(t) + \displaystyle\int_0^t \sqrt{1 + \{f'(x)\}^2}\, dx = t + e^t - 1$,

$\displaystyle\int_0^t \sqrt{1 + \{f'(x)\}^2}\, dx = e^t - 1 - f(t)$이다.

이 식의 양변을 t에 대하여 미분하면
$\sqrt{1 + \{f'(t)\}^2} = e^t - f'(t)$이고 양변을 제곱하면
$1 + \{f'(t)\}^2 = e^{2t} - 2e^t f'(t) + \{f'(t)\}^2$,
$2e^t f'(t) = e^{2t} - 1$에서
$f'(t) = \dfrac{e^t}{2} - \dfrac{e^{-t}}{2}$이다.

따라서

$f(x) = \dfrac{e^x}{2} + \dfrac{e^{-x}}{2} + C$ (단, C는 적분상수)에서
$f(0) = 1 + C = 0$이므로 $C = -1$이다.

따라서 $f(x) = \dfrac{e^x}{2} + \dfrac{e^{-x}}{2} - 1$이다.

$\therefore f(\ln 2) = 1 + \dfrac{1}{4} - 1 = \dfrac{1}{4}$

문제 다시 보기

함수 $f(x) = 2x^3 - 6x + k$에 대하여 함수 $g(x)$를

$$g(x) = \lim_{n \to \infty} \frac{f(x) - 1}{|f(x)|^n + 1}$$

로 정의하자.

$$\lim_{x \to \alpha} g(x) < g(\alpha)$$

를 만족시키는 상수 α가 존재할 때, 함수 $g(x)$가 불연속인 점의 개수를 β라 하자. $f(\alpha + \beta)$의 값을 구하시오. (단, k는 상수이다.)

$f(x) = 2x^3 - 6x + k$에서

$f'(x) = 6x^2 - 6$

이므로 $f'(x) = 0$이 되는 x의 값은

$x = -1$ 또는 $x = 1$

따라서 함수 $f(x)$는 $x = -1$에서 극댓값 $k+4$,

$x = 1$에서 극솟값 $k-4$를 갖는다.

i) $|f(x)| < 1$이면

$$g(x) = \lim_{n \to \infty} \frac{f(x) - 1}{|f(x)|^n + 1} = \frac{f(x) - 1}{0 + 1} = f(x) - 1$$

ii) $|f(x)| > 1$이면

$$g(x) = \lim_{n \to \infty} \frac{f(x) - 1}{|f(x)|^n + 1} = 0$$

iii) $f(x) = 1$이면

　$g(x) = 0$

iv) $f(x) = -1$이면

　$g(x) = -1$

즉, $g(x) = \begin{cases} f(x) - 1 & (|f(x)| < 1) \\ 0 & (|f(x)| > 1) \\ 0 & (f(x) = 1) \\ -1 & (f(x) = -1) \end{cases}$

따라서 $f(x) \neq \pm 1$인 모든 실수 x에서 함수 $g(x)$는 연속이다.

이제 $f(x) = 1$인 실수 x의 값을 a라 하자.

$x = a$일 때 $f(a) = 1$이므로 $g(a) = 0$,

$x \to a+$일 때 $f(x) > 1$이면 $\lim_{x \to a+} g(x) = 0$,

$x \to a+$일 때 $f(x) < 1$이면

$\lim_{x \to a+} g(x) = f(a) - 1 = 1 - 1 = 0$,

$x \to a-$일 때 $f(x) > 1$이면 $\lim_{x \to a-} g(x) = 0$,

$x \to a-$일 때 $f(x) < 1$이면

$\lim_{x \to a-} g(x) = f(a) - 1 = 1 - 1 = 0$

따라서 함수 $g(x)$는 $x = a$에서 항상 연속이다.

이제 $f(x) = -1$인 실수 x의 값을 b라 하자.

$x = b$일 때 $f(b) = -1$이므로 $g(b) = -1$

$x \to b+$일 때 $f(x) > -1$이면

$\lim_{x \to b+} g(x) = f(b) - 1 = -1 - 1 = -2$,

$x \to b+$일 때 $f(x) < -1$이면 $\lim_{x \to b+} g(x) = 0$,

$x \to b-$일 때 $f(x) > -1$이면

$\lim_{x \to b-} g(x) = f(b) - 1 = -1 - 1 = -2$,

$x \to b-$일 때 $f(x) < -1$이면 $\lim_{x \to b-} g(x) = 0$

따라서 함수 $g(x)$는 $x = b$에서 항상 불연속이다.

그러므로 $\lim_{x \to \alpha} g(x) < g(\alpha)$인 상수 α가 존재하려면

$\lim_{x \to \alpha} g(x) = -2$, $g(\alpha) = -1$이어야 하므로

$f(\alpha) = -1$이고

$x \to \alpha+$일 때 $f(x) > -1$,

$x \to \alpha-$일 때 $f(x) > -1$

이어야 한다.

따라서 함수 $f(x)$는 $x = \alpha$에서 극솟값 -1을 가져야 한다.

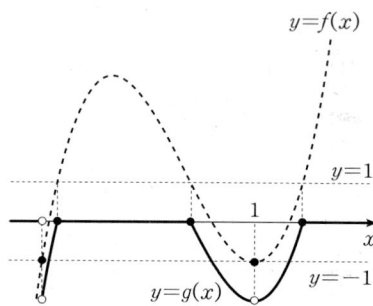

따라서 $\alpha = 1$이고 $k - 4 = -1$, 즉 $k = 3$이다.

이때 위의 그림에서 함수 $g(x)$가 불연속인 점의 개수는 2이므로

$\beta = 2$

따라서 $f(x) = 2x^3 - 6x + 3$에서

$f(\alpha + \beta) = f(1 + 2) = f(3) = 54 - 18 + 3 = 39$